建设法规实务

JIAN SHE FA GUI SHI WU

主　编　夏　芳　齐红军

主　审　车绪武

人民交通出版社
China Communications Press

内 容 提 要

本书根据最新的建设工程法律法规，基于交通土建工程的工作过程，按照高职交通运输与土建类专业应用型人才培养计划和课程设置要求，针对培养对象适应职业发展应具备的知识和能力要求进行编写。其主要内容共分三篇，分别为：工程建设准备阶段法规、工程建设实施阶段法规、工程建设验收及保修阶段法规。

本书可作为高等职业教育交通运输类、土建类、工程管理类及相关专业的教材和教学参考书，也可作为相关人员的岗位培训教材。

图书在版编目（CIP）数据

建设法规实务／夏芳，齐红军主编．—北京：人民交通出版社，2008.8
高职交通运输与土建类专业规划教材
ISBN 978-7-114-07300-7

Ⅰ.建…　Ⅱ.①夏…②齐…　Ⅲ.建筑法—中国—高等学校：技术学校—教材　Ⅳ.D922.297

中国版本图书馆 CIP 数据核字(2008)第 114281 号

书　　名：建设法规实务
著 作 者：夏　芳　齐红军
责任编辑：陈志敏　杜　琛
出版发行：人民交通出版社
地　　址：(100011)北京市朝阳区安定门外外馆斜街 3 号
网　　址：http://www.ccpress.com.cn
销售电话：(010)59757969，59757973
总 经 销：北京中交盛世书刊有限公司
经　　销：各地新华书店
印　　刷：北京凯通印刷厂
开　　本：787×1092　1/16
印　　张：17
字　　数：429 千
版　　次：2008 年 8 月第 1 版
印　　次：2008 年 8 月第 1 次印刷
书　　号：ISBN 978-7-114-07300-7
印　　数：0001—5000 册
定　　价：32.00 元
（如有印刷、装订质量问题的图书由本社负责调换）

前言 Preface

随着我国社会经济的发展和交通运输与土建类行业参与国际工程建设市场竞争的需要，工程建设逐渐进入法制化轨道。作为交通运输与土建类专业的学生，不仅需要掌握自然科学知识和专业技能知识，而且需要掌握与建设工程相关的法律法规知识，因此，《建设法规》成为交通运输与土建类专业的一门专业课程。学生通过学习、掌握并遵守建设法规，是今后从事建设工程领域工作应当具备的基本素质。

本教材具有以下特色：

1. 内容选取以必需、够用为原则

针对培养对象适应未来职业发展应具备的知识和能力结构等要求，以讲清概念和政策、强化应用为重点，不拘泥于理论的系统性、完整性。本书侧重介绍我国建设工程法律领域实践中应用较多的法律法规。

2. 内容布局贴近实际工程的工作过程

基本按照工程建设活动的工作过程安排内容，使读者在学习过程中能较清楚地了解从工程建设项目的报建、招投标、施工到竣工验收全过程中各阶段所涉及的相关法律、法规、规章和规范。基于工作过程的内容布局，既遵循工程建设活动的一般规律，又便于读者理解和学习。

3. 思路与执业资格考试相衔接

我国现行很多执业资格考试中，都含有"建设法规"这一科目。考虑到交通运输与土建类专业应用型人才今后的发展方向，以及为满足目前高职院校学生培养目标的双证书要求，本教材内容的编写结合了注册建造师、注册监理工程师等大纲的要求。因此，本书也可作为有关执业资格考试的复习参考书籍。

4. 以案说法，突出应用性和实践性

书中阐述重要知识点时都附有针对性的案例，以利于内容的掌握。多数章节都配套了综合案例分析题，以加强学生对该部分重要原理的理解和应用，培养其实践能力。

5. 内容新颖，前瞻性强

本书充分吸收近年来建设工程法规的最新成果，力求反映我国新的立法动向。

本书由哈尔滨铁道职业技术学院夏芳、陕西铁路工程职业技术学院齐红军担任主编，陕西铁路工程职业技术学院车绪武担任主审。中铁三局铁科公司天津地铁项目经理部高级工程师王东对本书的编写大纲提出了建议，并参与了编写工作。具体编写情况如下：哈尔滨铁道职业技术学院夏芳编写第三、四章，哈尔滨铁道职业技术学院陈凤英编写第二、九章，哈尔滨铁道职业技术学院刘伟楠编写第八章、第五章第二节，哈尔滨铁道职业技术学院冯建亚编写第一章第一节，哈尔滨铁道职业技术学院杨慧宁编写第一章第二节，哈尔滨铁道职业技术学院王翠翠编写第五章第一节，哈尔滨铁道职业技术学院王婷编写第五章第三节；陕西铁路工程职业技术学院齐红军编写第六、七章；中铁三局铁科公司王东编写第一章第四节，唐姝编写第一章第三节。本书在编写过程中得到了闫室先、杜德新、孙宏宇、杨康健等同志的大力帮助，在此一并表示感谢。

书中编写的不足之处，敬请同行与读者批评指正。

编　者

2008年05月

职业能力目标与学习要求

GUIDE

交通运输与土建类专业学习者熟练掌握建设法规基本知识，可培养其具有分析和解决实际工程中遇到的相关法律问题的基本能力，保证工程建设从项目选定到竣工投产遵守严格的程序，按科学规律、有计划、分阶段逐步实施。同时，掌握相关建设法规知识也是交通运输与土建类专业学生今后从事本专业及相关领域工作应当具备的执业技术能力之一，亦可使学习者较为顺利地通过相关执业资格考试。

全书主要内容分为三篇：

第一篇　工程建设准备阶段的法规，内容包括工程报建与建设工程的发包与承包法规。

本部分内容的职业能力目标要求：学习者走上工作岗位后，能依法取得"一书两证"、独立承担相关工程报建工作，能利用所学知识判断发包方、承包方的行为规范，并能依照法律程序参与招投标的竞争，获得预期的利益。

完成这些工作对知识的掌握要求如下：了解工程项目报建程序；熟悉土地征用、出让、转让和划拨的具体办法，工程建设招投标的范围和规模标准；掌握工程报建的操作办法、步骤和要求，"一书两证"的具体内容，房屋折迁形式及安置补偿，《建筑法》关于工程建设承发包的主要规定，招标方式及工程建设招标、投标、开标、评标、中标的主要规定。

第二篇　工程建设实施阶段的法规，内容包括建设工程合同法规、工程勘察设计法规、工程建设施工准备及相关法规、工程建设施工法规、建设工程纠纷处理。

本部分内容的职业能力目标要求：在工程建设实践中具备依法签订合同、审查合同和正确履行合同的能力，具备依法对工程勘查设计单位资质、勘查设计人员资格审查的能力，具备依法取得施工许可证和进行施工准备、确保工程顺利进行的能力，在工程质量、安全生产、质量监督管理工作中能解决相关法律问题，并能依法防范和处理工程纠纷。

完成这些工作对知识的掌握要求如下：了解工程建设标准，工程勘察设计法规，《建设工程质量管理条例》的主要规定、工程建设监理制度；熟悉建设工程合同的订立、效力与违约责任，建设工程许可制度，《保险法》、《劳动法》、《环保法》、《消防法》、《税法》与工程建设相关的主要规定，建设工程纠纷处理；掌握建设工程合同的履行、担保与索赔，工程建设安全生产管理。

第三篇　工程验收及保修法规。

本部分内容的职业能力目标要求：学习者在实际工程中，能依法按规定进行工程质量验收和保修，确保工程顺利地投入使用。

完成此项工作对知识掌握的要求如下：了解工程竣工验收备案管理的基本要求；熟悉工程质量验收的基本要求、程序以及质量不符合要求时的处理方法，工程竣工验收的条件；掌握工程质量保修的范围、期限及实施。

目录 Content

第一章 绪论……1
第一节 建设法规概述……1
第二节 建设法规立法和体系……7
第三节 建设法规的实施……11
第四节 工程项目建设程序……12
本章小结……17
单元练习……17

第一篇 工程建设准备阶段法规

第二章 工程报建与相关法规……21
第一节 工程报建概述……21
第二节 工程报建与城市规划法规……22
第三节 工程报建与建设用地法规……28
第四节 工程报建与城市房屋拆迁……35
本章小结……41
单元练习……41
第三章 建设工程的发包与承包法规……44
第一节 建设工程发包与承包的规定……44
第二节 建设工程招标的规定……50
第三节 建设工程投标的规定……58
第四节 开标、评标、中标的主要规定……64
本章小结……72
单元练习……73

第二篇 工程建设实施阶段法规

第四章 建设工程合同法规与工程建设标准……77
第一节 建设工程合同的订立与效力……77
第二节 建设工程合同的履行与担保……95
第三节 建设工程合同的违约责任……108
第四节 建设工程合同的索赔……116
第五节 工程建设标准……124
本章小结……129
单元练习……130
第五章 工程勘察设计法规……134

第一节　工程勘察设计法概述……134
第二节　工程勘察设计资质资格管理……135
第三节　工程勘察设计市场经营管理……144
本章小结……146
单元练习……147
第六章　工程建设施工准备及相关法规……149
第一节　建设工程许可制度……149
第二节　《中华人民共和国保险法》与工程建设相关的主要规定……155
第三节　《中华人民共和国劳动法》与工程建设相关的主要规定……160
第四节　《中华人民共和国环境保护法》与工程建设相关的主要规定……167
第五节　《中华人民共和国消防法》与工程建设相关的主要规定……174
第六节　《中华人民共和国税法》与工程建设相关的主要规定……176
本章小结……180
单元练习……182
第七章　工程建设施工法规……183
第一节　工程建设管理法规概述……183
第二节　《建设工程质量管理条例》主要规定……184
第三节　工程建设安全生产管理……190
第四节　工程建设监理……199
本章小结……203
单元练习……204
第八章　建设工程纠纷处理……206
第一节　建设工程纠纷处理的程序……206
第二节　证据的种类保全和应用……217
第三节　工程建设中常见纠纷的成因与防范措施……222
本章小结……231
单元练习……232

第三篇　工程建设验收及保修阶段法规

第九章　工程验收及保修法规……239
第一节　工程质量验收法规……239
第二节　工程竣工验收法规……244
第三节　工程质量保修法规……249
本章小结……251
单元练习……252
附录一　本书引用的法律和行政法规……253
附录二　部分单元练习参考答案……254
参考文献……262

第一章　绪　论

【本章职业能力目标】

交通运输与土建类专业学生熟练掌握和运用与施工管理业务相关的法律法规，是今后从事交通运输与土建类及相关领域工作应当具备的执业技能之一。在实际工程中，能够运用所学知识，分析和解决工程中遇到的法律问题，保证工程建设从项目选定到竣工投产遵守严格的程序，按科学规律、有计划、分阶段逐步实施；并具有获取相关执业资格的能力。

【知识目标】

1. 了解建设法规的基本概念及其在整个法律体系中所起的地位，建设法规的特征和作用；
2. 熟悉工程项目建设程序的概念、阶段划分及各阶段的主要内容；
3. 掌握建设法规的体系、立法的实施办法、工程项目建设程序。

本章重点：建设法规的概念和调整对象，建设法律关系，建设法规体系的概念，建设法规体系的构成，工程项目建设程序。

本章难点：建设法规体系的概念和建设法规体系的构成。

第一节　建设法规概述

一、建设法规的概念和调整对象

在我国建设领域的各个行业中，存在着“建设工程”、“建筑工程”、“土木工程”等不统一的名称和含义。中华人民共和国国务院于**2000**年**1**月**30**日发布了《建设工程质量管理条例》，其中关于建设工程的概念作了如下定义：

建设工程，是指土木工程、建筑工程、线路管道和设备安装工程及装修工程。

建设法规，是指国家立法机关或其授权的行政机关制定的旨在调整国家及其有关机构、企事业单位、社会团体、公民之间在建设活动中或建设行政管理活动中发生的各种社会关系的法律、法规的统称。

建设法规的调整对象，是在建设活动中所发生的各种社会关系。它包括建设活动中所发生的行政管理关系、经济协作关系及其相关的民事关系。

（一）建设活动中的行政管理关系

建设活动与国家经济发展、人民的生命财产安全、社会的文明进步息息相关，国家对之必须进行全面的严格管理。当国家及其建设行政主管部门在对建设活动进行管理时，就会与建设单位（业主）、设计单位、施工单位、建筑材料和设备的生产供应单位及建设监理等中介服务单位产生管理与被管理关系。在法制社会里,这种关系需要由相应的建设法规来规范与调整。

(二)建设活动中的经济协作关系

工程建设是非常复杂的活动,需要许多单位和人员参与,共同协作完成。因此,在建设活动中存在着大量的寻求合作伙伴和相互协作的问题,在这些协作过程中所产生的权利和义务关系,也应由建设法规来加以规范与调整。

(三)建设活动中的民事关系

在建设活动中,会涉及土地征用、房屋拆迁、从业人员及相关人员的人身与财产的伤害、财产及相关权利的转让等关系公民个人权利的问题,由之而产生的国家、单位和公民之间的民事权利与义务关系,应由建设法规中有关法律规定及民法等相关法律来予以规范与调整。

二、建设法规的基本原则

工程建设活动通常具有周期长、涉及面广、人员流动性大、技术要求高等特点,因此在建设活动的整个过程中,必须认真贯彻工程建设法规的基本原则,才能保证建设活动的顺利进行,其包括以下几点。

(一)工程建设活动应确保工程建设质量与安全原则

工程建设质量与安全是整个工程建设活动的核心,是关系人民生命、财产安全的重大问题。工程建设质量是指国家规定和合同约定的对工程建设的适用、安全、经济、美观等一系列指标的要求;工程建设活动确保工程建设质量就是确保工程建设符合适用、安全、经济、美观等各项指标的要求。工程建设安全是指工程建设对人身的安全和财产的安全;确保工程建设安全就是确保工程建设不能引起人身伤亡和财产损失。

案例

【案例 1-1】

教学楼楼梯护栏坍塌造成 21 名学生死亡

2002 年 9 月 23 日晚 6 时 50 分,内蒙古自治区某镇第二中学发生一起因教学楼楼梯护栏坍塌而造成学生伤亡的重大事故。当时正值下课,学生拥挤着从楼道下楼。突然间,楼梯护栏坍塌,走在前面的学生大片摔倒在地,后面的学生却继续往前拥,因摔跌和相互挤踏,造成 21 名学生丧生,47 名学生受伤。

【评析】

由本案可见,建筑工程的质量和安全是建筑活动的最高原则。“百年大计,质量第一”,这是从事建筑活动必须始终坚持的基本原则。

(二)工程建设活动应当符合国家的工程建设安全标准原则

国家的建设安全标准是指国家标准和行业标准。国家标准是指由国务院行政主管部门制定的在全国范围内适用的统一技术要求。行业标准是指由国务院有关行政主管部门制定并报国务院标准化行政主管部门备案的,在全国范围内适用的统一技术要求。工程建设安全标准是对工程建设的设计、施工方法和安全所作的统一要求。工程建设活动符合工程建设安全标准对保证技术进步,提高工程建设质量与安全,发挥社会效益与经济效益,维护国家利益和人民利益具有重要作用。

(三)从事工程建设活动应当遵守法律、法规原则

社会主义市场经济是法制经济,工程建设活动应当依法行事。法律是全国人民代表大会及其常务委员会审议通过并发布,在全国有效的规范性文件;行政法规是国务院制定与发布,在全国有效的规范性文件;地方法规是由地方人民代表大会及其常务委员会制定与发布,在本区域内有效的规范性文件。作为工程建设活动的参与者,从事工程建设勘察和设计的单位、个人从事工程建设监理的单位、个人,从事工程建设施工的单位、个人,从事建设活动监督和管理的单位、个人以及建设单位等,都必须遵守法律、法规的强制性规定。

(四)不得损害社会公共利益和他人的合法权益原则

社会公共利益是全体社会成员的整体利益,保护社会公共利益是法律的基本出发点,从事工程建设活动不得损害社会公共利益也是维护建设市场正常秩序的保障。

(五)合法权益受法律保护原则

宪法和法律保护每一个市场主体的合法权益不受侵犯,任何单位和个人都不得妨碍和阻挠依法进行的建设活动,这也是维护建设市场正常秩序的必然要求。

三、建设法规的特征与作用

(一)工程建设法规的特征

工程建设法规作为调整工程建设管理和协作所发生的社会关系的法律规范,除具备一般法律基本特征外,还具有不同于其他法律的特征。

1. 行政隶属性

这是工程建设法规的主要特征,也是区别于其他法律的主要特征。这一特征决定了工程建设法规必然要采用能直接体现行政命令的调整方法,即以行政指令为主的方法调整工程建设法律关系。调整方式包括以下内容。

1)授权

国家通过工程建设法律规范,授予国家工程建设管理机关某种管理权限或具体的权利,对工程建设进行监督管理。例如,规定设计文件的审批权限、工程建设质量监督、工程建设合同的监证等。

2)命令

国家通过工程建设法律规范赋予工程建设法律关系主体某种作为的义务。例如,限期拆迁房屋,进行企业资质认定,领取开工许可证等。

3)禁止

国家通过工程建设法律规范赋予工程建设法律关系主体某种不作为的义务,即禁止主体某种行为。例如,严禁利用工程建设承发包索贿受贿,严禁无证设计、无证施工,严禁工程建设转包、肢解发包、挂靠等行为。

4）许可

国家通过工程建设法律规范，允许特别的主体在法律允许范围内有某种作为的权利。例如，房屋建筑工程施工总承包企业资质等级，特级企业可承担各类房屋建筑工程的施工；一级企业可承担40层以下、各类跨度的房屋建筑工程的施工；二级企业可承担30层以下、单跨跨度36m以下的房屋建筑工程的施工；三级企业可承担14层以下、单跨跨度24m以下的房屋建筑工程的施工。

5）免除

国家通过工程建设法律规范，对主体依法应履行的义务在特定情况下予以免除。例如，用炉渣、粉煤灰等废渣作为主要原料生产建筑材料的可享有减、免税的优惠等。

6）确认

国家通过工程建设法律规范，授权工程建设管理机关依法对有争议的法律事实和法律关系进行认定，并确定其是否存在，是否有效。例如，各级工程建设质量监督站检查受监工程的勘察、设计、施工单位和建筑构件厂的资质等级和营业范围，监督勘察、设计、施工单位和建筑构件厂是否严格执行技术标准，并检查其工程（产品）质量等。

7）计划

国家通过工程建设法律规范，对工程建设进行计划调节。计划可分为两种：一种是指令性计划，另一种是指导性计划。指令性计划具有法律约束力，具有强制性；当事人必须严格执行，违反指令性计划的行为，要承担法律责任；指令性计划本身就是行政管理。指导性计划一般不具有约束力，是可以变动的，但是在条件可能的情况下也是应该遵守的。例如，工程建设必须执行国家的固定资产投资计划。

8）撤销

国家通过工程建设法律规范，授予工程建设行政管理机关，运用行政权力对某些权利能力或法律资格予以撤销或消灭。例如，没有落实工程建设投资计划的项目必须停建、缓建，对无证设计、无证施工、转包和挂靠等行为予以坚决取缔。

2. 经济性

工程建设法是经济法的重要组成部分，经济性是工程建设法的又一重要特征。工程建设活动直接为社会创造财富，为国家增加积累。工程建设法的经济性既包括财产性，也包括其与生产、分配、交换、消费的联系性。例如，工程建设勘察设计、施工安装等都直接为社会创造财富，并随着工程建设的发展，其在国民经济中的地位日益突出。邓小平同志早在1980年4月曾明确指出：建筑业是可以为国家增加积累的一个重要产业部门。许多国家把建筑业看做是国民经济的强大支柱之一，不是没有道理的。可见，作为调整建筑等行业的工程建设法的经济性是非常明显的。

3. 政策性

工程建设法律规范体现着国家的工程建设政策。它一方面是实现国家工程建设政策的工具，另一方面也把国家工程建设政策规范化。国家工程建设形势总是处于不断发展变化之中，工程建设法要随着工程建设政策的变化而变化，灵活而机敏地适应不断变化的工程建设形势的客观需要。例如，国家人力、财力、物力紧张时，基建投资就要压缩，通过法律规范加以限制；国力储备充足时，就可以适当增加基建投资，同时以法律规范予以扶植、鼓励。可见，工程建设法的政策性比较强，相对也比较灵活。

4. 技术性

技术性是工程建设法律规范一个十分重要的特征。工程建设的发展与人类的生存、进步息息相关,工程建设产品的质量与人民的生命财产安全紧紧相连。为保证工程建设产品的质量和人民生命财产的安全,大量的工程建设法规是以技术规范的形式出现,直接、具体、严密、系统,便于广大工程技术人员及管理机构遵守和执行。例如,各种设计规范、施工规范、验收规范、产品质量监测规范等。有些非技术规范的工程建设法律规范中也带有技术性的规定。例如,城市规划法就含有计量、质量、规划技术、规划编制内容等技术性规范。

(二)工程建设法规的作用

工程建设行业是与社会进步、国家强盛、民族兴衰紧密相连的一个行业。它所从事的生产活动不仅为人类自身的生存发展提供一个最基本的物质环境,而且反映各个历史时期的社会面貌,反映各个地区、各个民族科学技术、社会经济和文化艺术的综合发展水平。工程建设产品是人类精神文明发展史的一个重要标志。工程建设管理是自然科学与社会科学交叉的一个独立学科,它由工程技术、经济、管理、法律四部分支撑。工程建设法律、法规是工程建设管理的依据。

在国民经济中,工程建设行业是一个重要的物质生产部门,工程建设法规的作用就是保护、巩固和发展社会主义的经济基础,最大限度地满足人们日益增长的物质和文化生活的需要,保障工程建设行业健康有序地发展。国家要发展,人类要生存,国家建设就必不可少。工程建设行业要最大限度地满足各行各业最基本的环境,为人们创造良好的工作环境、生活环境、教学研究环境和生产环境。为此,工程建设法规通过各种法律规范规定工程建设业的基本任务、基本原则、基本方针,加强对工程建设行业的管理,充分发挥其效能,为国民经济各部门提供必需的物质基础,为国家增加积累,为社会创造财富,推动社会主义各项事业的发展,促进社会主义现代化建设。

案例

【案例1-2】

建筑工程管理混乱,建筑活动缺乏监督,建筑事故难免发生

2005年6月,贵州省某市政工程公司在开发一公路隧道项目中,未依法取得施工许可证而擅自开工,不依法办理图文审查,应招标的工程未按规定招标,并将工程发包给无资质的设计单位设计和无资质的个人施工,不依法办理质量监督手续,施工现场管理混乱,存在严重的质量安全隐患,从而导致2死3伤的四级重大事故。

【评析】

由案例反映了我国建筑市场某些环节上存在的管理混乱的状况。这一血的教训充分体现了制定《建筑法》,加强对建筑活动监督管理的必要性和重要性。

四、建设法律关系

(一)建设法律关系的概念

法律关系是指由法律规范调整一定社会关系而形成的权利与义务关系。建设法律关系是指由建设法律规范所确认和调整的,在建设管理和建设协作过程中所产生的权利、义务关系。

建设活动面广、内容繁杂，建设法律关系具有综合性、复杂性等特点。

（二）建设法律关系的三要素

建设法律关系是由建设法律关系主体、建设法律关系客体、建设法律关系内容三要素构成。

建设法律关系主体，是指建设法律关系中一定权利的享有者和义务的承担者，主要有国家机关、社会组织、自然人。全国人民代表大会及其常务委员会是建设法律的制定机关；地方人民代表大会及其常务委员会是地方建设法规的制定机关；国务院是建设法规的制定机关；建设部是建设规章的制定机关和建设活动的执法机关；水利部、交通部、铁道部等是相关建设活动规章的制定机关和相关建设活动的执法机关；财政部、中国人民银行、国家统计局、国家审计局是建设活动的监督机关。社会组织主要是工程建设的投资者和工程建设的承担者。工程建设的投资者就是建设单位，工程建设的承担者包括城市规划编制单位、建设工程勘察设计企业、建筑业企业、房地产开发企业、工程监理企业、工程造价咨询单位等。自然人也是建设法律关系的主体之一。

建设法律关系客体，是指建设法律关系主体享有的权利和义务所共同指向的事物，一般是行为、财、物、智力成果。行为是法律关系主体为达到一定目的所进行的活动，建设法律关系客体的行为包括建设执法、勘察设计、建筑安装、工程监理等活动；财包括货币和有价证券，建设法律关系客体的财主要是建设资金；物是指可以被人们控制和支配的以物质形态表现出来具有一定价值的物体，建设法律关系客体的物是建设材料、建设设备、建设产品等；智力成果是人们脑力劳动产生的成果，建设法律关系客体的智力成果如设计图纸等。

建设法律关系的内容，即建设法律主体之间的权利和义务。建设法律关系的内容是建设法律关系主体的具体要求，决定着建设法律关系的性质。建设权利是指建设法律关系主体根据建设法律要求和自身业务活动的需要有权进行各种建设活动的资格，权利主体可要求其他主体作出一定行为或抑制一定行为，以实现自己的权利。建设义务是指建设法律关系主体必须按法律规定或约定承担应负的责任，义务主体如果不履行或不适当履行就要受到制裁。

（三）建设法律关系的产生、变更和消灭

建设法律关系的产生，是指建设法律关系的主体之间形成了一定的权利和义务关系。

建设法律关系的变更，是指建设法律关系的三个要素发生变化。主体变更可以是建设法律关系主体数目增多或减少，也可以是主体本身的改变。客体变更是指建设法律关系中权利义务所指向的事物发生变化，包括法律关系范围和性质的变更。建设法律关系主体与客体的变更，必然导致相应的权利和义务的变更，即内容的变更。

建设法律关系的消灭，是指建设法律关系主体之间的权利义务不复存在，彼此丧失了约束力，包括自然消灭、协议消灭、违约消灭。

建设法律关系的产生、变更和消灭是由法律事实引起的。法律事实是指能够引起建设法律关系产生、变更和消灭的客观现象和事实。建设法律事实按是否包含当事人的意志分为两类，即事件和行为。事件是指不以当事人意志为转移而产生的自然现象，如地震、台风、水灾、火灾等自然现象和战争、暴乱、政府禁令等社会现象，都可成为建设法律关系产生、变更或消灭的原因。行为是指人有意识的活动，包括积极的作为和消极的不作为，两者都会引起建设法律关系的产生、变更或消灭；行为有合法行为和违法行为。建设活动中的民事法律行为、行政行

为、立法行为、司法行为及违法行为都可成为建设法律关系产生、变更或消灭的原因。

五、建设法规的法律地位

这里所指的法律地位，是指建设法规在整个法律体系中所处的位置，建设法规应属于哪一个部门法及其所处的层次。

建设法规调整的三种社会关系中，对于建设活动中的行政管理关系，主要用行政手段加以调整；对于建设活动中的经济协作关系，则采用行政、经济、民事各种手段相结合的方式加以调整；对于建设活动中的民事关系，则主要采用民事手段来加以调整。这表明，建设法规调整的社会关系是多方面的，而其运用的调整手段也是综合的，很难将其明确划归某一法律部门。但就其主要法律规范的性质来看，它主要还是应属于行政法和经济法的范畴。

需要指出的是，建设活动还会涉及许多的事物与相关的社会关系。例如，工程建设与环境保护、文物保护、自然风景保护的关系，工程建设与土地、水源、矿产、森林等自然资源的关系，工程建设与地震、洪涝等自然灾害的关系，工程建设与招投标活动、标准化设计的关系等。在我国，已颁行了大量有关环境和自然资源保护、自然灾害的防御等方面的法律、法规。它们所调整的范围很广，当然不属于建设法规，但它们又都与工程建设有关，人们在从事工程建设活动时都必须严格遵守它们的相关规定，所以称之为与工程建设相关的法律。这些相关法律所属的法律部门则更是多种多样。

第二节　建设法规立法和体系

一、建设法规立法的主体

立法有广义、狭义两种理解。广义上的立法概念与法律制定的含义是相同的，泛指一切有权的国家机关依法制定各种规范性法律文件的活动，既包括国家最高权力机关及其常设机关制定宪法和法律的活动，也包括地方权力机关制定其他规范性法律文件的活动，还包括国务院和地方行政机关制定行政法规和其他规范性法律文件的活动。狭义上的立法是国家立法权意义上的概念，仅指享有国家立法权的国家机关的立法活动，即国家的最高权力机关及其常设机关依法制定、修改和废止宪法和法律的活动。根据 1999 年 3 月 15 日第九届全国人民代表大会第二次会议修订的《宪法》和 2000 年 3 月 15 日第九届全国人民代表大会第三次会议通过的《中华人民共和国立法法》的规定，建设法规按立法权限可分 5 个层次：全国人民代表大会和全国人民代表大会常务委员会制定的建设法律；国务院制定的建设法规；建设部或国务院有关部门制定的建设规章；省、自治区、直辖市人民代表大会及其常务委员会制定的地方性建设法规；省、自治区、直辖市和较大的市的人民政府制定的地方性建设规章。

二、建设法规立法的基本原则

建设法规立法的基本原则，是指建设立法时所必须遵循的基本准则及要求。现阶段，我国建设法规立法时必须遵循的基本原则如下。

（一）遵循市场经济规律原则

市场经济，是指市场对资源配置起基础性作用的经济体制。社会主义市场经济，是指与社会主义基本制度相结合的，市场在国家宏观调控下对资源配置起基础性作用的经济体制。第八届全国人民代表大会第一次会议通过的《中华人民共和国宪法修正案》规定："国家实行社会主义市场经济"，这不仅是宪法的基本原则，也是建设法规的立法原则。

遵循市场经济规律，反映在建设法规立法中，就是要建立健全以市场为主体的法律体系。建设法规要规定各种建设市场主体的法律地位，对他们在建设活动中的权利和义务作出明确的规定。这些主体包括建设行政主管部门、勘察规划设计单位、建设监理单位、建设施工单位、房地产开发经营部门、土地管理部门、标准化部门、城市市政公用事业单位、环境保护部门、建设材料供应部门及其他从事建设活动的相关人员等。

遵循市场经济规律，要求建设法规的立法确立建设市场体系具有统一性和开放性。建设立法应当确立规划与设计市场、建设监理市场、工程承包的招投标市场、建设资金市场等多元化的建设活动大市场；同时，建设工程管理、房地产管理、市政公用事业管理等应当能够保障建设市场健康、有序、协调、统一地发展。

遵循市场经济规律，要求建设法规的立法确立以间接手段为主的宏观调控体系。建设法规主要运用行政手段实现对建设行为的调整，这种调整不应当是直接干预性的。建设主体在具体的建设行为中都享有独立性和自主性，国家对其行为实施的调控只是间接性的。

遵循市场经济规律，要求建设法规立法本身具有完备性。要把建设行为纳入法制轨道，必须要先使建设法规自身完备。只有如此，才能有效地规范建设市场主体行为，维护建设市场活动秩序。

（二）法制统一原则

所有法律有着内在统一的联系，并在此基础上构成一个法律体系。建设法规体系是我国法律体系中的一个组成部分。组成本体系的每一个法律都必须符合宪法的精神与要求。该法律体系与其他体系也不应冲突。对于基本法的有关规定，建设行政法规和部门规章及地方性建设法规、规章都必须遵循，而且与地位同等的法律、法规所确立的有关内容应相互协调。建设法规系统内部高层次的法律、法规对低层次的法规、规章具有制约性和指导性。地位相等的建设法规和规章在内容规定上不应相互矛盾。这就是建设法规的立法所必须遵循的法制统一原则。

建设法规的立法坚持法制统一原则的基本要求，不仅是对立法本身所应提出的规范化、科学化的要求，更主要的是便于实际操作，不致因法律制度自相矛盾而导致建设法规无所适用。

（三）责权利相一致的原则

责权利相一致是对建设行为主体的权利和义务或责任在建设立法上提出的一项基本要求。具体表现为以下两个方面：

（1）建设法规主体享有的权利和履行的义务是统一的。任何一个主体享有建设法规规定的权利，同时必须履行法规所规定的义务；

（2）建设行政主管部门行使行政管理权既是其权利，也是其责任或义务。权利和义务彼此结合。

（四）遵循科学技术规律，确保建设工程安全与质量的原则

建设工程安全与质量是整个建设活动的核心，是关系到人民生命安全、财产安全的重大问题。

建设工程的质量与安全管理必须纳入法制化的轨道,建立健全建设技术法规,确保建设活动符合建设技术法规有关安全、质量等各项指标的要求,确保建设工程不能引起人身伤亡和财产损失。

建设法规的立法应大力推动建设领域的科学技术研究,提倡采用先进技术、先进设备、先进工艺、新型建筑材料和现代管理方式,努力提高建设活动的精细度和劳动生产率,鼓励节约能源和环境保护,走可持续发展的建设之路。

(五)民主立法原则

民主立法原则,是指行政机关依照法律规定进行建设立法时,应通过各种方式听取各方面的意见,保证民众广泛地参与行政立法。民主立法原则要求:立法草案应提前公布,以便于广泛征求广大民众对特定行政立法事项的意见,并将听取意见作为立法的必经环节和法定程序;要及时向人民群众公布对立法意见的处理结果;应设置专门的立法咨询机关和咨询程序,对特别重要的行政立法进行专门咨询,并作为必经程序;对违反民主立法原则的立法应视为无效。例如,2003 年 6 月 8 日国务院颁布的《物业管理条例》,在出台前就向全社会征求意见,体现民意,体现立法的民主。

三、建设法规体系的概念

建设法规体系,是指把已经制定和需要制定的建设法律、建设行政法规和建设部门规章衔接起来,形成一个相互联系、相互补充、相互协调的完整统一框架结构。

就广义的建设法规体系而言,体系中还包括地方性建设法规和建设规章。

四、建设法规体系的构成

所谓法规体系的构成,就是指法规体系采取的结构形式。建设法规体系是由很多不同层次的法规组成的,它的结构形式一般有宝塔形和梯形两种。

我国建设法规体系采用的是梯形结构。目前,根据《中华人民共和国立法法》有关立法权限的规定,我国建设法规体系由 5 个层次组成。

(一)建设法律

建设法律,是指由全国人民代表大会及其常务委员会制定颁行的属于国务院建设行政主管部门主管业务范围的各项法律。主要内容是建设领域的基本方针、政策,涉及建设领域的根本性、长远性和重大的问题,是建设领域法律体系的最高层次,它们是建设法规体系的核心和基础。例如,《中华人民共和国建筑法》、《中华人民共和国招标投标法》、《中华人民共和国合同法》、《中华人民共和国城市规划法》和《中华人民共和国房地产管理法》等。

(二)建设行政法规

建设行政法规,是指国务院依法制定并颁布的建设领域行政法规的总称。建设行政法规是建设法律制度中的第二层次,一般是对建设法律条款的进一步细化,以便于法律的实施。例如,2003 年 11 月 24 日国务院颁布了《建设工程安全生产管理条例》,2003 年 6 月 8 日国务院颁布了《物业管理条例》,2002 年 3 月 24 日国务院修改了《住房公积金管理条例》,2001 年 6 月 13 日国务院颁布了《城市房屋拆迁管理条例》,2000 年 9 月 25 日国务院颁布了《建设工程勘察设计管理条例》,2000 年 1 月 30 日国务院颁布了《建设工程质量管理条例》等。

（三）建设部门规章

建设部门规章，是指建设部或国务院有关部门根据国务院规定的职责范围，依法制定并颁布的建设领域的各项规章。一方面规章将法律、行政法规的规定进一步具体化，以便其更好地贯彻执行；另一方面规章作为法律、法规的补充，为有关政府部门的行为提供依据。部门规章对全国有关行政管理部门具有约束力，但其效力低于行政法规。例如，2003 年 3 月 8 日七部委联合发布了《工程建设项目施工招标投标办法》，2003 年 2 月 13 日建设部和对外贸易经济合作部联合颁布了《外商投资城市规划服务企业管理规定》，2002 年 12 月 4 日建设部颁布了《建设工程勘察质量管理办法》等。

（四）地方性建设法规

地方性建设法规，是指由省、自治区、直辖市人民代表大会及其常委会制定颁行的或经其批准颁行的由下级人大或常委会制定的建设方面的法规。地方性法规在其所管辖的行政区内具有法律效力。例如，《山东省实施 < 中华人民共和国土地管理法 > 办法》、《山东省水污染防治条例》、《泰山风景名胜区保护管理条例》、《山东省城市房地产交易管理条例》、《山东省城市房地产开发经营管理条例》、《山东省城市房屋拆迁管理条例》、《山东省建设工程招标投标管理条例》等。

（五）地方性建设规章

地方性建设规章，是指由省、自治区、直辖市人民政府制定颁行的或经其批准颁行的由其所辖城市人民政府制定的建设方面的规章。例如，《山东省关于提高建筑工程质量的若干规定》、《山东省建设工程设计招标投标暂行规定》、《山东省建设工程施工招标投标暂行规定》、《山东省关于外国建筑企业承包建设工程施工管理的暂行规定》等。

其中，建设法律的法律效力最高，层次越往下，法规的法律效力越低。法律效力低的建设法规不得与比其法律效力高的建设法规相抵触；否则，其相应规定将被视为无效。

五、我国建设法规体系的现状与规划

新中国成立初期，建设立法基本上是个空白，为了适应经济建设和发展的需要，国务院（初期为政务院）及其相关行政主管部门制定颁行了许多有关建设程序、设计、施工及成本管理等方面的有关规定，但未形成完整的体系，更无一部建设法律。改革开放以来，尤其是中央确立经济体制由计划经济向社会主义市场经济转变的发展战略以后，随着国家法制建设的加强，建设法规逐步成为国家整个法律体系的重要组成部分，其立法的系统性、迫切性也成为国家法制建设中必须解决的重大问题。1989 年，建设部组织了建设法规体系的研究、论证工作，并于 1991 年制定出《建设法律体系规划方案》，使我国建设立法走上系统化、科学化的健康发展之路。我国建设法规体系采用了梯形结构形式，所以在我国不存在《中华人民共和国建设法》这样的基本法律，而由城市规划法、市政公用事业法、村镇建设法、风景名胜区法、工程勘察设计法、建筑法、城市房地产管理法、住宅法等八部关于专项业务的法律构成我国建设法规体系的顶层，并由城市规划法实施条例等三十八部行政法规对这些法律加以细化和补充。

需要指出的是，与建设活动关系密切的相关法律、行政法规和部门规章，虽不属于建设法规体系，但其有些规定对调整相关的建设活动有着十分重要的作用，对此，我们必须予以密切关注。

第三节 建设法规的实施

建设法规的实施，是指国家机关及其公务员、社会团体、公民实践建设法律规范的活动，包括建设法规的执法、司法和守法三个方面。建设法规的司法又包括行政司法和专门机关司法两方面。

一、建设行政执法

建设行政执法，是指建设行政主管部门和被授权或被委托的单位，依法对各项建设活动和建设行为进行检查监督，并对违法行为执行行政处罚的行为。具体包括以下内容。

（一）建设行政决定

是指执法者依法对相对人的权利和义务作出单方面的处理。包括行政许可、行政命令和行政奖励。

（二）建设行政检查

是指建设行政执法者依法对相对人是否守法的事实进行单方面的强制性了解。主要包括实地检查和书面检查两种。

（三）建设行政处罚

是指建设行政主管部门或其他权力机关对相对人实行惩戒或制裁的行为。主要包括财产处罚、行为处罚和告诫处罚三种。

案例

【案例1－3】

施工单位违法施工，造成建筑事故，受到行政处罚

2004年8月12日，重庆市某县一小学教学楼发生坍塌事故，造成3人死亡，5人重伤。事故发生的原因是该小学违规加层，且没有施工许可证而擅自施工，施工单位在施工中违反安全规程违法施工。事故发生后，有关部门对事故责任单位和事故责任者依法进行处理。对施工单位责令停业整顿半年；包工头移交司法机关追究刑事责任；对主管副市长、教育局长、建设局长和该校校长分别给予警告、记过和撤职处分。

【评析】

本案中，有关部门对施工单位给予责令停业整顿半年，即属于行政处罚范畴。对有关责任人员所给予警告、记过、撤职等处分，属于行政处分。

（四）建设行政强制执行

是指在相对人不履行行政机关所规定的义务时，特定的行政机关依法对其采取强制手段，迫使其履行义务。

二、建设行政司法

建设行政司法，是指建设行政机关依据法定的权限和法定的程序进行行政调解、行政复议和行政仲裁，以解决相应争议的行政行为。

（一）行政调解

是指在行政机关的主持下，以法律为依据，以自愿为原则，通过说服、教育等方法，促使双方当事人通过协商互谅达成协议。

（二）行政复议

是指在相对人不服行政执法决定时，依法向指定的部门提出重新处理申请。

（三）行政仲裁

是指国家行政机关以第三者身份对特定的民事、经济的劳动争议进行调解并作出判断和裁决。

三、专门机关司法

是指国家司法机关，主要指人民法院依照诉讼程序对建设活动中的争议与违法建设行为作出的审理判决活动。

四、建设法规的遵守

是指从事建设活动的所有单位和个人，必须按照建设法规的要求实施建设行为，不得违反。

第四节 工程项目建设程序

一、工程项目建设程序的概念

工程项目建设程序，是指建设项目从设想、选择、评估、决策、设计、施工到竣工验收、投入生产的整个建设过程中，各项工作必须遵循的先后次序的法则。这个法则是人们在认识工程建设客观规律的基础上总结出来的，是建设项目科学决策和顺利进行的重要保证。

二、工程项目建设的阶段划分及其内容

（一）工程项目建设的阶段划分（表 1-1）

依据我国现行工程项目建设有关程序法规的规定，工程项目建设共分五个阶段。对于不同的工程建设项目，由于其性质不同、复杂程度不同、规模大小不同，以至于在同一阶段内各环节的工作会有一些交叉，有些环节还可省略。因此，在具体执行时，根据各项目的特点，可在严格遵守工程项目建设程序的大前提下，灵活开展各项工作。

（二）工程项目建设各阶段的内容

1. 工程项目建设前期阶段的内容

工程项目建设的阶段划分 表1-1

工程建设程序的划分阶段	各阶段的环节划分
(1)工程建设前期阶段(决策分析阶段)	投资意向
	投资机会分析
	项目建议书
	可行性研究
	审批立项
(2)工程建设准备阶段	规划
	获取土地使用权
	拆迁
	报建
	工程发包与承包
(3)工程建设实施阶段	工程勘察设计
	施工准备
	工程施工
	生产准备
(4)工程竣工验收与保修阶段	竣工验收
	工程保修
(5)工程建设后评价阶段	生产运营
	投资后评价

工程项目建设前期阶段即决策分析阶段,是对工程项目投资的合理性进行考察和对工程项目进行选择的阶段。它将从根本上决定其投资效益。在该阶段包含投资意向、投资机会分析、项目建议书、可行性研究和审批立项五个环节。

1)投资意向

投资意向,是指投资主体发现社会存在合适的投资机会所产生的投资愿望,它是工程建设活动的起点。

2)投资机会分析

投资机会分析,是指投资主体对投资机会所进行的初步考察和分析,在认为机会合适、有良好的预期效益时,则可进行进一步的行动。

3)项目建议书

项目建议书,是指要求建设某一具体工程项目的建议文件,主要是从宏观上来分析项目建设的必要性,同时初步分析建设的可能性,看其是否具备建设条件,是否值得投资。大中型和限额以上项目的投资项目建议书,由行业归口主管部门初审后,再由国家发展和改革委员会审批。小型项目的项目建议书,按隶属关系,由主管部门或地方发展和改革委员会审批。

4)可行性研究

项目建议书一经批准,即可着手进行可行性研究,对项目在技术上是否可行和经济上是否合理进行科学的分析和论证。承担可行性研究工作的单位应是经过资格审定的规划、设计和工程咨询单位。通过对建设项目在技术、工程和经济上的合理性进行全面分析论证和多种方案比较,提出评估意见。所有基建项目都要在可行性研究通过的基础上,选择经济效益最好的方案编制可行性研究报告。由于可行性研究报告是项目最终决策和进行初步设计的重要文件,因此要求它必须具有相当的深度和准确性。可行性研究报告必须经有资格的咨询机构评估确认后才能作为投资决策的依据。

5)审批立项

审批立项是有关部门对可行性研究报告的审查批准程序。审查通过后即予以立项,正式进入工程项目建设准备阶段。《关于建设项目进行可行性研究的试行管理办法》对审批权作了具体规定:属中央投资、中央和地方合资的大中型和限额以上项目的可行性研究报告要报送国家发展和改革委员会审批;总投资2亿元以上的项目,不论是中央项目还是地方项目,都要经国家发展和改革委员会审查后报国务院审批;中央各部门所属小型和限额以下项目由各部门审批;地方投资2亿元以下项目,由地方发展和改革委员会审批。批准后的可行性研究报告不得随意修改和变更。如果在建设规模、产品方案、建设地区、主要协作关系等方面有变动及突破投资控制数时,应经原批准机关同意。经过批准的可行性研究报告,是确定建设项目、编制设计文件的依据。

2. 工程项目建设准备阶段的内容

在该阶段包含规划、获取土地使用权、拆迁、报建和工程发包与承包五个环节。

1)规划

在规划区内建设的工程,必须符合城市规划或村庄、集镇规划的要求。在城市规划区内进行工程建设的,要依法先后领取城市规划行政主管部门核发的"选址意见书"、"建设用地规划许可证"、"建设工程规划许可证",方能进行获取土地使用权、设计、施工等相应建设活动。

2)获取土地使用权

《中华人民共和国土地管理法》规定:"城市市区的土地归国家所有,农村和城市郊区的土地除由法律规定属国家所有者外,属于农民集体所有。工程建设用地都必须通过国家对土地使用权的出让而取得,需在农民集体所有的土地上进行工程建设的,也必须先由国家征用农民土地,然后再将土地使用权出让给建设单位或个人。"

3)拆迁

1991年国务院颁发的《城市房屋拆迁管理条例》规定,任何单位和个人需要拆迁房屋,必须持国家规定的批准文件、拆迁计划和拆迁方案,向县级以上人民政府房屋拆迁主管部门提出申请,经批准并取得房屋拆迁许可证后,方可拆迁。实施房屋拆迁不得超越经批准的拆迁范围和规定的拆迁期限。在规定拆迁期限内,拆迁人应当与被拆迁人就补偿、安置等问题签订书面协议。被拆迁人必须服从城市建设的需要,在规定的搬迁期限内完成搬迁;拆迁人对被拆迁人依法给予补偿,并对被拆迁房屋的使用人进行安置。

4)报建

建设项目被批准立项后,建设单位或其代理机构必须持工程项目立项批准文件、银行出具的资信证明、建设用地的批准文件等资料,向当地建设行政主管部门或其授权机构进行报建。凡未报建的工程项目,不得办理招标手续和发放施工许可证。

5)工程发包与承包

建设项目被批准立项并报建后,须对拟建工程进行发包,以择优选定工程勘察设计单位、施工单位、总承包单位和监理单位。工程发包与承包有招标发包和直接发包两种方式,国家提倡招标投标方式,并对许多工程强制进行招标发包。

3. 工程项目建设实施阶段的内容

在该阶段包含工程勘察设计、施工准备、工程施工和生产准备四个环节。

1)工程勘察设计

设计是工程项目建设的重要环节,设计文件是制定建设计划、组织施工和控制建设投资的依据,它直接关系着工程质量和将来的使用效果。设计与勘察是密不可分的,设计必须在进行工程勘察,取得足够的地质、水文等基础资料后才能进行。建设项目的设计过程一般划分为两个阶段，即初步设计和施工图设计。对重大项目和技术复杂项目，可根据不同行业的特点和需要，增加技术设计阶段。即分为初步设计、技术设计和施工图设计三个阶段。

未经原勘察设计单位同意，任何单位和个人不得擅自修改勘察设计文件。

2）施工准备

施工准备包括施工单位在技术、物资方面的准备和建设单位取得开工许可两方面内容。

施工单位技术、物资方面的准备，是指施工单位在接到施工图后，必须做细致的施工准备工作，以确保工程顺利完成。它包括熟悉、审查图纸，编制施工组织设计，向下属单位进行计划、技术、质量、安全、经济责任的交底，下达施工任务书，准备工程施工所需的设备、材料等活动。

取得开工许可，是指建设单位具备申请施工许可证的条件后，可按国家有关规定向工程所在地县级以上人民政府建设行政主管部门申请领取施工许可证。未取得施工许可证的建设单位不得擅自组织开工。

【案例1-4】

案例

没有办理建设工程施工许可证的建筑项目应受处罚

平地乡以乡党委、乡政府的名义向某市绿化委员会申请建设片林1400亩，并要求在规划绿地面积的同时，划出280亩别墅和公寓建设用地。该乡在办理立项用地许可证、建设规划许可证等手续未得到批准的情况下，成立了经贸发展有限公司进行房地产开发和销售工作，开始了大面积的违法建筑和非法土地转让。在建设过程中，该市、区有关部门曾多次下发“违章开发建设停工通知书”，但是违法开发及强行施工却从未停止过。后来，某市建设工程项目执法监察小组对该建设项目进行处罚：要求该建设项目补交土地转让金和有关税费，按规定补办有关手续，并处以罚款。

【评析】

本案之所以定性为违法建筑项目，其主要原因是该工程建设项目违反建设程序，在没有办理国有土地使用权证和建设工程规划许可证的条件下强行施工。凡是不具备开工证的建设工程就属于违法建设项目，违法建设项目当然应依法给予查处。

3）工程施工

工程施工是施工队伍具体配置各种施工要素，将工程设计物化为建筑产品的过程，也是投入劳动量最大、耗费时间较长的工作。其管理水平的高低、工作质量的好坏对建设项目的质量和所产生的效益起着十分重要的作用。工程施工管理具体包括施工调度、施工安全、文明施工、环境保护等几方面的内容。

4）生产准备

生产准备是指工程施工临近结束时，为保证建设项目能及时投产使用所进行的准备活动，它是基本建设程序中的重要环节，是建设阶段转入生产经营的必要条件。生产准备的内容很多，主要包括：招收和培训人员，组织人员参加设备安装调试和工程验收；生产管理机构设置、管理制度的制定、生产人员配备；生产技术准备；落实原材料、外协产品、燃料、水、电的来源及其他需协作配合条件和生产物资的准备。

4. 工程竣工验收与保修阶段的内容

工程项目按设计文件规定的内容和标准全部建成，并按规定将工程内外全部清理完毕后称为竣工。竣工验收是工程建设过程的最后一环，是全面考核基本建设成果、检验设计和工程质量的重要步骤，也是基本建设转入生产或使用的标志。通过竣工验收，一是检验设计和工程质量，保证项目按设计要求的技术经济指标正常完成；二是建设单位对经验收合格的项目可以及时移交固定资产，使其转入生产系统或投入使用；三是有关部门和单位可以总结经验教训。工程验收合格后，方可交付使用。建设单位收到建设工程竣工报告后，应当组织设计、施工、监理等有关单位进行竣工验收。竣工验收的依据是已批准的可行性研究报告、初步设计或扩大初步设计、施工图和设备技术说明书，以及现行施工技术验收的规范和主管部门（公司）有关审批、修改、调整的文件等。

建设工程实行质量保修制度。工程竣工验收交付使用后，在保修期内发生质量问题，施工单位应当履行保修义务，并对造成的损失承担赔偿责任。

5. 工程项目建设后评价阶段的内容

工程项目建设后评价是工程项目竣工投产、生产运营一段时间后，再对项目的立项决策、设计施工、竣工投产、生产运营等全过程进行系统评价的一种技术经济活动，是固定资产投资管理的一项重要的内容，也是固定资产投资管理的最后一个环节。通过建设项目后评价以达到肯定成绩、总结经验、研究问题、吸取教训、提出建议、改进工作、不断提高项目决策水平和投资效果的目的。我国目前开展的工程项目建设后评价一般是按三个层次组织实施，即项目单位的自我评价、项目所属行业（或地区）的评价和各级计划部门（或主要投资方）的评价。

最后需要指出的是，在工程建设项目的建设程序中，第一、五阶段的工作是由工程建设咨询单位完成的；第二、三、四阶段的工作属于《中华人民共和国建筑法》所确定的建筑工程的范围。因此，本教材在介绍法律、法规时，是以工程项目建设的程序为主线，以建筑工程施工工作（即工程项目建设程序第二、三、四阶段）中涉及的法律、法规为主要内容编写的。

案例

【案例1－5】

违反基本建设程序，酿成重大安全事故

1999年1月4日，重庆綦江虹桥突然整体垮塌，导致40人死亡，造成直接经济损失630多万元。虹桥的垮塌震惊了全国，事故发生后的调查结果显示，这是一个典型的违反基本建设程序的违法施工项目。虹桥建设初期，没有按照国家规定对该建设项目进行立项、可行性论证、设计审查，没有办理项目报建手续，没有进行项目设计、施工招标，没有办理施工许可证；也没有对设计、施工单位进行资质审查，便把虹桥建设工程发包给不具备建桥资质的重庆华庆设计公司富华分公司总承包，富华分公司又将虹桥工程建设交给私人设计和个人合伙挂靠施工。在施工过程中，没有按照《建筑法》的要求进行工程监理，发包方在工程完工后，也没有经过法定的检查验收便匆匆地投入使用。结果这个完全违反基本建设程序的工程酿成了震惊全国的重大安全事故。

【评析】

本案是一个严重违反建设工程程序的建筑工程，导致了极为严重的后果，应当引起建设单位和从事建筑活动的单位的警惕，防止类似事故再发生。

本章小结

建设法规,是指国家立法机关或其授权的行政机关制定的,旨在调整国家及其有关机构、企事业单位、社会团体、公民之间在建设活动中或建设行政管理活动中发生的各种社会关系的法律、法规的统称。建设法规的调整对象,是在建设活动中所发生的各种社会关系,它包括建设活动中所发生的行政管理关系、经济协作关系及其相关的民事关系。建设法规体系,是指把已经制定和需要制定的建设法律、建设行政法规和建设部门规章衔接起来,形成一个相互联系、相互补充、相互协调的完整统一的框架结构。我国建设法规体系由五个层次组成:建设法律、建设行政法规、建设部门规章、地方性建设法规和地方建设规章。

工程项目建设程序是指建设项目从设想、选择、评估、决策、设计、施工到竣工验收、投入生产的整个建设过程中,各项工作必须遵循的先后次序的法则。这个法则是人们在认识工程建设客观规律的基础上总结出来的,是建设项目科学决策和顺利进行的重要保证。工程项目建设程序共分五个阶段:工程项目建设前期阶段、工程项目建设准备阶段、工程项目建设实施阶段、工程竣工验收与保修阶段、工程项目建设后评价阶段。每个阶段又包含若干环节,这个阶段和环节各有其不同的工作内容,并有着客观的先后顺序。

小知识

鸟巢是新北京标志性建筑,商业使用标志须经授权

作为新北京、新奥运的标志性建筑,北京国家体育场——“鸟巢”,以其独特的建筑风格和奇特新颖的设计理念被评为“2007年世界十大建筑奇迹”之一。这一新北京的地标性建筑也成为北京奥运会特许商品设计师们的最爱,被大量应用到各种特许产品的设计理念当中,以场馆实景为蓝本设计奥运特许商品在历届奥运会上也是首次。

目前,以“鸟巢”为主题概念设计的奥运特许商品主要分为模型(贵金属、普通材质)、纪念章(贵金属、普通材质)、邮票、邮品、服装五大类,共约30多款产品,而正在向北京奥组委市场开发部特许经营处申报审批的以“鸟巢”为主题概念设计的奥运特许商品有文具(本、册、笔)、徽章、日用品、服装、帽子五类,约近百款产品。

北京奥组委表示,凡未经北京奥组委授权,擅自使用国家体育场、奥运标志为背景宣传造势的行为,不仅属于隐性市场行为,更严重侵犯了奥林匹克知识产权,属于违法行为,对这些行为北京奥林匹克运动会组织委员会法律事务部将采取积极有效的处罚措施。

单元练习

思考题

1. 何谓建设法规?建设法规调整的社会关系有哪些?
2. 何谓建设法规体系?我国建设法规体系是如何构成的?
3. 建设法规的实施包括哪几个方面?
4. 何谓工程建设程序?我国工程建设程序分为哪几个阶段?
5. 谈谈你对建设法律法规体系的认识。

第一篇

工程建设准备阶段法规

工程建设从项目选定到竣工投产要遵守严格的程序，按科学规律、有计划、分阶段逐步实施。本篇内容主要涉及工程建设准备阶段的规划、获取土地使用权和工程报建、工程发包与承包等几个环节。工程发包与承包是工程建设准备阶段的最后一个环节。为此，从介绍工程报建、发承包的概念和相关管理规定入手，着重介绍《中华人民共和国城市规划法》及其配套法规规定的工程建设项目“一书两证”制度的具体内容，《中华人民共和国土地管理法》、《城市房屋拆迁管理条例》关于建设用地的各项管理规定，以及土地征用、出让、转让、划拨和城市房屋拆迁的具体办法，《中华人民共和国招标投标法》关于工程建设发承包中招标与投标及开标、评标与中标的程序及主要规定，使大家对工程建设项目前期准备阶段涉及的法律法规有个基本的了解。

第二章　工程报建与相关法规

【本章职业能力目标】

在实际工作中，具有依法取得“一书两证”、独立承担相关工程报建的能力；具有通过执业资格考试，取得相关岗位资格证书的能力。

【知识目标】

1. 了解工程项目报建的概念、程序；
2. 熟悉土地征用、出让、转让和划拨的具体办法；
3. 掌握工程报建的操作办法、步骤和要求，“一书两证”的具体内容，房屋折迁形式及安置补偿。

本章重点：建设用地选址意见书、建设用地规划许可证、建设工程规划许可证、土地使用证和进行工程报建的操作办法、步骤和要求；房屋折迁形式及安置补偿。

本章难点：土地征用、出让、转让和划拨的具体办法。

第一节　工程报建概述

一、工程报建的概念

我国的各类建设项目星罗棋布，工程建设总量十分庞大，并呈逐年上升的趋势。为了加强对建设工程项目的管理，培育和完善规范的建设市场，摸清本地区、本部门建设工程项目的底数，加强对建设规模的有效控制，严格资金管理等，1994 年国家出台了《工程建设项目报建管理办法》，要求建设单位或其代理机构在工程项目可行性研究报告或其他立项文件被批准后，必须持工程项目可行性研究报告及城市规划行政主管部门核发的“建设项目选址意见书”、“建设用地规划许可证”、“建设工程规划许可证”和土地管理部门核发的“土地使用权证”、银行出具的资信证明等向建设行政主管部门进行报建登记。这一法定建设程序称为工程项目报建。

二、工程项目报建管理规定

（一）工程报建的范围

按照《工程建设项目报建管理办法》（1994 年）的规定，凡在中华人民共和国境内投资兴建的工程建设项目，都必须实行报建制度，接受当地建设行政主管部门或其授权机构的监督管理。工程建设项目的投资和建设规模有变化时，建设单位应及时到建设行政主管部门或其授权机构进行补充登记；筹建负责人变更时，应重新登记。凡未报建的工程建设项目，不得办理招投标手续和发放施工许可证，设计、施工单位不得承接该项工程的设计和施工任务。

（二）工程项目报建程序

项目报建由建设单位（业主）或其代理机构申请办理，一般程序为：

1）建设单位到建设行政主管部门或其授权机构领取“工程建设项目报建表”。

2）按报建表的内容及要求认真填写。工程建设项目的报建内容主要包括：

（1）工程名称；

（2）建设地点；

（3）投资规模；

（4）资金来源；

（5）当年投资额；

（6）工程规模；

（7）开工、竣工日期；

（8）发包方式；

（9）工程筹建情况。

3）向建设行政主管部门或其授权机构报送“工程建设项目报建表”及相关材料，并按要求进行招标准备。须提交的材料包括：

（1）“工程建设项目报建表”；

（2）企业法人营业执照或其他组织证明；

（3）建设工程立项的批准文件原件和复印件；

（4）建设单位工程专业技术人员和管理人员核定申报表；

（5）专业技术人员和管理人员技术职称证书原件和复印件；

（6）法定代表人授权委托书（委托经办人办理报建）。

在立项批复中已明确招标组织形式的，第（4）、（5）项材料可不提交。委托招标代理机构发包的，第（4）、（5）项材料可不提交，但须提交代理合同。

第二节　工程报建与城市规划法规

城市规划是城市建设的蓝图，是城市各项工程建设和管理的依据。任何一项工程建设项目都必须符合城市人民政府及其规划行政主管部门组织编制的城市总体规划、详细规划的具体要求和相关规定。在城市规划区内的工程建设项目取得城市规划行政主管部门核发的“建设项目选址意见书”、“建设用地规划许可证”和“建设工程规划许可证”（即“一书两证”）是一切建设行为的上游程序，只有符合了城市规划管理的相关规定，方能进行工程建设的具体实施活动。本节内容重点介绍工程建设项目在报建和申领施工许可证前获取“一书两证”的法律制度和相关操作要求。

一、城市规划法规概述

城市规划法，是指调整城市规划制定、实施和管理过程中各种社会关系的法律规范的总称。狭义的城市规划法，是指1989年12月26日第七届全国人民代表大会常务委员会第一次会议通过的《中华人民共和国城市规划法》（以下简称《城市规划法》）；广义的城市规划法除

《中华人民共和国城市规划法》外，还包括与之配套的《建设项目选址规划管理办法》、《城市规划编制办法》、《城市国有土地使用权出让和转让规划管理办法》，以及《城市规划法实施条例》和《村庄和集镇规划建设管理条例》等法规和规章。

二、城市规划实施的概念和方法

城市规划经法定程序批准生效后，即具有了法律效力，城市规划区内的任何土地利用及各项建设活动，都必须符合城市规划设计，满足城市规划的要求，使生效的城市规划得以实现，这就是城市规划的实施。

为保证城市规划的实施，城市规划一经批准，就应向全社会公布，以便广大人民群众了解城市规划的具体内容，以之作为各项建设活动的准则，自觉按照城市规划的要求进行建设活动，并对各类违背城市规划的违法行为及时举报，进行监督。

此外，《城市规划法》还规定了在工程建设的不同阶段，建设单位必须向城市规划管理部门申领"选址意见书"、"建设用地规划许可证"、"建设工程规划许可证"等文件后，方可进行有关建设活动的制度，从制度上保证了每项建设工程都必须接受城市规划管理部门的审核检查，从而保证城市规划的全面实施。

（一）选址意见书制度

1. 选址意见书的概念

选址意见书，是指建设工程（主要是新建的大、中型工业与民用项目）在立项过程中，由城市规划行政主管部门出具的该建设项目是否符合城市规划要求的意见书。依据《城市规划法》的规定，建设单位在上报设计任务书前，其项目拟建地址必须先经城市规划行政主管部门审查，并取得其核发的选址意见书，然后方可连同设计任务书一并上报；否则，有关部门对设计任务书将不予审批。

2. 选址意见书的内容

选址意见书一般包括项目基本情况和对项目选址的意见两部分：

建设项目基本情况包括：建设项目的名称、性质、用地与建设规模；供水、能源的需求量、运输方式与运输量；废水、废气、废渣的排放方式和排放量等。

建设项目选址意见包括：建设项目建在拟建地址与城市规划布局是否协调；与城市交通、通信、能源、市政、防灾规划是否衔接与协调；该建设项目对城市环境可能造成的污染；与城市生活居住及公共设施规划、城市环境保护规划和风景名胜、文物古迹保护规划是否协调等。

3. 选址意见书的核发权限

选址意见书按建设项目审批部门的不同，分别由各级规划行政主管部门核发。

（1）国家审批的大中型和限额以上的建设项目，由项目所在地县、市人民政府城市规划行政主管部门提出审查意见，报省、自治区、直辖市、计划单列市人民政府城市规划行政主管部门核发选址意见书，并报国务院城市规划行政主管部门备案。

（2）中央各部门、公司审批的小型和限额以下的建设项目，其选址意见书由项目所在地县、市人民政府城市规划行政主管部门核发。

（3）省、自治区建设项目由项目所在地县、市人民政府城市规划行政主管部门提出审查意见，报省、自治区人民政府城市规划行政主管部门核发。

（4）其他建设项目，须经哪级人民政府规划行政主管部门审批的，其选址意见书就由该人民政府城市规划行政主管部门核发。

案例

【案例2-1】

规划行政主管部门依法改变用地性质，核发“一书两证”

铁道部某下属企业位于某市中心重点地区，占地面积32500m^2，由于企业效益不好，打算利用区位优势，将一部分多余工厂用地出让，建造住宅。经与房地产开发商洽谈达成协议，由房地产开发商向市规划行政主管部门申请建设住宅。规划行政主管部门经核实城市总体规划和控制性详细规划，确定该用地使用性质规划为公共设施用地。市规划行政主管部门经现场调研，并分析了周围建设情况和各种条件，认为可以改变用地性质，向市政府作了请示，经市政府批准核发了“一书两证”。

【评析】

某市规划行政主管部门根据城市总体规划和控制性详细规划，在现场调研后并作了分析，根据该用地所处的具体位置和具体条件认为可以改变用地性质。由于该用地“位于市中心重点区域”，根据《城市规划法》的规定，重点地区的详细规划是由市政府审批，才能改变用地性质。因此，市规划行政主管部门审批程序合法又合理，在报经市政府批准情况下，核发了“一书两证”，这是正确的。

【案例2-2】

建设用地不符合要求，拒绝发放选址意见书

某区属企业位于工业区内，占地8400m^2。由于设施老化，产品落后，最终破产倒闭。区政府想利用原厂区土地开发住宅，并将获得资金安置下岗职工，经向市规划行政主管部门申请，被驳回，理由是该用地在城市总体规划和控制性详细规划中为工业用地，不能改变用地的性质。

【评析】

市规划行政主管部门的做法是正确的。因为市规划行政主管部门考虑到这个企业位于工业区内部，如果建造住宅，将带来一系列的问题，如子女上学、购物、文化娱乐等。另外，周围的工厂企业产生的废气粉尘噪声将对居民产生不良影响，因此不能开发建设住宅。但是，城市规划行政主管部门可根据具体情况建议区政府采取土地置换的办法，将位于居住区内的某些工业企业搬迁到这里，然后开发建设位于居民区内已腾出用地，利用这方面资金安置下岗职工。

（二）建设用地规划许可证制度

1. 建设用地规划许可证的概念

建设用地规划许可证，是指城市规划行政主管部门依据城市规划的要求和建设项目用地的实际需要，向提出用地申请的建设单位或个人核发的确定建设用地的位置、面积、界限的证件。

《城市规划法》规定："建设单位和个人在取得建设用地规划许可证后，方可向县级以上地方人民政府土地管理部门申请用地。"

2. 建设用地规划许可证的核发程序

建设用地规划许可证的核发程序如下。

1）用地申请

由建设单位或个人持国家批准建设项目的有关文件，向城市规划行政主管部门提出用地申请。

2）现场踏勘、征求意见

城市规划行政主管部门在受理申请后，应会同有关部门与建设单位一起到选址现场进行调查、踏勘；同时，还应征求环境保护、消防安全、文物保护、土地管理等部门的意见。

3）提供设计条件

在用地申请初审通过后，城市规划行政主管部门将向建设单位或个人提供建设用地地址与范围的红线图，并提出规划设计条件和要求。

4）审查总平面图、核定用地面积

建设单位根据城市规划行政主管部门提供的设计条件完成总平面图设计后，应将总平面图及其相关文件报送城市规划行政主管部门以审查其用地性质、规模和布局方式、运输方式等是否符合城市规划的要求及合理用地、节约用地的原则，并根据城市规划设计用地定额指标和该地块具体情况，审核用地面积。

5）核发建设用地规划许可证

经审查合格后，城市规划行政主管部门即向建设单位或个人核发建设用地规划许可证。

【案例 2－3】

案例

建设用地符合规划要求，可颁发建设用地许可证

某市的市区东北部有一中外合资的电子企业，因产品销路好，继续扩建一条生产线。企业提出在其厂区的东北角占用 20 亩的农村村民住宅和部分农村企业用地。企业提出的用地在城市规划中为工业用地。

【评析】

这是中外合资企业要扩大用地，而且要占用农村集体用地的实例。其扩大的用地范围恰为规划工业用地，符合城市规划的要求，但须将集体用地转变为国有土地，因此可颁发建设用地规划许可证。

3. 临时建设用地许可证

临时建设用地许可证，是指由于建设工程施工、堆料或其他原因，需临时使用的土地。建设单位须持上级主管部门批准的申请临时用地文件，向城市规划行政主管部门提出临时用地申请，经审核批准后，可取得临时建设用地许可证，其有效期限一般不超过两年。《城市规划法》明确规定："禁止在批准临时使用的土地上建设永久性的建筑物、构筑物和其他设施。"

（三）建设工程规划许可证制度

1. 建设工程规划许可证

建设工程规划许可证，是指城市规划行政主管部门向建设单位或个人核发的确认其建设

工程符合城市规划要求的证件。它也是申请工程开工的必备证件。《城市规划法》规定:“在城市规划区内新建、扩建和改建建筑物、构筑物、道路、管线和其他工程设施,必须持有关批准文件向城市规划行政主管部门提出申请,由城市规划行政主管部门根据城市规划提出的设计要求,核发建设工程规划许可证件。建设单位或个人在取得建设工程规划许可证件和其他有关批准文件后,方可申请办理开工手续。”

2. 建设工程规划许可证的核发程序

建设工程规划许可证的核发程序如下。

1)领证申请

建设单位或个人应持“设计任务书”、“建设用地规划许可证”、“土地使用权证”等有关批准文件向城市规划行政主管部门提出核发建设工程规划许可证申请。

2)初步审查

城市规划行政主管部门受理申请后,应对建设工程的性质、规模、布局等是否符合城市规划要求进行审查,并应征求环境保护、环境卫生、交通、通信等部门及相关行政主管部门的意见。

3)核发规划设计要点通知书

城市规划行政主管部门根据审查结果和工程所在地段详细规划的要求,向建设单位或个人核发规划设计要点通知书、提出规划设计要求。

4)核发设计方案通知书

建设单位或个人根据规划设计要点通知书完成方案设计后,应将设计方案(应不少于两个)有关图纸、文件报送城市规划行政主管部门。城市规划行政主管部门在对各个方案的总平面布置、交通组织情况、工程周围环境关系和个体设计体积、层次、造型等进行审查比较,确定设计方案后,将核发设计方案通知书,并提出规划修改意见。

5)核发建设工程规划许可证

建设单位或个人根据设计方案通知书的要求完成施工图设计后,应将注明勘察设计证号的总平面图,个体建筑设计的平面图、立面图、剖面图、基础图、地下室平面图等施工图,送城市规划行政主管部门审查。经审查批准后,将核发建设工程规划许可证。

3. 建设工程审核批准后的管理

建设工程审核批准后,城市规划行政主管部门要加强监督检查工作,主要包括验线、现场检查和竣工验收。

1)验线

建筑单位应当按照建设工程规划许可证的要求放线,并经城市规划行政主管部门验线后方可施工。

2)现场检查

它是指城市规划管理工作人员进入有关单位或施工现场,了解建设工程的位置、施工等情况是否符合规划设计条件。在检查中,任何单位和个人都不得阻挠城市规划管理人员进入现场或者拒绝提供与规划管理有关的情况。城市规划行政管理人员有为被检查者保守技术秘密或者业务秘密的义务。

3)竣工验收

《城市规划法》规定:“城市规划行政主管部门可以参加城市规划区内重要建设工程的竣工验收。”

竣工验收是工程项目建设程序中的最后一个阶段。规划部门参加竣工验收,是对建设工程是否符合规划设计条件的要求进行最后把关,以保证城市规划区内各项建设符合城市规划。

城市规划区内的建设工程竣工验收后,建设单位应当在6个月内将竣工资料报送城市规划行政主管部门。

4. 临时建设的管理

临时建设,是指企事业单位或者个人因生产、生活的需要临时搭建的结构简易并在规定期限内必须拆除的建设工程或者设施。临时建设应当办理临时建设工程许可证。临时建设期限由各地规划行政主管部门根据实际情况确定,一般不得超过两年。《城市规划法》规定:"在城市规划区内进行临时建设,必须在批准的使用期限内拆除。"

《城市规划法》还规定:"任何单位和个人不得占用道路、绿地、高压供电走廊和压占地下管线进行建设。""在城市规划区内进行挖取砂土、土方等活动,须经有关主管部门批准,不得破坏城市环境,影响城市规划的实施。"

(四)违法责任

《城市规划法》明确规定了违反城市规划法所应承担的法律责任:

(1)在城市规划区内,未取得建设用地规划许可证而取得建设用地批准文件、占用土地的,批准文件无效,占用的土地由县级以上人民政府责令退回。

(2)在城市规划区内,未取得建设工程规划许可证或违反建设工程规划许可证的规定进行建设,严重影响城市规划的,由县级以上人民政府城市规划行政主管部门责令停止建设,限期拆除或没收违法建筑物、构筑物或其他设施;影响城市规划,但尚可采取改正措施的,由县级以上人民政府城市规划行政主管部门责令限期改正,并处以罚款。

【案例2-4】

案例

不理睬城市规划局的处罚决定,违法建筑被拆除案

2004年5月,四川省某联合运营公司(原告)计划在成都市主干道一环路东三段南端西面修建一栋儿童乐园大楼,但联合运营公司在成都市规划局尚未审批、没有取得建设工程规划许可证的情况下,于5月22日擅自动工兴建儿童乐园大楼。同年8月12日,成都市城市规划局和城管委的有关负责人到施工现场,责令原告立即停工,并写出书面检查。原告于当日向被告作出书面检查,表示愿意停止施工,接受处理,但实际上原告并未停止施工。2004年12月20日,被告作出违法建筑拆除决定书,限令原告在2005年2月1日前自行拆除违法修建的儿童乐园大楼。原告不服,向成都市城市建设环境保护厅申请复议。在复议期间,原告仍继续施工,致使建筑面积为2130m^{2}的七层大楼主体工程基本完工。后原告仍不服,于2005年6月3日又向法院起诉。法院审理认为:原告四川省某联合运营公司新建儿童乐园大楼虽经城管部门原则同意,但在尚未取得建设规划许可证的情况下,即动工修建,违反了《中华人民共和国城市规划法》中"建设单位和个人在取得建设工程规划许可证件和其他有关批准文件后,方可办理施工手续"的规定,属违法建筑,且该违法建筑位于成都市区主干道一侧,属城市规划区的重要地段,未经规划部门审批即擅自动工修建永久性建筑物,其行为本身就严重影响了该区域的整体规划,且原告在被告责令其停工并作出处罚决定后仍继续施工,属于从重处罚情节。法院作出判决:维持成都市规划局作出的违法建筑拆除决定。

至2006年1月,四川省联合运营公司违法修建的儿童乐园大楼已全部拆除。

【评析】

本案是建设单位违反建筑许可程序、未取得城市规划许可证,违法建筑被拆除的一个案例。本案在事实上没有太大的争议,原告违法进行建筑施工是有认识的,原告在明知违法的情况下继续施工,这说明原告法制观念不强,对执法的严肃性没有足够的认识。投资几百万的七层大楼被拆除了,这给建设单位的教训是沉重的。现在工程造价动辄几千万,甚至上亿元,拆除一个违章建筑,其损失是很大的,所以建设单位在进行建设施工以前一定要办理好土地使用许可证、规划许可和建筑施工许可,否则后果是非常严重的。

(3)对未取得建设工程规划许可证件或违反建设工程规划许可证件的规定进行建设的有关责任人员,可由其所在单位或上级主管机关给予行政处分。

(4)城市规划行政主管部门工作人员玩忽职守、滥用职权、徇私舞弊的,由其上级主管机关给予行政处分;构成犯罪的,依法追究刑事责任。

第三节 工程报建与建设用地法规

一、建设用地的概念

《中华人民共和国土地管理法》(以下简称《土地管理法》)将土地按用途分可分为农用地、建设用地和未利用地三类。农用地,是指直接用于农业生产的土地,包括耕地、林地、草地、农田水利用地、养殖水面等;建设用地,是指建造建筑物、构筑物的土地,包括城乡住宅和公共设施用地、工矿用地、交通水利设施用地、旅游用地、军事设施用地等;未利用地,是指农用地和建设用地以外的土地。

建设用地包括土地利用总体规划中已确定的建设用地和因经济及社会发展的需要,由规划中的非建设用地转成的建设用地。前者可称为规划内建设用地,后者则可称为规划外建设用地。

二、国家征用土地

征用土地,是指国家为了社会公共利益的需要,按照法律规定的批准权限和程序批准,并给农民集体和个人补偿后,将集体所有土地依法收归为国有土地的行为。国家对集体土地实施征用以后,才能依法进行出让、开发。

为了防止滥征土地和保护农民集体的利益,《土地管理法》对征用土地的审批程序及补偿办法作出了具体规定。

(一)征用土地的审批

凡征用基本农田、征用非基本农田的耕地超过35公顷的或征用其他土地超过70公顷的,都必须报经国务院批准。征用上述规定以外的其他土地的,由省、自治区、直辖市人民政府批准,并报国务院备案。

征用农用地的，必须依照《中华人民共和国土地管理法实施条例》（以下简称《实施条例》）的下述规定办理审批手续。

（1）可行性论证时，由土地行政主管部门对其用地有关事项进行审查，并提出预审报告，该预审报告必须随可行性研究报告一同报批。

（2）建设单位持建设项目的有关批准文件，向市、县人民政府土地行政主管部门提出建设用地申请，由市、县人民政府土地行政主管部门审查，拟订农用地转用方案、补充耕地方案、征用土地方案和供地方案（涉及国有农用地的，不拟订征用土地方案），经市、县人民政府审核同意后，逐级上报有批准权的人民政府批准。其中，补充耕地方案由批准农用地转用方案的人民政府在批准农用地转用方案时一并批准；供地方案由批准征用土地的人民政府在批准征用土地方案时一并批准（涉及国有农用地的，供地方案由批准农用地转用的人民政府在批准农用地转用方案时一并批准）。

（3）农用地转用方案、补充耕地方案、征用土地方案和供地方案经批准后，由市、县人民政府组织实施，向建设单位颁发建设用地批准书。有偿使用国有土地的，由市、县人民政府土地行政主管部门与土地使用者签订国有土地有偿使用合同；划拨使用国有土地的，由市、县人民政府土地行政主管部门向土地使用者核发国有土地划拨决定书。

（4）土地使用者应当依法申请土地登记。

建设项目确需使用土地利用总体规划确定的城市建设用地范围外的土地，涉及农民集体所有的未利用地的，只报批征用土地方案和供地方案。

抢险救灾等急需使用土地的，可以先行使用。其中，属于临时用地的，灾后应恢复原状并交还原土地使用者使用，不再办理用地审批手续；属于永久性建设用地的，建设单位应在灾情结束后6个月内申请补办建设用地审批手续。

（二）征用土地的实施

征用土地方案经依法批准后，由被征用土地所在的市、县人民政府组织实施，并将批准征地机关、批准文号、征用土地的用途、范围、面积及征地补偿标准、农业人员安置办法和办理征地补偿的期限等，在被征用土地所在的乡（镇）、村予以公告。

被征用土地的所有权人、使用权人应当在公告规定的期限内，持土地权属证书到公告指定的人民政府土地行政主管部门办理征地补偿登记。

市、县人民政府土地行政主管部门根据经批准的征用土地方案，会同有关部门拟订征地补偿、安置方案，在被征用土地所在的乡（镇）、村予以公告，听取被征用土地的农村集体经济组织和农民的意见。征地补偿、安置争议不影响征用土地方案的实施。

征用土地的各项费用应当自征地补偿、安置方案批准之日起3个月内全额支付。

（三）征用土地的补偿

《土地管理法》规定，征用土地的，用地单位应按照被征用土地的原用途给予补偿；并具体规定征用耕地的补偿费应包括土地补偿费、安置补助费及地上附着物和青苗的补偿费，其补偿标准如下。

1）土地补偿费

为该耕地被征用前3年平均年产值的6~10倍。

2）安置补助费

按需要安置的农业人口数计算,需要安置的农业人口数,等于被征用耕地的数量除以征地前被征用单位平均每人占有的耕地数。每一个需要安置的农业人口的安置补助费标准,为该耕地被征用前3年每亩平均年产值的4~6倍。但每公顷被征用耕地的安置补助费,最高不得超过被征用前3年平均年产值的15倍。

3)地上附着物和青苗补偿费

补偿标准由省、自治区、直辖市规定。

4)新菜地开发建设基金

征用的耕地为城市郊区的菜地时,用地单位还应按国家的有关规定缴纳新菜地开发建设基金。

征用其他土地的补偿费标准,由省、自治区、直辖市参照征用耕地的补偿标准另行规定。

按照上述标准支付的土地补偿费和安置补助费,尚不能使需要安置的农民保持原有生活水平的,经省、自治区、直辖市人民政府批准,可以增加安置补助费,但安置补助费和土地补偿费的总和,不得超过土地被征用前3年平均年产值的30倍。

征用土地的补偿费用,除属于个人的地上附着物和青苗的补偿费付给本人外,其余均由被征地单位统一管理、使用。法律规定,统一管理的征地补偿费用只能用于发展生产和安排多余劳动力的就业及作为不能就业人员的生活补助,不得移作他用。任何单位和个人都不得侵占、挪用被征用土地单位的征地补偿费用。被征地的农村集体经济组织应当将征用土地补偿费用的收支情况向本集体经济组织的成员公布,接受监督。市、县和乡(镇)人民政府也应加强对安置补助费使用情况监督。

案例

【案例2-5】

村民不服乡政府征地补偿费处置案

张某等150人原系清河村村民。1992~1998年,市委组织部、市体委、省公安厅、市中级人民法院、市交通局汽车运输七队、省消防总队等8个单位与清河村民组、清河村村民委员会、乡政府签订了征地合同,被征土地54.67亩。征地单位依据征地合同的约定,共支付乡政府征地补偿费、安置补助费共计人民币1626466元,乡政府累计拨付清河村村民委员会885185元。该村委会得此款后向被征土地村民发放安置补助费699738元。此后,该村村民对乡政府及村民委员会发放的征地补偿费、安置补助费数额产生异议,认为其应得的征地补偿费、安置补助费被乡政府和村委会截留,未用于兴办公益事业和解决农民就业,侵犯了该村村民的合法利益。为此,张某等150人在向有关部门反映无结果的情况下,于2001年4月7日向省高级人民法院提起诉讼,请求判令乡政府及村民委员会返还被侵占的安置补助费。

法院经审理认为:当事人诉讼的安置补助费涉及的土地,尚未核发所有权证书。村民为土地承包合同的承包人,但未发放承包书,土地的所有权仍为农民集体所有,被征地产生的安置补助费权利享受人也应属于农民集体组织。张某等150人并非被征土地权利享受人,其个人无权代表农民集体组织主张权利,不享有法律规定的原告主体资格地位,据此裁定:驳回张某等150人的起诉。

【评析】

《实施条例》第二十六条规定:"土地补偿费归农村集体经济组织所有;地上附着物及青苗补偿费归地上附着物及青苗的所有者所有。征用土地的安置补助费必须专款专用,不得挪作他用。"因此,法院裁定张某等150人非被征土地产生的安置补助费的权利人,适用法律正确。但农村集体经济组织应当就征地补偿费、安置补助费的收支状况向集体经济组织的成员公布,接受监督,禁止侵占、挪用。本案乡政府、村民委员会未就征地单位支付的1626466元征地补偿费、安置补助费的收支状况向东新村民组的村民公布,其行为违反上述法律规定。

(四)征用土地的劳动力安置

因征用土地后造成的多余劳动力,由县以上土地管理部门组织被征地单位、用地单位和有关单位,通过扩大农副业生产和乡镇企业等途径,加以安置;安置不完的,可以安排符合条件的人员到用地单位或其他全民、集体所有制单位就业。需要安置的人员由农村集体经济组织安置的,安置补助费支付给农村集体经济组织,由农村集体经济组织管理和使用;由其他单位安置的,安置补助费支付给安置单位;不需要统一安置的,安置补助费发放给被安置人员个人或征得被安置人员同意后用于支付给被安置人员的保险费用。

被征地单位的土地被全部征用的,经省、自治区、直辖市人民政府审查批准,原有的农业户口可以转为非农业户口。原有的集体所有的财产和所得的土地补偿费、安置补助费,由县级以上地方人民政府与有关乡(镇)村商定处理办法。

大、中型水利、水电工程建设征用土地的补偿费标准和移民安置办法,由国务院另行规定。

三、国有建设用地

国有建设用地包括属国家所有的建设用地和国家征用的原属于农民集体所有的土地。经批准的建设项目需要使用国有建设用地的,建设单位应持法律、行政法规规定的有关文件,向有批准权的县级以上人民政府土地行政主管部门提出建设用地申请,经土地行政主管部门审查,报本级人民政府批准,国有建设用地可通过有偿使用和划拨两种方式交由建设单位使用。

(一)国有建设用地使用权的划拨

国家从全社会利益出发,进行经济、文化、国防建设及兴办社会公共事业时,经县级以上人民政府的批准,建设单位可通过划拨的方式取得国有建设用地的使用权。《土地管理法》规定,具体可以划拨的建设用地为:

(1)国家机关用地和军事用地;

(2)城市基础设施用地和公益事业用地;

(3)国家重点扶持的能源、交通、水利等基础设施用地;

(4)法律、行政法规规定的其他用地。

国务院颁发的《实施条例》中对以划拨方式取得的国家建设用地的审批程序,作出了具体规定,建设单位必须按批准文件的规定使用土地。

(二)国有建设用地使用权的出让

除上述国家建设项目可通过划拨方式取得国家建设用地的使用权外,其他建设项目均须通过有偿使用的方式来取得国有建设用地的使用权,具体包括:国有土地使用权的出让;国有土地租赁;国有土地使用权作价出资或入股。这时,建设单位应按照国务院规定的标准和办法,缴纳土地使用权出让金等土地有偿使用费和其他费用后,方可使用土地。建设单位必须按土地使用权出让合同或其他有偿使用合同的约定使用土地;确需改变该幅土地建设用途的,应经有关人民政府土地行政主管部门同意,报原批准用地的人民政府批准。在城市规划区内改变土地用途的,在报批前,应先经有关城市规划行政主管部门同意。

案例

【案例 2-6】

未取得土地使用权,非法占地的建设项目受查处

在甘肃省兰州市滨海南路沿线两侧建有一批商品房,由于某些开发商在商品房开发建设过程中违法占地,地方政府违法批地,结果使得一批商品房无法获得正常的上市交易手续和文件,特别是一些购房的业主无法获得房屋产权,成为开发商和商品房购买者之间矛盾的焦点。甘肃省政府成立了专门调查小组,对兰州市滨海南路沿线两侧 15 项违法建设项目进行了立案调查,对违法批地的有关政府工作人员予以行政处分,对违法建设单位责令在交纳违法用地、违法建设罚款、补交土地出让金及相关税费后,补办相关手续。

【评析】

本案是关于商品房开发建设单位违反建筑工程建设程序,非法占用土地,以及土地管理部门超越职权违法批地而受到处罚的典型案例。未经人民政府同意而擅自占用土地进行建设属于违法行为,依法应当予以纠正。

(三)国有建设用地使用权的转让

1. 土地使用权转让

土地使用权转让,是指建设单位或个人通过国家划拨方式或出让方式获取土地使用权后按照相关法律程序将土地使用权再转让的行为。具体包括出售、交换和赠与等。

2. 土地使用权转让法律规定

《中华人民共和国城镇国有土地使用权出让和转让暂行条例》对土地使用权转让有如下规定。

(1)未按土地使用权出让合同规定的期限和条件投资开发、利用的土地使用权不得转让。按相关规定,获得土地使用权后 2 年以上未开发使用,将由县级以上人民政府无偿收回土地使用权并终止土地使用权有偿使用合同。

【案例 2 –7】

土地使用权的转让必须依法进行

2004 年 3 月，苏州市某县工业局向县政府提出用地申请，计划建立一个中型的水泥厂，县政府研究批准后，与县工业局签订了土地有偿使用合同，并按规定办理了相关的手续。同年 5 月，水泥厂正式投建，但由于内部的一些原因，迫使水泥厂基建于 10 月初下马，未能如期完成厂建计划。适值此时，该县上店村 20 户农民组成的汽车联运队正急于寻找停车场地。水泥厂建设停工，双方经协商于 2004 年 12 月初签订了买卖房产、财产的合同，县工业局将水泥厂全部财产卖给了上店村的 20 户农民。2005 年初，汽车联运队在使用水泥厂土地的过程中，被该县土地管理部门发现并查处。

【评析】

国有土地使用权的有偿使用包含着两个层次的内容，第一层次为土地使用权的有偿出让，第二层次为土地使用权的转让。前者只发生在国家与土地使用者之间，后者发生在各个土地使用者之间。本案例中，县工业局与县政府所签订的土地有偿使用合同是土地使用权有偿出让合同，该合同依法订立，为有效合同，县工业局据此取得水泥厂所占土地的有偿使用权。县工业局与上店村 20 户农民所签订的买卖房产的合同实际上是买卖土地使用权的合同，根据"未按土地使用权出让合同规定的期限和条件投资开发、利用的土地使用权不得转让"的规定，该合同无效。此例中，双方当事人签订买卖合同后未按照法律规定办理过户手续。故本案中，县土地管理部门的决定是正确的。

(2) 土地使用权转让应当签订转让合同。土地使用权转让时，土地使用权出让合同和登记文件中所用载明的权利、义务随之转移。

(3) 土地使用者通过转让方式转让取得的土地使用权，其使用年限为土地使用权出让合同规定的使用年限减去原土地使用者已使用年限后的剩余年限。

(4) 土地使用权转让后，需要改变土地使用权出让合同规定的土地用途的，应当报请土地管理部门和城市规划部门批准，按规定调整土地使用权出让金，并办理登记。

(5) 划拨土地的转让有两种规定：一是报有批准权的人民政府审批予以转让的，由受让方办理土地使用权转让手续，并依照国家有关规定缴纳使用权出让金；二是可不办理出让手续，但转让方应将所获得的收益中的土地收益上缴国家。

【案例 2 –8】

划拨土地的转让必须依法进行

某市第一中学位于市中心繁华商业地段。2003 年 5 月，该校未经土地管理部门批准，拆掉邻街的一栋简易食堂，利用原食堂的地基，修建了一栋占地 $400m^2$ 的两层楼商业铺面，全部用于出租经商，所获收益全部用于教师福利。市土地主管部门发现这一情况后，立即立案查处。经查，市第一中学拆旧房建新房未向土地管理部门办理划拨土地使用用途变更手续，商业铺面修好以后用于出租，也未将租金中所含的土地收益上缴国家。土地管理部门责令第一中学补办划拨土地使用权出租审批、登记手续；没收违法所得 4 万元，并处罚款 2 万元。

【评析】

本案中,某市第一中学拆掉食堂改建商业铺面,构成了两种违法行为,即非法改变土地使用用处和违法出租划拨土地使用权。但实际上,市土地管理局未对第二中学非法占用土地的行为作出处理,是执法的疏漏和错误,应依法更正。本案中,市第二中学非法占用划拨土地修建商业铺面并用于出租,其出租行为未经市人民政府批准,未补交土地出让金,也没有办理划拨土地出租登记手续,属违法出租划拨土地使用权行为,情节严重,市土地管理局对他的处罚是正确的。

除了上述通过一、二级市场以出让方式或转让方式获取土地使用权以外,目前尚有少量建设用地是通过行政划拨方式取得的。

(四)国家建设用土地使用权的收回

《土地管理法》规定,出现下列情况时,有关人民政府土地行政主管部门在报经原批准用地的人民政府或有批准权的人民政府批准后,可以将国有建设用地的使用权收回:

(1)为公共利益需要使用土地的;

(2)为实施城市规划进行旧城区改建,需要调整使用土地的;

(3)土地出让等有偿使用合同约定的使用期限届满,土地使用者未申请续期或申请续期未获批准的;

(4)因单位撤销、迁移等原因,停止使用原划拨的国有土地的;

(5)公路、铁路、机场、矿场等经核准报废的。

因(1)、(2)两项而收回国有土地使用权的,国家对土地使用权人应给予适当补偿。

四、临时用地

建设项目施工和地质勘察需要临时使用国有土地或农民集体所有土地的,由县级以上人民政府土地行政主管部门批准。其中,在城市规划区内的,还应先经有关城市规划行政主管部门同意。土地使用者应当根据土地权属,与有关土地行政主管部门或农村集体经济组织、村民委员会签订临时用地合同,并按合同的约定支付临时使用土地补偿费。

临时用地的使用者应按临时使用土地合同约定的用途使用土地,并不得修建永久性建筑。临时用地为耕地的,临时用地的使用者应自临时用地期满之日起 1 年内恢复种植条件。

临时使用土地期限一般不超过 2 年。

案例

【案例 2-9】

村民擅自改变土地使用用途案

2000 年初,宋某通过其所在村委组织的机动地竞价承包,取得了一处 2.5 亩农田的承包经营权,承包期限为 10 年。原告承包该地块后没有从事农业生产经营,发现该地块位于国道与乡道的路口交叉处,交通条件十分便利,距离城镇又较远,决定在此处建一处饭店及停车场,便向村委递交了书面建房申请,村委签署了同意意见。之后宋某在未取得相关部门批准的情况下建起了平房六间,并将剩余的土地圈成了停车场。

上述工程尚未完工便被镇政府发现，镇政府经调查确认宋某所建房屋系违章建筑，于2000年3月15日送达了土地违法案件行政处罚告知书，同年3月20日，镇政府作出行政处罚决定，决定对宋某未经批准擅自在耕地上建造的违章建筑予以拆除，并决定罚款3000元。宋某对该处罚决定不服，向法院提起行政诉讼，以镇政府越权行使处罚权为由请求法院撤销被告的处罚决定。法院经审理作出判决：撤销了被告某镇政府对原告宋某的处罚决定。

【评析】

宋某通过承包方式取得了集体土地的使用权后，应当依法经营，不应擅自改变土地用途。其未经有关部门批准擅自在可耕地上所建造的房屋，确系违章建筑，依法应予拆除。但对宋某该违法行为进行处罚的职权，属于县级以上人民政府土地行政管理部门。镇政府发现宋某有违法建房的行为，可向县土管部门举报或建议县土管部门予以处理，镇政府本身并不享有对该违章行为的行政处罚权。因此，法院撤销被告某镇政府对原告宋某的处罚决定是正确的。

第四节　工程报建与城市房屋拆迁

一、城市房屋拆迁概述

（一）城市房屋拆迁的概念

房屋拆迁，是指根据城市规划和国家专项工程的迁建计划及当地政府的用地文件，拆除和迁移建设用地范围内的房屋及其附属物，并由拆迁人对原房屋及其附属物的所有人或使用人进行补偿和安置的行为。

根据《中华人民共和国城市房屋拆迁管理条例》（以下简称《城市房屋拆迁管理条件》）规定，房屋拆迁的地域范围，主要指城市规划区内的国有土地。城市规划区内集体所有的土地，在被征用为国有土地时，已按《土地管理法》的规定予以补偿，所以不再存在拆迁问题。拆迁房屋包括公有房屋、私有房屋、住宅房屋和非住宅房屋。附属物主要是指房屋的附属建筑物和构筑物。

（二）房屋拆迁形式

房屋拆迁主要有两种：即自行拆迁和委托拆迁。

1. 自行拆迁

它是指拆迁人自己对被拆迁人进行拆迁安置和补偿。实践中，不少房屋开发公司都有自己的拆迁机构和专业拆迁队伍，它们基本上都采用自行拆迁的形式。此外，有些建设单位也实行自行拆迁的形式。

2. 委托拆迁

它是指拆迁人在取得拆迁许可证后，与取得房屋拆迁资格证书的被委托人订立委托拆迁合同，由被委托人组织拆除房屋及附属物，并负责对被拆迁人进行安置和补偿。被委托人不得转让拆迁业务。房屋拆迁管理部门不得作为拆迁人，也不得接受拆迁委托。

案例

【案例 2－10】

未办理拆迁许可证擅自拆迁应受惩处

2002 年 5 月,呼和浩特市赛罕区人民政府决定建一条市政道路改造项目,将呼伦南路延伸拓宽,拆迁单位为赛罕区拆迁办。拆迁办在未办理拆迁许可证的情况下,擅自实行拆迁,在未经行政裁决的情况下,擅自实施强制拆迁,与拆迁居民发生激烈冲突,激化了拆迁矛盾,造成被拆迁居民多次集体越级上访的严重后果。赛罕区人民政府调查后,免去了该拆迁办副主任职务并调离拆迁办,相关责任人全部被调离工作岗位。

【评析】

赛罕区拆迁办作为拆迁主管部门接受委托拆迁,在未办理拆迁许可证的情况下,擅自实行拆迁,违反了《城市房屋拆迁管理条例》第六条和第十条。理应受到处罚,赛罕区人民政府的决定是正确的。

(三)房屋拆迁协议

1. 房屋拆迁协议含义

房屋拆迁协议,是指拆迁人与被拆迁人因房屋拆迁而达成的明确双方相互权利义务的书面协议。当所拆迁的房屋为非租赁房屋时,由拆迁人与被拆迁人订立补偿安置协议,当所拆迁的房屋为租赁房屋时,拆迁人则应与被拆迁人及房屋承租人共同签订补偿安置协议。

2. 房屋拆迁协议的主要条款

(1)被拆除房屋的坐落地点、面积和用途;

(2)补偿形式,是作价补偿还是产权调换,是一次安置还是先行临时过渡;

(3)补偿金额;

(4)安置用房面积;

(5)安置地点;

(6)搬迁过渡方式,是自行过渡还是提供周转房过渡;

(7)过渡期限即回迁期限;

(8)违约责任。

拆迁协议还必须写明:双方当事人的姓名、住址;协议生效的日期;

协议的份数;补助费、搬家费的金额;协议是否需要公证等。

拆迁补偿安置协议签订后,是否进行公证,一般由当事人自由选择。但是,若拆除代管房屋,代管人是房屋拆迁主管部门的,即指拆除房地产管理局直管公房的,拆迁补偿安置协议必须到房屋所在地的公证机关进行公证,并办理拆迁补偿、安置的证据保全,拆迁协议才能正式生效。

二、房屋拆迁补偿

(一)拆迁补偿的概念

所谓拆迁补偿,是指拆迁人因拆除、迁建被拆迁人的房屋及其附属物,使被拆迁人受到一定的经济损失,而根据国家法律、法规的有关规定给予被拆迁人的一定补偿。

拆迁补偿的范围是被拆除的房屋及其附属物。但拆除违章建筑和超过期限的临时建筑不予补偿。拆除未超过批准期限的临时建筑，按临时建筑在使用期限内的残存价值并参考剩余期限，给予适当补偿。

（二）拆迁补偿形式

拆迁补偿的形式有两种：货币补偿和产权调换。采用何种补偿方式，一般情况下，可由被拆迁人自行选择。

1. 货币补偿

所谓货币补偿，是指拆迁人对拆除的房屋，按其价值，以付给货币的方式对被拆迁人的经济损失进行补偿。货币补偿的金额，按等价有偿的基本原则，根据被拆迁房屋的区位、用途、建筑面积等因素，以房地产市场评估价格确定。

被拆迁房屋的区位，是指房屋的地理位置，主要包括在城市或区域中的地位，与市中心、机场、港口、车站、政府机关、商业等重要场所的距离、往来交通的便捷性及其房屋周围环境、景观等。

被拆迁房屋的用途，是指其所有权证书上所标明的用途，所有权证书上未标明用途的，以产权档案中记录的用途为准。产权档案中也未记录用途的，以实际用途为准，但其实际用途必须是已依法征得规划部门同意，并取得合法手续的方为有效。

在确定补偿金额时，除房屋的区位、用途和建筑面积外，还应考虑被拆迁房屋的成新程度、权益状况、建筑结构形式、使用率、楼层、朝向等因素。

2. 产权调换

所谓产权调换，就是拆迁人以其他的或再建的房屋与被拆迁人的被拆迁房屋相交换，使被拆迁人对拆迁人提供的房屋拥有所有权。

产权调换时，拆迁人与被拆迁人应按规定计算出被拆迁房屋的补偿金额和所调换房屋的价格，然后结清产权调换的差价。

所调换房屋的价格，如是通过购买方式取得的，原则上不得高于购买价格，但购买时间较早、现已升值的除外；如是原地回迁，其价格由拆迁人与被拆迁人根据市场情况协商议定，协商不成的，则另行选择调换房屋。

拆迁非公益事业房屋的室外厕所、门斗、烟囱、化粪池等附属物，不作产权调换，只给予货币补偿。

（三）拆迁补偿的具体规定

1. 对公益事业房屋及其附属物的拆迁补偿

《城市房屋拆迁管理条例》对拆除用于公益事业的房屋及其附属物规定了两种补偿方式：依法重建、货币补偿。

在采用重建方式予以补偿时，必须满足有关法律、法规的规定和城市规划的要求。采用货币补偿时，补偿金额按前述方法，以房地产市场评估价格确定。

2. 对租赁房屋的拆迁补偿

对租赁房屋的拆迁补偿，《城市房屋拆迁管理条例》对两种不同情况分别作出了规定。

(1)被拆迁人与房屋承租人已解除了租赁关系，或被拆迁人对房屋承租人已进行了安置，由拆迁人对被拆迁人进行补偿。是采用货币补偿或产权调换，由被拆迁人选择。

(2)被拆迁人与房屋租赁人达不成解除租赁关系的协议,为保护承租人的利益,规定被拆迁人只能进行产权调换,调换得来的房屋仍由原承租人承租,被拆迁人与承租人应重新订立房屋租赁合同。

3. 对产权不明确房屋的拆迁补偿安置

《城市房屋拆迁管理条例》规定:“拆迁产权不明确的房屋,拆迁人应当提出补偿安置方案,报房屋拆迁管理部门审核同意后实施拆迁。拆迁前,拆迁人应当就被拆迁房屋的有关事项向公证机关办理证据保全。”

房屋产权不明确包括无产权关系证明、产权人下落不明、暂时无法考证产权的合法所有人或因产权关系在诉讼等情况,此时接受补偿安置的主体是不明确的,但决不能因此而可以不予补偿或降低补偿标准。为保护实际产权人的合法权益,条例特规定了拆迁人的法定义务,一是事先提出补偿安置方案,并报房屋拆迁管理部门审查批准;二是要就被拆迁房屋的有关事项向公证机关办理证据保全,以保证证据资料的法律效力,拆迁人还必须立案归档以备查用。

4. 对设有抵押权房屋的拆迁补偿

由于被拆迁房屋已先行抵押,因此房屋的拆迁还会涉及抵押权人的利益,所以必须考虑因抵押而产生的担保法律关系。《城市房屋拆迁管理条例》规定,此种情况下“依照国家有关担保的法律执行”。目前,我国有关担保的法律主要有《中华人民共和国担保法》、《城市房地产抵押管理办法》和《最高人民法院关于试用〈中华人民共和国担保法〉若干问题的解释》等。依照上述法律有关规定,在拆除设有抵押权的房屋时,拆迁人在认定房屋抵押的有效性后,要将有关拆迁事宜及时通知抵押权人。抵押人与抵押权人经协商解除抵押合同的,在抵押权人认可后,拆迁人可将拆迁补偿款付给被拆迁人;如不能解除抵押关系,则按法定清偿顺序进行清偿。不足清偿的,由抵押权人依法向抵押人追偿。

三、房屋拆迁安置与补助

(一)房屋拆迁安置

房屋拆迁安置,是指拆迁人因拆除被拆迁人的房屋而对被拆除房屋使用人所做的用房安排处置。拆迁安置可分为长期安置和临时安置。长期安置是拆迁人一次性解决房屋使用人的安置问题,它包括货币补偿和现房产权调换。临时安置是指一次性安置有困难时,由拆迁人为被拆迁房屋使用人提供临时周转用房或由被拆除房屋使用人自行寻找房屋过渡而由拆迁人付给临时安置补助费的一种安置方式。拆迁人必须提供符合国家质量安全标准的房屋,用于拆迁安置。而周转房的使用人也应按时腾、退周转房,不得在取得安置用房之后拒不迁走,也不得强占周转房。

(二)房屋拆迁补助

房屋拆迁补助,是指拆迁人对被拆迁人或房屋承租人因房屋拆迁而产生的一些费用的必要补助,它包括:搬迁补助费、临时安置补助费和停产、停业补偿费。

1. 搬迁补助费

由于房屋被拆迁,该房屋的使用人必须搬迁至其他地方,而这必然会发生一定的费用,拆迁人对此理应承担一定的责任。所以《城市房屋拆迁管理条例》规定,拆迁人应支付给拆迁房屋使用人搬迁补偿费,当房屋是由被拆迁人自己使用的,付给被拆迁人;当房屋是由承租人使用的，则支付给承租人。搬迁补偿费标准由各省、自治区、直辖市人民政府规定。

2. 临时安置补助费

临时安置补助费，是指拆迁人对被拆迁人或者房屋承租人在过渡期内自行安排住处可能发生费用的补助，通常又称为过渡费。临时安置补助费的付费期限为整个过渡期，即拆迁协议中约定的将被拆迁房屋交由拆迁人拆除之日起至搬迁至拆迁人提供的新安置用房之日止的时间。临时安置补助费标准由各省、自治区、直辖市人民政府规定。对于被拆迁人或房屋承租人使用由拆迁人提供的周转房的，拆迁人将不付给临时安置补助费。

如因拆迁人的责任延长过渡期限的，不管是自行安排住处的，还是使用拆迁人提供的周转房的，被拆迁人或房屋承租人，拆迁人都应自逾期之日起向其付给临时安置补助费。

补偿标准由各地具体规定，实际操作中可委托评估机构进行评估。

案例

【案例 2－11】

建设单位挪用安置房屋建设资金案

辽宁省葫芦岛市辽西房地产开发公司为新建一小区，对旧区实行拆迁，被拆迁人全部为本单位职工。由于开发公司挪用安置房建设资金，从某年项目拆迁后一直未建设回迁安置用房，临时安置补助费又不及时发放，致使630户居民长期无法回迁，多次到省政府和建设部上访。四年后，辽宁省葫芦岛市纪检、监察联合调查组对辽西房地产开发公司经理徐某宣布双规，同年10月6日移交葫芦岛市反贪局进行调查，同年10月21日徐某被正式批捕；辽宁省建设厅对辽西房地产开发公司作出不再审批新开项目，待630户居民全部安置后，注销其开发资质的处罚决定。

【评析】

原辽西房地产开发公司经理徐某擅自将安置房屋建设资金挪作他用，无视群众利益，在省政府、省建设厅、葫芦岛市政府多次督办下，仍不认真履行拆迁协议，理应受到法律的处罚。

3. 停产、停业补偿费

停产、停业补偿费，是指在拆迁生产、经营用房时，拆迁人给予被拆迁人因拆迁而造成的停产、停业损失的适当补偿。它只在采用产权调换这种方式时才会发生。例如，采用货币补偿方式，在评估作价时，对停产、停业的损失已做充分考虑，所以，不再另行付给停产、停业补偿费。

案例

【案例 2－12】

不服政府限期房屋拆迁决定案

1999年1月，南宁市铜矿工业公司，经广西壮族自治区铜矿工业局、广西壮族自治区经委同意，兴建南宁市铜矿安全技术培训中心，于1999年3月取得建设用地规划许可证，同年6月取得建设工程许可证，同年12月取得房屋拆迁许可证。拆迁许可证规定的拆迁范围为南宁市燕江南路43号至49号，王兵住宅属拆迁范围之内，房屋建筑面积为189.59m^2。2000年1月11日，南宁市拆迁管理办公室发布拆迁公告，要其拆迁范围内的居民于2000年6月1日前履行搬迁义务。王兵提出的拆迁补偿安置条件超出了有关法规、政策的规定，未能与拆迁单位达成协议，而后，南宁市铜矿工业公司给予王兵安排临时安置房3套，面积229.56m^2，王兵仍未搬迁。2001年2月，南宁市人民政府限王兵于2001年3月5日前完成搬迁。

【评析】

根据《城市房屋拆迁管理条例》规定："在房屋拆迁公告规定的拆迁期限内，被拆迁人无正当理由拒绝拆迁的，县级以上人民政府可以作出责令期限拆迁的决定。"本案中，王兵经市政府有关职能部门提供三套临时过渡房和多次做工作、协调均无效，在公告期内不履行搬迁义务。这种情况应定为"无正当理由拒绝拆迁"。南宁市政府根据国务院的规定，作出责令王兵限期拆迁的决定，是合情合理的。

【案例2－13】

规划局因拆除违法建筑不合程序被判赔偿损失案

2002年8月12日，晋中市三江电子厂(原告)向晋中市城市管理监察大队(被告)申请装修该厂门面，晋中市城市管理监察大队同意原告在距原厂房外墙0.3m内进行装修。但原告超出上述核准的装修范围，用砖、水泥修建非永久性建筑物，所建门面超出外墙1.7m，超出核定距离1.4m。晋中市规划管理处发现后，认为原告装修门面虽经城管部门审批同意，但未经城市规划部门审批，属违章建筑，且该建筑已超出城管部门审核范围，影响了人行道的使用。故于2002年9月12日、9月22日和10月15日三次向原告送达了违法建筑处理通知书，但原告不予理睬，继续施工。2002年10月21日被告派人员强行拆毁了原告部分施工建筑及装修的门面。同年10月28日被告向原告送达了晋规处字(2002)第1号行政处罚决定书：(1)限三江电子厂接到处罚决定书15日内拆除非法建筑物；(2)罚款3000元。法院审理认为：原告未经城市规划主管部门批准，擅自扩建门面，属非法建筑，被告作出的行政处罚决定并无不当，但在作出行政处罚决定前，自行强制拆除违法建筑是违法的，对所造成的直接经济损失应予以赔偿，赔偿直接经济损失4119元。本案诉讼费290元由原告晋中市通讯器材厂负担125元，被告晋中市规划管理处负担165元。

【评析】

本案是建设单位对行政机关作出拆除违法建筑物的行政处罚不服而引起的行政诉讼。晋中市三江电子厂应首先取得规划管理处颁发的规划许可证，仅经过城市管理监察大队同意是不合法的。我国《城市规划法》规定："当事人对行政处罚决定不服的，可以在接到处罚决定通知之日起十五日内，向作出处罚决定的机关的上一级机关申请复议。当事人逾期不申请复议，也不向人民法院起诉，又不履行处罚决定的，由作出处罚决定的机关申请人民法院强制执行。"本案被告在作出行政处罚决定和送达法律文书之前，自行组织人员强行拆除原告的违法建筑物，违反了上述有关程序规定，剥夺了原告的行政复议权和诉讼权，超越了职权范围，应当承担由此造成的法律后果。

本章小结

工程建设是一项很复杂的系统工程,任何一项工程的投资上马,既要保证投资方和业主的利益,更要符合国民经济和社会发展的长远规划,接受国家和地区的宏观调控,遵循经济效益、社会效益和环境效益并重的原则。

工程建设项目在立项、报建阶段应遵守的法律法规主要包括《中华人民共和国城市规划法》和《中华人民共和国土地管理法》及其配套的法律制度。这两套法律制度分别规定了“建设用地选址意见书”、“建设用地规划许可证”、“建设工程规划许可证”,即建设项目“一书两证”手续的法定程序和要求,以及通过出让、转让和征用集体土地等方式的法律规定和操作要求,在此基础上,工程建设单位或个人方能按照《工程建设项目报建管理办法》的规定向地方建设行政主管部门或其授权机构办理报建手续,并依次进行申领施工许可证、工程招投标等后续阶段的工作。国有建设用地可通过有偿使用和划拨两种方式交由建设单位使用。国有土地使用权的有偿使用包含着两个层次的内容,第一层次为土地使用权的有偿出让,第二层次为土地使用权的转让。前者只发生在国家与土地使用者之间,后者发生在各个土地使用者之间。

房屋拆迁,是指根据城市规划和国家专项工程的迁建计划及当地政府的用地文件,拆除和迁移建设用地范围内的房屋及其附属物,并由拆迁人对原房屋及其附属物的所有人或使用人进行补偿和安置的行为。拆迁补偿的形式有两种:货币补偿和产权调换。房屋拆迁补助,是指拆迁人对被拆迁人或房屋承租人因房屋拆迁而产生的一些费用的必要补助,它包括:搬迁补助费、临时安置补助费和停产、停业补偿费。

小知识

土地使用权年限的界定

根据城镇国有土地使用权出让和转让暂行条例规定,土地使用权出让最高年限按下列用途确定:居住用地70年;工业用地50年;教育、科技、文化、卫生、体育用地50年;商业、旅游、娱乐用地40年;综合或者其他用地50年。北京市房屋土地管理局在关于实施《北京市已购公有住房和经济适用住房上市出售管理办法》具体问题的通知中关于土地出让年限的确定:钢筋混凝土结构、砖混结构的房屋,其土地使用年限最高不超过70年;砖木结构的房屋,其土地使用年限最高不超过50年。依据上述规定:住宅用地最高年限不超过70年。

单元练习

一、思考题

1. 何谓建设项目的“一书两证”制度?
2. 工程项目报建的内容有哪些?
3. 取得建设用地规划许可证要经过哪些程序?
4. 国家对那些建设项目实行土地划拨?
5. 房屋拆迁补偿形式有哪些?

二、综合练习题

案例

【案例1】

1998年5月8日，上海市规划局向京剧院核发了沪规建基(1998)159号建设工程(地下建筑部分)规划许可证，许可京剧院在上海市东平路9号建造艺术家公寓的地下部分。规划许可证载明：经审核，规划许可下列建筑工程(地下建筑部分)，特发此通知。建设单位：京剧院；建设地址：某区东平路9号；建设工程项目：艺术家公寓；建筑物名称：艺术家公寓；桩基结构：灌注桩，规格：600mm，根数：179；地下室结构：剪力墙，深度3.9m，面积966m^2。而后，上海京剧院建造了艺术家公寓的地下部分及地上10层。上海市规划局查证情况后，依法对京剧院进行了查处。

【问题】

规划局的做法正确吗？上海市京剧院违反了什么法律法规？

【案例2】

1990年1月1日，李某与广东省番禺县鱼窝头镇太石村经济合作社签订了一份土地出租合同书，约定：太石村出租一块土地给原告李某长期使用，原告李某一次性给付太石村人民币115935元，可在该土地上搞种植业、建厂房和住宅；建厂房、住宅等须经土地管理部门批准。其后，李某未经土地管理部门批准，动工兴建住宅。在建筑过程中，有关机关工作人员多次劝阻，李某仍继续施工，于1990年10月竣工，共建有住宅楼两栋及厨房、凉亭、车库，泳池、人造假山、草坪等建筑物。1991年3月11日，番禺县土地管理局根据《中华人民共和国土地管理法》的规定，认定李某未经批准非法占地建住宅，对其作出如下行政处罚决定：(1)责令李某退还非法占用的土地；(2)没收李某在非法占地上建筑的整座住宅，上缴国库；(3)在此被没收住宅内居住的所有人员，必须在接到本处罚决定书之日起15天之内无条件全部迁出；任何人对该座住宅有任何损坏、损伤行为，一定追究其破坏国家财产的法律责任。

【问题】

番禺县土地管理局的行政处罚决定合理吗？为什么？

【案例3】

一、基本案情

2003年12月，某军工厂因迁厂留有闲置房192间，某县造纸厂了解情况后，经其业务上级同意，双方达成一项《有偿房地产协议书》(以下简称协议)，2004年1月该县公证处公证生效。协议商定：某国防厂将其闲置的192间房地产转让给造纸厂，房地产四界明确，并附有房地产平面图，造纸厂付给某国防厂房地产价款人民币80万元。协议生效后，造纸厂于2004年6月底付清了房地产价款，并于2004年7月10日起对该房地产行使了管理。2005年1月，该县土地局以丰土发(2005)88号文件对上列双方转让地产作出行政处理决定：(1)宣布协议无效；(2)没收某国防厂非法转让土地价款；(3)收回协议中四界之内土地使用权；(4)192间房屋所有权归该县人民政府。某国防厂和造纸厂不服决定，向该县人民法院起诉，因案情重大，政策性强，县人民法院报请地区中级人民法院审理。

二、案件受理

地区中级人民法院审理认为企业有权在法律授权的范围内处分其闲置多余的固定资产，遂作出判决：撤销该县土地局(2005)88号处理决定。案件管理费980元由该县土地局承担。该县土地局不服此判决，以程序违法、事实不清和运用法律不当向某省高级人民法院提起上诉，请求撤销原判决。

省高级人民法院依法组成合议庭进行了审理，作出了终审判决：(1)撤销丰南地区中级人民法院原审判决；(2)某国防厂与造纸厂转让土地协议无效；某国防厂收取造纸厂房地产转让款80万元，应予以退回；(3)协议中的国有土地交由该县人民政府土地管理部门统一管理，县人民政府土地管理部门负责由新的用地单位给予某国防厂在该土地上的房屋以合理的补偿；(4)分别对某国防厂和造纸厂罚款人民币8600元，诉讼费也由他们各分担一半。

【问题】

地区中级人民法院的审理正确吗？省高级人民法院的审理正确吗？为什么？

第三章　建设工程的发包与承包法规

【本章职业能力目标】

在实际工作中，能利用所学知识判断发包方、承包方的行为规范，运用招投标知识，依照法律程序参与招标投标的竞争，获得预期的利益；并具有通过执业资格考试的能力。

【知识目标】

1. 了解建设工程发包与承包的概念、工程招标投标的概念；
2. 熟悉工程建设招标投标的范围和规模标准；
3. 掌握《中华人民共和国建筑法》关于工程建设承发包的主要规定，招标方式及工程建设招标、投标、开标、评标、中标的主要规定。

本章重点：《中华人民共和国建筑法》关于工程建设承发包的主要规定，招标方式及工程建设招标、投标、开标、评标、中标的主要规定。

本章难点：工程建设招标投标的范围和规模标准；招标与投标、开标与评标的程序。

第一节　建设工程发包与承包的规定

一、建设工程发包与承包的概念

所谓建设工程的发包，是指建设单位或者招标代理单位通过招标方式将建筑工程的全部或部分交由他人承包，并支付相应费用的行为。

建设工程的承包，即建设工程发包的对称，是指具有从事建筑活动的法定从业资格的单位，通过投标或其他方式，承揽建筑工程任务，并按约定取得报酬的行为。

建设工程发包和承包作为构成建设工程承发包商业活动不可分割的两个方面，内容涉及建设工程的全过程，包括可行性研究的承发包、工程勘察设计的承发包、材料及设备采购的承发包、工程施工的承发包、工程劳务的承发包、工程项目监理的承发包、工程项目管理的承发包。但在实践中，建设工程承发包的内容较多的是指建设工程勘察设计、施工的承发包。

二、建设工程发包与承包的主体

建设工程发包与承包的主体，是指参与建筑工程生产交易过程的各方，主要有业主（建设单位或发包人）、承包商、工程咨询服务机构等。建筑市场的客体则为有形的建筑产品（建筑物、构筑物）和无形的建筑产品（咨询、监理等智力型服务）。

（一）业主

业主是指既具有某项工程建设需要，又具有该项工程的建设资金和各种准建手续，在建筑市场中发包工程项目建设的勘查、设计、施工任务，并最终得到建筑产品的政府部门、企事业单位和个人。

在我国，业主也称之为建设单位，在发包工程或者组织工程建设时才成为市场主体，故又称为发包人或者招标人。我国的工程项目大多数是政府投资建设的，业主大多属于政府部门。

业主在项目建设过程中的主要职能是：

(1)建设项目立项决策；

(2)建设项目的资金筹措与管理；

(3)办理建设项目的有关手续(如征地、建筑许可等)；

(4)建设项目的招标与合同管理；

(5)建设项目的施工与质量管理；

(6)建设项目的竣工验收和试运行；

(7)建设项目的统计与文档管理。

(二)承包商

承包商是指拥有一定数量的建筑装备、流动资金和工程技术经济管理人员及一定数量的工人，取得建设行业相应资质证书和营业执照的，能够按照业主的要求提供不同形态的建筑产品并最终得到相应价款的建筑施工企业。

相对于业主，承包商作为建筑市场主体，是长期和持续存在的。因此，无论是国内还是按国际惯例，对承包商一般都要实行从业资格管理。承包商从事建设生产，一般需具备以下4个方面的条件：

(1)有符合国家规定的注册资本；

(2)有与其从事的建筑活动相适应的具有法定执业资格的专业技术人员；

(3)有从事相关建筑活动所应有的技术装备；

(4)经资格审查合格，已取得资质证书和营业执照。

承包商可按其所从事的专业分为土建、水电、道路、港口、铁路、市政工程等专业公司。在市场经济条件下，承包商需要通过市场竞争(投标)取得施工项目，需要依靠自身的实力去赢得市场，承包商的实力主要包括以下4个方面。

1. 技术方面的实力

有精通本行业的工程师、造价师、经济师、会计师、项目经理、合同管理等专业人员队伍；有施工专业装备；有承揽不同类型项目施工的经验等。

2. 经济方面的实力

具有相当的周转资金用于工程准备；具有相当的固定资产和为完成项目购入大型设备所需的资金；具有支付各种担保和保险的能力，有承担相应风险的能力；承担国际工程还需具备筹集外汇的能力。

3. 管理方面的实力

建筑承包市场属于买方市场，承包商为打开局面，往往需要低利润报价取得项目，故需在成本控制上下功夫，向管理要效益，并采用先进的施工方法提高工作效率和技术水平，因此必须具有一批过硬的项目经理和管理专家。

4. 信誉方面的实力

承包商一定要有良好的信誉，它将直接影响企业的生存与发展。要建立良好的信誉，就必须遵守法律法规，保证工程质量、安全、工期，文明施工、认真履约。

（三）工程咨询服务机构

工程咨询服务机构，是指具有一定注册资金，具有一定数量的工程技术、经济、管理人员，取得建设咨询证书和营业执照，能为工程建设提供估算测量、管理咨询、建设监理等智力型服务并获取相应酬金的中介机构。

工程咨询服务机构虽然不是工程承发包的当事人，但受业主委托或聘用，与业主签订有协议书或合同，因而对项目实施负有相当重要的责任。

三、建设工程承发包方式

根据《中华人民共和国建筑法》（以下简称《建筑法》）的规定，建设工程的发包方式分为直接发包和招标发包。

（一）建设工程直接发包

建设工程直接发包，是指发包方直接选定特定的承包商与其进行一对一的协商谈判，就双方的权利义务达成协议后，与其签订建筑工程承包合同的发包方式。这种方式简单易行，节省发包费用，但缺乏竞争带来的优越性，只适用于少数不适于采用招标方式发包的特殊建筑工程。

根据《中华人民共和国招标投标法》及相关法规规定，下列工程项目可以不进行招标而直接发包：

（1）涉及国家安全、国家机密、抢险救灾或者属于利用扶贫资金实行以工代赈、需要使用农民工等特殊情况；

（2）项目总投资额不足3000万元；

（3）项目单项合同估算价不足200万元；

（4）重要设备材料等货物采购单项合同估算价不足100万元；

（5）勘察设计监理等单项合同估算价不足50万元；

（6）建设项目的勘察、设计要采用特定专利或专有技术，或其建筑艺术造型有特殊要求；

（7）工程项目的施工，主要技术要采用特定的专利或专有技术；

（8）在建工程追加的附属小型工程或主体加层工程，原中标人仍具备承包能力；

（9）施工企业自建自用且在该施工企业资质等级允许业务范围之内的工程。

（二）建设工程招标发包

建设工程招标发包，是指发包方事先表明其拟建工程的内容和要求，由愿意承包的单位递送标书，明确其承包工程的价格、工期、质量等条件，再由发包方从中择优选择工程承包方的交易方式（具体内容在本章第二节讲解）。显而易见，建设工程招标发包方式较直接发包方是更有利于公平竞争，更加符合市场经济规律的要求，所以我国大量提倡招标发包方式，对直接发包则加以限制。

四、《建筑法》关于建设工程发包与承包的一般规定

（一）建设工程发包与承包双方当事人应当依法订立合同并全面履行合同义务，合同采用书面的形式

建设工程投资大、建设周期长、涉及的法律关系也较为复杂，容易产生各种纠纷和争议。

在建筑活动中，要求当事人采用书面形式依法订立合同，以合同的形式明确约定双方的权利和义务，并以法律保障其实施。

根据《建筑法》和《合同法》的规定，建设工程承包合同的当事人不履行或者不恰当履行合同义务的，应当承担违约责任。

（二）禁止建设工程承发包中行贿受贿等违法行为

发包单位及其工作人员在建设工程发包中不得收受贿赂、回扣或者索取其他好处。承包单位及其工作人员不得向发包单位及其工作人员行贿、提供回扣或者给予其他好处等，以承揽工程。

【案例3-1】

案例

建设单位负责人受贿，施工企业偷工减料，导致大楼塌顶案

2004年12月8日中午，广州某建筑公司一栋正在装修的8层大楼轰然塌顶，当场砸死17人，砸伤10人，直接经济损失达200多万元。经调查，该惨剧发生的原因是，建设单位及建筑公司有关负责人员向施工企业索取贿赂3万元，广州市旌湖经济技术开发区管委会投资处的一位副处长收受设计单位的贿赂1万元，收受施工企业贿赂1万元，还充当建设单位工程技术顾问，每月索取顾问费800元。结果，施工企业偷工减料，致使建筑工程存在严重质量问题。

【评析】

从本案的惨痛教训中，我们不难发现，建筑工程的质量问题和安全隐患，往往是在权钱交易中产生的，类似本案的惨剧都往往根源于权钱交易。因此，《建筑法》明确规定：发包单位及其工作人员在建筑工程发包中不得收受贿赂、回扣或索取其他好处。承包单位及其工作人员不得利用向发包单位及其工作人员行贿、提供回扣或者给予其他好处等不正当手段承揽工程。

（三）提倡总承包，禁止肢解发包、再分包和转包

国家提倡对建筑工程实行总承包，禁止将建筑工程肢解发包。肢解发包，就是将应当由一个承包单位完成的建设工程肢解成若干部分发包给几个承包单位的行为。“建筑工程的发包单位可以将建筑工程的勘察、设计、施工、采购一并发包给一个工程总承包单位，也可以将建筑工程的勘察、设计、施工、设备采购的一项或多项发包给一个工程总承包单位，但是，不得将应当由一个承包单位完成的建筑工程肢解成若干部分发包给几个承包单位”。将建筑工程肢解发包，可能导致整个工程建设在管理和技术上缺乏应有的统筹协调，往往造成施工现场秩序混乱、责任不清、严重影响工程建设质量，出了问题也很难找到责任者。而且从实际情况看，肢解发包往往与发包单位的工作人员徇私舞弊、利用肢解发包多拿回扣等违法行为有关。

所谓分包，是指从事工程总承包的单位将所承包的建筑工程一部分依法发包给具有相应资质的承包单位的行为。禁止分包单位将其承包的工程再分包。这一规定要求，分包行为只能进行一次，不能层层分包。作出这一规定，是为了保证建筑行业的质量，防止因层层分包，层层剥皮，损害建设单位的利益。

所谓转包，是指承包单位不行使承包人的管理职能而将其承包的工程全部转手给他人承包的行为。转包容易造成投机行为，易造成建设工程质量和安全事故。在实践中，变相的转包多种多样，不少承包单位以“内部承包”名义实行转包，或者以“内部经营管理方式”的形式接收无证经营的乡镇工程队、个体建筑户挂靠经营，如果这些变相转包行为不加禁止，建设工程的安全和质量无法保障。

案例

【案例3-2】

层层转包种祸根，6死7伤酿惨剧

1998年4月江西省某县一公路桥倒塌，造成6人死亡，7人重伤的重大恶性建筑事故。该桥原由一家具有合格资质等级的路桥公司承包，但经层层转包，最后落到一农村包工头中施工。该包工头在工程施工中偷工减料，所用施工材料均不合格，最终导致该大桥倒塌。

【评析】

从本案血的教训中可以看出，承包单位将其承包的建设工程转包，由于层层转包，层层扒皮，最后施工单位为了获利，往往采取偷工减料、以次充好、粗制滥造等手段降低生产成本，因而无法保证建设工程的质量。因此，《建筑法》明确规定，禁止转包。

(四)承包单位必须具有相应资质

建设活动不同于一般的经济活动，它具有技术要求高、社会影响大的特点，因此要求承包单位必须具有相应资格。承包建设工程的勘察、设计、施工、监理等单位应当持有依法取得的资质证书，并在其资质等级许可的业务范围内承揽工程。禁止承包单位超越本企业资质等级许可的业务范围或者以任何形式用其他企业的名义承揽工程。禁止施工企业以任何形式允许其他单位或者个人使用本企业的资质证书、营业执照，以本企业的名义承揽工程。

案例

【案例3-3】

发包单位应将工程发包给具备相应资质条件的施工单位

2004年7月，兴旺食品加工厂欲兴建一栋厂房，单跨跨度达32m，总投资500万元。兴旺加工厂经过招标，有5家施工企业参与投标。经评标，该市华夏建筑有限公司中标，并与兴旺加工厂签订了建筑工程施工合同。但参与投标的另一家建筑公司对此提出疑义，认为华夏建筑有限责任公司为三级企业，不能承包单跨跨度超过24m的房屋建筑工程。该市建筑局接到投诉后，经核实认定华夏建筑有限责任公司不具备承包该建筑工程的资质，责令兴旺食品加工厂予以改正。

【评析】

根据《建筑法》规定：特级企业可承担各类房屋建筑工程的施工；一级企业可承担40层以下、各类跨度的房屋建筑工程的施工；二级企业可承担30层以下、单跨跨度36m

以下的房屋建筑工程的施工;三级企业可承担14层以下、单跨跨度24m以下的房屋建筑工程的施工。所以,本案中,市建设局的做法是正确的。

【案例3-4】

出租企业资质证书和营业执照应受惩罚

江苏省某市一家三级资质等级的施工企业,为提高企业效益,以工程造价3%~6%的价格,向多家无资质或只有低等级资质的施工队出租其资质等级证书和营业执照或者允许这些施工队以自己的名义承揽工程,从中收取管理费。当地建设行政主管部门依法对其进行处罚,罚款4万元,将其资质等级由三级降为四级。

【评析】

本案是典型的违反资质管理制度的违法案件。我国当前建筑市场混乱的突出表现形式,便是一些无资质或者低资质等级的企业、包工队以“挂靠”有较高资质等级的施工企业或者采取与资质等级较高的施工企业搞假“联营”等形式,以资质等级较高的施工企业的名义承揽工程;而有些施工企业则见利忘义,为谋取不正当利益,采取收取挂靠管理费、资质证书和营业执照的有偿使用方式,允许其他单位甚至个人使用本企业的名义承揽工程。这种现象的存在,对建立正常的建筑市场秩序、保证工程质量危害极大,必须予以禁止。

五、建设工程的联合体共同承包

所谓联合体共同承包,是指两个以上的单位共同组成非法人的联合体,以该联合体的名义承包某项建筑工程的承包形式。在联合共同承包形式中,由参加联合的各承包单位共同组成的联合体作为一个单一的承包主体,与发包方签订承包合同,承担履行合同义务的全部责任。在联合体的内部,则由参加联合体的各方以协议约定各自在联合承包中的权利、义务,包括联合体的管理方式及共同管理机构的产生办法、各方负责承担的工程任务范围、利益分离与风险分担的办法等等。大型建筑工程或结构复杂的建筑工程,可以由两个以上的承包单位联合共同承包。共同承包的各方对承包合同履行承担连带责任。两个以上不同资质等级的单位实行联合共同承包的,应当在资质等级较低的单位的许可业务范围内承揽工程。

【案例3-5】

案例

乙级和丙级设计单位联合承包乙级建设工程设计,工程设计无效

2005年3月,四川省成都市泰越房地产开发公司欲修建一住宅小区,委托雅华建筑设计事务所(行业资质乙级)和精工建筑设计事务所(行业资质丙级)共同负责工程设计。2005年9月,当泰越房地产开发公司将设计图文报到有关部门审查时,有关部门经审查认定该项工程为中型以上建设项目,该设计为超越资质等级的违法设计,责令泰越房地产开发公司重新委托设计。

【评析】

根据《建筑法》规定，两个以上不同资质等级的单位实行联合共同承包的，应当在资质等级较低的单位的许可业务范围内承揽工程。本案中，建设单位的建设工程为中型以上，按规定，只有具备乙级以上的工程设计行业资质的设计单位，才有资格设计。而本案联合体承包设计单位之一的精工建筑设计事务所仅为丙级行业资质，该联合体只能按丙级行业承揽工程。本案有关部门的审查意见是完全正确的。

第二节　建设工程招标的规定

工程招标，是指招标人用招标文件将委托的工作内容和要求告之有意向参与竞争的投标人，让他们按规定条件提出实施计划和价格，然后通过评审、比较，选出信誉可靠、技术能力强、管理水平高、报价合理的可信赖单位（设计单位、监理单位、施工单位、供货单位），并以合同形式委托其完成工程。招标人是指提出招标项目、进行招标的法人或者其他组织。

一、必须招标的建设工程项目规定

（一）强制招标的建设工程项目规定

《中华人民共和国招标投标法》（以下简称《招标投标法》）第三条规定：在中华人民共和国境内进行下列工程建设项目，包括项目的勘察、设计、施工、监理及与工程建设有关的重要设备、材料等的采购，必须进行招标：

（1）大型基础设施、公用事业等关系社会公共利益、公众安全的项目；

（2）全部或者部分使用国有资金投资或者国家融资的项目；

（3）使用国际组织或者外国政府贷款、援助资金的项目。

案例

【案例3－6】

鞋厂厂房是否涉及公众安全招标纠纷案

某中外合资鞋业公司，投资1600万元兴建厂房。有关部门以厂房涉及公众安全为由，要求项目进行招投标。鞋业公司认为，该项目不是3号令所规定的关系公众安全项目，不属于强制招标项目，因而决定不招标，并下令开工。有关部门发现后，以应当招标而未招标为由，欲对其作出行政处罚，并会同供电部门对其采取了停电措施。后经政府协调，事件得到了妥善的处理。

【评析】

本案中的厂房不属于基础设施项目，也不属于公用事业项目，且不使用国有资金，因而不是强制招标项目。因此，本案中有关部门的做法是违法的。

（二）工程建设项目招标规模标准

《工程建设项目招标范围和规模标准规定》规定的上述各类工程建设项目，包括项目的勘察、设计、施工、监理及与工程建设有关的重要设备、材料等的采购，达到下列标准之一的，必须进行招标：

(1)施工单项合同估算价在200万元以上的；

(2)重要设备、材料等货物的采购，单项合同估算价在100万元以上的；

(3)勘察、设计、监理等服务的单项合同估算价在50万元以上的；

(4)单项合同估算价低于前3项规定的标准，但项目总投资额在3000万元以上的。

【案例3-7】

案例

施工单项合同估算价格超200万元，必须进行招标

2005年4月，某市一中学兴建一教学楼群，共6栋教学楼，总造价1600万人民币，第一期工程预算总投资600多万元，其中建筑施工费约520万元。该校在研究建设工程发包时，打算直接将工程施工发包给该市信誉良好、技术力量雄厚的大发建筑公司。市建设局得知这一情况后，当即通知该中学，该建筑工程必须进行招标，否则发包无效。该中学接到通知后，及时纠正了错误决定，通过公开招标方式发包。

【评析】

本案例施工单项合同价达520万元人民币，依《工程建筑项目招标范围和规模标准规定》的规定，必须进行招标，我国建筑法律法规之所以对投资较大的建筑工程规定必须经过招标的形式发包，主要是为了通过公开、公平的竞争方式，选出技术力量雄厚、资信良好的承包单位，以保障建筑工程的质量，防止和避免直接发包中可能出现的一些弊端。本案中，市建设局的行政行为是完全正确的。

二、建设工程招标的种类

（一）建设工程项目总承包招标

建设工程项目总承包招标又叫建设项目全过程招标，在国外称之为“交钥匙”的承包方式。它是指从项目建议书开始，包括可行性研究报告、勘察设计、设备材料询价与采购、工程施工、生产准备、投料试车，直到竣工投产、交付使用为止的建设工程全过程实行招标。工程总承包企业根据建设单位提出的工程使用要求，对项目建设书、可行性研究、勘察设计、设备询价与选购、材料订货、工程施工、职工培训、试生产、竣工投产等实行全面报价投标。

（二）建设工程勘察招标

建设工程勘察招标，是指招标人就拟建工程的勘察任务发布通告，以法定方式吸引勘察单位参加竞争，经招标人审查获得投标资格的勘察单位按照招标文件的要求，在规定的时间内向招标人递送标书，招标人从中选择条件优越者完成勘察任务的法律行为。

（三）建设工程设计招标

建设工程设计招标，是指招标人就拟建工程的设计任务发布通告，以吸引设计单位参加竞争，经招标人审查获得投标资格的设计单位按照招标文件的要求，在规定的时间内向招标人递送投标书，招标人从中择优确定中标单位来完成工程设计任务的法律行为。设计招标主要是设计方案招标，工业项目可进行可行性研究方案招标。

（四）建设工程施工招标

建设工程施工招标，是指招标人就拟建的工程发布公告或者邀请，以法定方式吸引建筑施工企业参加竞争，招标人从中选择条件优越者完成工程建设任务的法律行为。

（五）建设工程监理招标

建设工程监理招标，是指招标人为了委托监理任务的完成，以法定方式吸引监理单位参加竞争，招标人从中选择条件优越者完成监理任务的法律行为。

（六）建设工程材料设备招标

建设工程材料设备招标，是指招标人就拟购买的材料设备发布公告或者邀请，以法定方式吸引建设工程材料设备供应商参加竞争，招标人从中选择条件优越者购买其材料设备的法律行为。

三、建设工程招标方式

《招标投标法》将招标分为公开招标和邀请招标。

公开招标，是指招标人以招标公告的方式邀请不特定的法人或者其他组织投标。

邀请招标，是指招标人以投标邀请书的方式邀请特定的法人或者其他组织投标。

国务院发展计划部门确定的国家重点项目和省、自治区、直辖市人民政府确定的地方重点项目不适宜公开招标的，经国务院发展计划部门或者省、自治区、直辖市人民政府批准，可以进行邀请招标。

在招标实践中，招标人若采用公开招标方式，对强制招标的项目，一般须在指定的报刊、电子网络或其他媒体上发布招标公告，凡具备相应资质、符合招标条件的投标人不受地域和行业限制均可申请投标；若采用邀请招标方式，一般是招标人向预先选择的若干家具备承担招标项目能力、资信良好的承包商发出投标邀请函，将招标工程的概况、工作范围和实施条件等作出简要说明，请他们参加投标竞争。邀请对象的数目以 5 ~7 家为宜，不应少于 3 家。

这两种方式主要有以下区别。

（一）发布信息的方式不同

公开招标采用公告的形式发布，邀请招标采用投标邀请书的形式发布。

（二）选择的范围不同

公开招标因使用招标公告的形式，针对的是一切潜在的对招标项目感兴趣的法人或其他组织，招标人事先不知道投标人的数量。邀请招标针对已经了解的法人或其他组织，而且事先已经知道投标者的数量。

(三)竞争的范围不同

由于公开招标使所有符合条件的法人或其他组织都有机会参加投标,竞争的范围较广,竞争性体现得也比较充分,招标人拥有绝对的选择余地,容易获得最佳招标效果。邀请招标中投标人的数目有限,竞争的范围有限,招标人拥有的选择余地相对较小,有可能提高中标的合同价,也有可能将某些在技术上或报价上更有竞争力的承包商漏掉。

(四)公开的程度不同

公开招标中,所有的活动都必须严格按照预先指定并为大家所知的程序和标准公开进行,大大减少了作弊的可能。相比而言,邀请招标的公开程度差一些,产生不法行为的机会也就多一些。

(五)时间和费用不同

由于邀请招标不发布公告,招标文件只送几家,使整个招投标的时间大大缩短,招标费用也相应减少。公开招标的程序比较复杂,从发布公告,投标人作出反应,评标,到签订合同,有许多时间上的要求,需要准备许多文件,因而耗时较长,费用也比较高。

四、自行招标与招标代理

(一)自行招标

2000 年 7 月 1 日国家计委颁发《工程建设项目自行招标试行办法》规定,招标人是指依照法律规定进行工程建设项目的勘察、设计、施工、监理及与工程建设有关的重要设备、材料等招标的法人。

招标人自行办理招标事宜,应当具有编制招标文件和组织评标的能力,具体包括:

(1)具有项目法人资格(或者法人资格);

(2)具有与招标项目规模和复杂程度相适应的工程技术、概预算、财务和工程管理等方面专业技术力量;

(3)有从事同类工程建设项目招标的经验;

(4)设有专门的招标机构或者拥有 3 名以上专职招标业务人员;

(5)熟悉和掌握《招标投标法》及有关法规规章。

具备上述条件的建设单位,可组织相应的招标机构负责招标事宜,《招标投标法》还规定:“任何单位和个人不得强制其委托招标代理机构办理招标事宜。”不具备上述条件的建设单位和个人,就必须委托招标代理机构来进行招标。

(二)招标代理

招标代理机构是依法设立、从事招标代理业务并提供相关服务的社会中介组织。

招标代理机构应当具备下列条件:

(1)有从事招标代理业务的营业场所和相应资金;

(2)有能够编制招标文件和组织评标的相应专业力量;

(3)有符合法律规定条件,可以作为评标委员会成员人选的技术、经济等方面的专家库。

从事工程建设项目招标代理业务的招标代理机构,其资格由国务院或者省、自治区、直辖市人民政府的建设行政主管部门认定。具体办法由国务院建设行政主管部门会同国务院有关部门制定。从事其他招标代理业务的招标代理机构,其资格认定的主管部门由国务院规定。招标代理机构与行政机关和其他国家机关不得存在隶属关系或者其他利益关系。招标人有权自行选择招标代理机构委托其办理招标事宜。任何单位和个人不得以任何方式为招标人指定招标代理机构。

2000 年 6 月 30 日建设部颁发的《工程建设项目招标代理机构资格认定办法》中规定,工程招标代理机构的资格分为甲、乙两级。其中,乙级招标代理机构的注册资金不得少于 50 万元,只能承担工程投资额(不含征地费、大市政配套费与拆迁补偿费)3000 万元以下的工程招标代理业务,而甲级工程招标代理机构的注册资金不得少于 100 万元,在工程招标代理业务上无限制。甲级工程招标代理机构的资格由其所在地省级人民政府建设行政主管部门进行初审,并报国务院建设行政主管部门审查认定,乙级工程招标代理机构的资质则由其所在地省级人民政府建设行政主管部门审查认定,并报国务院建设行政主管部门备案。各级工程招标代理机构在承担工程招标代理业务时都不受地区限制。

五、招标程序

招标程序主要包括:招标人办理审批手续,发布招标广告或投标邀请书,进行资格预审,编制招标文件,编制标底,组织现场考察,招标文件的澄清或者修改等环节。

(一)招标人办理审批手续、成立招标组织

根据《招标投标法》第三条规定,强制招标的工程项目必须经有关部门审核批准,并且建设资金已经落实后,才能招标。此外,对于不属强制招标的范围,但是法律、法规、规章明确应当审批的项目,也必须履行审批手续。工程项目招标应当具备下列条件:

(1)概预算已经批准;

(2)建设项目已经列入国家、部门或地方的年度固定资产投资计划;

(3)建设用地的征用工作已经完成;

(4)有能够满足施工需要的施工图纸及设计文件;

(5)建设资金和主要建筑材料、设备的来源已经落实;

(6)建设项目已经经所在地规划部门批准,工程现场的“三通一平”已经完成或一并列入施工招标范围。

成立招标组织,由招标人自行招标或委托招标。

(二)招标人编制招标文件

招标人应当根据招标项目的特点和需要编制招标文件。招标文件应当包括招标项目的技术要求,对投标人资格审查的标准,投标报价要求和评标标准等所有实质性要求和条件,以及拟签订合同的主要条款。国家对招标项目的技术、标准有规定的,招标人应当按照其规定在招标文件中提出相应要求。招标项目需要划分标段、确定工期的,招标人应当合理划分标段、确定工期,并在招标文件中载明。招标文件不得要求或者标明特定的生产供应者,以及含有倾向或者排斥潜在投标人的其他内容。

【案例3-8】

招标文件不得标明特定的生产供应商

2003年初，某省通信光缆招标在资格预审文件中规定："本次招标不接受除美国康宁外其他品牌光缆的报价。"

【评析】

指定品牌是招标投标中较常见的一个问题。《招标投标法》严格禁止这种限制竞争的行为，本案招标人的做法是不合法的。《招标投标法》第二十条规定："招标文件不得要求或者标明特定的生产供应者，以及含有倾向或者排斥潜在投标人的其他内容。"

建设工程招标文件的主要内容包括：

(1)工程综合说明，包括工程名称、地址、招标项目，占地范围，建筑面积和技术要求，质量标准及现场条件，招标方式，要求开工和竣工时间，对投标企业的资质等级要求等；

(2)必要的设计图纸和技术资料；

(3)工程量清单；

(4)由银行出具的建设资金证明和工程款的支付方式及预付款的百分比；

(5)主要材料(钢材、木材、水泥等)与设备的供应方式；加工订货情况和材料，设备价差的处理方法；

(6)特殊工程的施工要求及采用的技术规范；

(7)投标书的编制要求及评标、定标原则；

(8)投标、开标、评标、定标等活动的日程安排；

(9)《建设工程施工合同条件》及调整要求；

(10)要求交纳的投标保证金额的，其数额视工程投资大小确定，一般应小于投标总价的2%；

(11)其他需要的事项。

(三)招标人编制标底

设有标底的招标项目，招标人应当编制标底。标底是我国工程招标中的一个特有概念，标底既是招标人对该工程的预期价格，也是评标的依据。标底是依据国家统一的工程量计算规则、预算定额和计价办法计算出来的工程造价，是招标人对建设工程预算的期望值。

标底的编制应当注意以下几点：

(1)根据设计图纸及有关资料、招标文件，参照国家的技术、经济标准定额及规范，确定工程量和设定标底；

(2)标底价格应由成本、利润和税金组成，一般应控制在批准的建设项目总概算及投资包干的限额内；

(3)标底价格作为招标人的期望价，应力求与市场的实际变化相吻合，要有利于竞争和保证工程质量；

(4)标底价格应考虑人工、材料、机械台班等价格变动因素，还应包括施工不可预见费、包干费和措施费等；工程要求优良的，还应增加相应费用；

(5)一个工程只能编制一个标底。

标底在开标前是保密的，任何人不得泄露标底。

案例

【案例3－9】

招标人泄露标底，设计合同无效

铁道部某工程总公司兴建一栋职工宿舍，总投资近1200万元。该项建设工程的所有建设项目均采用公开招标方式发包。某市建筑勘察设计院为承揽该项目工程的勘察设计项目，采用请项目主管领导外出旅游等不正当手段而获得该工程勘察设计项目的标底，从而在投标中占有优势而一举中标并迅速与建设单位签订了承包合同。但其他投标单位获悉该建筑勘察设计院事先获得标底后，纷纷向有关部门举报，要求查处。上级建设行政主管部门经调查核实，是主管该项目建设的负责人向某市建筑勘察设计院泄露了标底。建设行政主管部门遂宣布该建设项目的招标无效，并对该建筑勘察设计院和相关人员给予相应的行政处罚。

【评析】

标底在开标前是保密的，任何人不得泄露标底。本案中，中标人采用不正当手段，获取标底，严重扰乱了建筑市场，设计合同理应无效。

(四)招标人发布招标公告或投标邀请书

招标人采用公开招标方式的，应当发布招标公告。必须依法进行招标项目的招标公告，应当通过国家指定的报刊、信息网络或者其他媒介发布。招标人采用邀请招标方式的，应当向3个以上具备承担招标项目能力，资信良好的特定法人或者其他组织发出投标邀请书。

招标公告或投标邀请书应当载明招标人的名称和地址、招标项目的性质、数量、实施地点和时间及获取招标文件的办法等事项。

建设工程招标公告一般包括下列内容：

(1)建设单位名称、地址、联系人姓名、电话；

(2)工程情况简介，包括项目名称、建筑规模、工程地点、结构类型、装修标准、质量要求、工期要求；

(3)承包方式、材料、设备供应方式；

(4)对投标企业资质的要求及应提供的有关文件；

(5)招标日程安排；

(6)招标文件押金数额；

(7)其他需要说明的问题。

(五)招标人对投标人的资格审查

招标人可以根据招标项目本身的要求，在招标公告或者投标邀请书中，要求潜在投标人提供有关资质证明文件和业绩情况，并对潜在投标人进行资格审查；国家对投标人的资格条件有规定的，依照其规定。招标人不得以不合理的条件限制或者排斥潜在投标人，不得对潜在投标人实行歧视待遇。

资格预审是招标人对投标人的财务状况、技术能力等方面事先进行的审查,以确保参加投标人均为有投标能力的投标人。资格预审主要从法律、技术及资金等方面对招标人的资格进行审查。具体地说,就是审查投标人的财务能力、机械设备条件、技术水平、施工经验、工程信誉及法律资格等方面的有关情况。资格审查程序是为了在招标过程中剔除资格条件不适合承担或履行合同的潜在投标人或投标人。一般说来,资格审查可分为资格预审和资格后审。资格预审是在投标前对潜在投标人进行的审查;资格后审是在投标后(一般是在开标后)对投标人进行的资格审查。目前,在招标实践中,招标人经常采用的资格预审程序。

一般情况下,建筑工程的资格预审都采用评分法进行,按一定评分标准逐项进行打分。评选结果按淘汰法进行,即先淘汰明显不符合要求的申请人,对于满足填报资格预审文件要求的投标人按组织机构与经营管理、财务状况、技术能力、施工经验 4 个方面逐项打分。只有每项得分超过最低分数线,而且 4 项得分之和高于 60 分(满分为 100 分)的投标人才能通过资格预审。资格预审评审时,上述评分的 4 个方面的每一方面还可以进一步细分为若干因素分别打分,经常引用的打分因素包括如下 4 项。

1)机构与管理(10 分)

公司管理机构情况;经营方式;以往履约的情况,如获得的各种奖励或处罚等;目前和过去涉及诉讼案件的情况。

2)财务状况(30 分)

平均年营业额或合同额;财务投标能力;流动资金;信贷能力;流动资产与负债比值。

3)技术能力(30 分)

现场主要管理人员的经验与胜任强度;现场专业技术人员的经验与胜任强度;施工机械的适用性、来源与已使用年限;工程分包情况。

4)施工经验(30 分)

类似工程的施工经验;类似现场条件下的施工经验;完成类似工程中特殊工作的能力;过去完成类似工程的合同额。

(六)组织投标人踏勘现场考察并对招标文件答疑

招标人根据招标项目的具体情况,可以组织潜在投标人踏勘项目现场。设置这一程序的目的:一方面是让投标人了解工程项目的现场条件、自然条件、施工条件,以及周围环境条件,以便于编制投标报价;另一方面也是要求投标人通过自己的实地考察,来确定投标原则和决定投标策略,避免合同履行过程中投标人以不了解现场情况为由推卸应承担的合同责任。

投标人研究招标文件和现场考察后会以书面形式提出某些质疑问题,招标人可以及时给予书面解答,也可以留待标前会议上解答。如果对某一投标人提出的问题给予书面解答时,所回答的问题必须发送给每一位投标人,以保证招标的公开和公平,但不必说明问题的来源。在这种情况下就无需召开标前会议。

标前会议的记录和各种问题的统一解释或答复,常被视为招标文件的组成部分,均应整理成书面文件分发给每一位投标人。

(七)招标文件的澄清或者修改

招标人对已发出的招标文件进行必要的澄清或者修改的,应当在招标文件要求提交投标文件截止时间至少15日前，以书面形式通知所有招标文件收受人。该澄清或者修改的内容为招标文件的组成部分。招标人应当确定投标人编制投标文件所需要的合理时间。但是，依法必须进行招标的项目，自招标文件开始发出之日起至投标人提交投标文件截止之日止，最短不得少于20日。

案例

【案例3-10】

招标文件含糊，应予以公告澄清

2001年5月，某市准备修一条城际公路，在建设工程招标中，招标人的招标文件含糊不清，投标人第一路桥公司怀疑招标人已经内定了承包商，便向建设行政主管部门投诉。建设行政主管部门在审查了招标文件之后，认为该招标文件确实含糊，要求招标人在投标之前停止招标。招标人必须在招标文件中澄清投标人资格等事项，并重新刊登广告进行招标。

【评析】

招标人对已发出的招标文件进行必要的澄清或者修改的，应当在招标文件要求提交投标文件截止时间至少15日前，以书面形式通知所有招标文件收受人，该澄清或者修改的内容为招标文件的组成部分。本案中，招标文件含糊不清，必须进行澄清。

第三节　建设工程投标的规定

投标又称报价，指作为承包方的投标人根据招标人的招标条件，向招标人提交其依照招标文件要求所编制的投标文件，即向招标人提出自己的报价，以期承包到该招标项目的行为。

投标人是响应招标、参加投标竞争的法人或其他组织。依法招标的科研项目允许个人参加投标的，参加的个人也称作投标人。招标公告或者投标邀请书发出后，所有对招标公告或投标邀请书感兴趣的并有可能参加投标的人，称为潜在投标人。那些响应招标并购买招标文件，参加投标的潜在投标人也称为投标人。这些投标人必须是法人或者其他组织。所谓响应招标，是指潜在投标人获得了招标信息或者投标邀请书以后，购买招标文件，接收资格审查，并编制投标文件，按照招标人的要求参加投标的活动。参加投标竞争，是指按照招标文件的要求并在规定的时间内提交投标文件的活动。

一、投标人应具备的条件、权利和义务

（一）投标人应具备的条件

参加项目主体工程的设计、建筑安装和监理及主要设备、材料供应等投标单位，必须具备下列条件：

（1）具有招标文件要求的资质证书，并为独立的法人实体；

（2）承担过类似建设项目的相关工作，并有良好的工作业绩和履约记录；

（3）财务状况良好，没有处于被接管、破产或其他关、停、并、转状态；

(4)在最近三年内没有与骗取合同有关及其他经济方面的严重违法行为；

(5)近几年有较好的安全记录，投标当年内没有发生重大质量和特大安全事故。

【案例3-11】

投标人不具备招标项目所具备资质，无投标资格

2004年3月，成都某房地产开发公司就其建筑总面积达7万m^2的滨江住宅小区项目进行招标，共有12家建筑单位参加建筑施工招标，但其中有2家不具备招标文件所要求的二级以上资质等级，招标人拒绝签收该两家投标人的投标文件。

【评析】

根据《房屋建筑施工总承包企业资质等级标准》规定：三级企业资质只能承担建筑面积6万m^2以下的住宅小区或建筑群体。本例所涉建筑工程为7万m^2，须有二级以上资质才有资格承建。本例中，招标人拒绝签收不合格投标人的投标文件是正确的。

(二)投标人的权利和义务

1. 投标人享有的权利

(1)与其他投标竞争者平等地获得有关该招标项目的信息权；

(2)要求招标人就其在招标文件阐述不清或存在矛盾的问题上予以说明的权利；

(3)投标人根据自己的经营状况和掌握的市场信息，有自己确定投标报价的权利；

(4)投标人根据自己的经营状况有权参与投标竞争或拒绝参与投标竞争的权利；

(5)投标人有权对要求优良的工程实行优质优价；

(6)依法检举、控告招标过程中出现的违法行为的权利。

2. 投标人承担的义务

(1)保证向招标人提交的投标文件的真实性；

(2)对招标人或招标代理机构就投标文件提出的问题予以说明；

(3)在法律法规规定或招标人要求的情况下提供投标保证金或其他形式的担保；

(4)中标后与招标人签订并履行合同，未经招标人同意不得转让或分包合同。

【案例3-12】

擅自撤回投标书导致保证金被没收

2000年6月，某地下铁道工程为了进行技术改造，决定对地下铁道的改建设计勘察、施工等一揽子工程进行招标。招标文件明确规定了地下铁道的改造要求、设计标准等基本内容。为了把项目搞好，招标人还根据项目要求的特殊性，主持了项目要求的答疑会，对设计的技术性要求进行了说明。在投标过程中，某隧道公司对招标文件的技术要求理解有误，导致标书的报价比标底还低100万元，后该隧道公司发现了错误，提出要求修改投标书。由于投标人没有采取书面告知，修改标书的要求遭到招标

人的拒绝。该隧道公司一气之下撤回了标书。但此时已超过投标截止日期,招标工作结束时,招标单位没收了该隧道公司的投标保证金。

【评析】

设立投标保证金目的:一是保证投标人在招标人定标前不得撤销其投标;二是保证投标人在被招标人宣布为中标人后其即受合同成立的约束,不得反悔或者改变其投标文件中的实质性内容,否则其投标保证金将被招标人没收。

【案例 3-13】

不按要求交齐投标保证金,丧失中标机会

2001 年,昆明铁路局欲对沾昆铁路进行增建二线工程建设。同年 7 月,昆明铁路局在主要新闻媒体上发布了招标公告,就该工程向社会分段招标。某一标段,预算投资 1.2 亿元,要求潜在投标人在投标过程中必须提交 80 万元作为投标保证金。在投标人中,有甲、乙、丙三家入围,甲、乙均按要求提交了投标保证金,丙只开具了 20 万元的银行保函。但是在三家投标文件比较中,丙无论施工力量还是标底的制作均基本符合招标人的预期目标,只是因为提交的投标保证金不符合招标文件的要求,昆明铁路局便在甲、乙之间选择了中标单位。

【评析】

要求交纳的投标保证金额的,投标人应按要求交纳投标保证金。本案中,投标人没有及时就交纳保证金,开具的银行保函与要求不符,错过了中标机会。

二、投标的时间要求

《招标投标法》规定,投标文件应在招标文件中规定的截止时间前送达投标地点,在截止时间后送达的投标文件,招标人应拒收。因此,以邮寄方式送交投标文件的,投标人应留出足够的邮寄时间,以保证投标文件在截止时间前送达。另外,如发生地点方面的错送、误送,其后果皆由投标人自行承担。投标人对投标文件的补充、修改、撤回通知,也必须在招标文件所规定的截止时间前送达规定地点。

三、投标人数量的要求

《招标投标法》规定:“投标人少于 3 个的,招标人应当依照本法重新招标”。当投标人少于 3 个时,就会缺乏有效竞争,投标人可能会提高承包条件,损害招标人利益,从而与招标目的相违背,所以必须重新组织招标。

四、投标的程序

(一)投标人编制投标文件

投标人应当按照招标文件的要求编制投标文件。投标文件应当对招标文件提出的实质性要求和条件作出响应。招标项目属于建设施工的，投标文件的内容应当包括拟派出的项目负责人与主要技术人员的简历、业绩和拟用于完成招标项目的机械设备等。投标人根据招标文件载明的项目实际情况，拟在中标后将中标项目的部分非主体、非关键性工作进行分包的，应当在投标文件中载明。

1）在建筑工程投标中，投标单位应向招标单位提供以下材料

（1）企业营业执照和资质证书；

（2）企业简介；

（3）自有资金情况；

（4）全员职工人数，包括技术人员、技术工人数量及平均技术等级等；企业自有的主要施工机械设备一览表；

（5）近3年承建的主要工程及其质量情况；

（6）现有主要施工任务，包括在建和尚未开工工程一览表。投标单位应按招标文件的要求，认真编制投标书。

2）投标书应包括下列内容

（1）综合说明；

（2）按照工程量清单计算的标价及钢材、木材、水泥等主要材料用量；投标单位可依据统一的工程量计算规则自主报价；

（3）施工方案和选用的主要施工机械；

（4）保证工程质量、进度、施工安全的主要技术组织措施；

（5）计划开工、竣工日期，工程总进度；

（6）对合同的主要条件的确认。

（二）投标人提交投标文件

投标人应当在招标文件要求提交投标文件的截止时间前，将投标文件送达投标地点。招标人收到投标文件后，应当签收保存，不得开启。投标人少于3家的，招标人应当重新招标。在招标文件要求提交投标文件的截止时间后送达的投标文件，招标人应当拒收。

投标人在招标文件要求提交投标文件的截止时间前，可以补充、修改或者撤回已提交的投标文件，并书面通知招标人。补充、修改的内容为投标文件的组成部分。

【案例3-14】

截标前，可修改投标文件

某土建工程项目招标，投标人提交了投标书后，在截标前又递交了一份折扣信，在投标报价的基础上，工程量单价和总价报价各下降3%。但是招标单位有关工作人员认为，根据“一标一投”的惯例，一个投标人不得递交两份投标文件，因而拒绝该投标人的补充材料。

【评析】

这样的投标策略，国际招标中经常出现，国内招标出现的情况也越来越多，这种做法完全合法。招标单位工作人员的做法是错误的。

五、联合体投标

两个以上法人或者其他组织可以组成一个联合体，以一个投标人的身份共同投标称为联合体投标。联合体各方均应当具备承担招标项目的相应能力；国家有关规定或者招标文件对投标人资格条件有规定的，联合体各方均应当具备规定的相应资格条件。由同一专业的单位组成的联合体，按照资质等级较低的单位确定资质等级。联合体各方应当签订共同投标协议，明确约定各方拟承担的工作和责任，并将共同投标协议连同投标文件一并提交招标人。联合体中标的，联合体各方应当共同与招标人签订合同，就中标项目向招标人承担连带责任。招标人不得强制投标人组成联合体共同投标，不得限制投标人之间的竞争。

六、关于投标的禁止性规定

关于投标的禁止性规定有以下四点。

(一)禁止串通招标投标

根据《中华人民共和国反不正当竞争法》(以下简称《反不正当竞争法》)，国家工商行政管理总局于1999年1月6日发布了第82号令《关于禁止串通招标投标行为的暂行规定》。根据该规定，串通招标投标，是指招标者与投标者之间采用不正当手段，对招标投标事项进行串通，以排挤竞争对手或者损害投标者利益的行为。

1. 投标人之间串通投标

《招标投标法》第32条第1款规定："投标人不得相互串通投标报价，不得排挤其他投标人的公平竞争，损害招标人或者其他投标人的合法权益"。《关于禁止串通招标投标行为的暂行规定》中列举了投标人之间串通投标的以下几种表现形式：

(1)投标者之间相互约定，一致抬高或者压低投标报价；

(2)投标者之间相互约定，在招标项目中轮流以高价位或低价位中标；

(3)投标者之间先进行内部竞价，内定中标人，然后再参加投标；

(4)投标者之间其他串通投标行为。

2. 投标人与招标人之间串通投标

《招标投标法》第32条第2款规定："投标人不得与招标人串通投标，损害国家利益、社会公共利益或者他人的合法权益"。《关于禁止串通招标投标行为的暂行规定》中就投标人与招标人之间串通投标行为列举了下列几种表现形式：

(1)招标者在公开开标前，开启标书，并将投标情况告知其他投标者，或者协助投标者撤换标书，更改报价；

(2)招标者向投标者泄露标底；

(3)投标者与招标者商定，在招标投标时压低或者抬高标价，中标后再给投标者或者招标者额外补偿；

(4)招标者预先内定中标者，在确定中标者时以此决定取舍；

(5)招标者和投标者之间其他串通招标投标行为(如通过贿赂等不正当手段，使招标人在审查、评选投标文件时，对投标文件实行歧视待遇；招标人在要求投标人就其投标文件澄清时，故意作引导性提问，以使其中标等)。

【案例 3-15】

招标人与投标人恶意串通导致中标无效

某市路桥公司准备建设一座办公楼，建筑面积 6000m^2，总投资 600 万元，建设工期为 8 个月，工程采用公开招标方式。在招标之前，建设单位与春江建筑公司就招标工程进行了串通，对合作意向和招标的基本条款达成一致的意向，招标公告发布后，参加投标的公司有 5 家，在公开招标的过程中，春江建筑公司与泉山建筑公司在施工技术、施工方案、施工力量及投标报价上相差不大，而泉山建筑公司在总体技术和实力上较福海建筑公司好一些，但是定标的结果是春江建筑公司。在随后两个偶然的机会中，泉山建筑公司得知建设单位与春江建筑公司在招标过程中有串通投标行为，遂向当地建设局举报，要求建设局依职权宣布该招标结果无效。建设局经过调查，泉山建筑公司所举报的事实属实，遂宣布本次招标结果无效。

【评析】

在招标过程中，建设单位与春江建筑公司确实存在着法律禁止的行为，招标人与投标人的串通行为违反了《招标投标法》和《建筑法》，因而决定该次招标结果无效是正确的。

【案例 3-16】

“围 标”案 例

某房地产公司对某房建工程进行招标。招标公告发布之后，某建筑公司与该房地产公司进行私下交易，最后房地产公司决定将此工程给这家建筑公司。为了减小竞争，由房地产公司出面邀请了几家私交比较好的施工单位前来投标，并事先将中标意向透露给这几家参与投标的单位，暗示这几家施工单位投标书制作的马虎一些。后来在投标的时候，被邀请的几家单位和某建筑公司一起投标，但是由于邀请的几家单位的投标人未经认真制作，报价都比较高，最后评委推荐某建筑公司为中标候选人。某建筑公司如愿承包了此项工程。

【评析】

这个案例是俗称的“围标”，其操作之所以能够成功，归根结底是竞争参与人均是来围标的，如果说这个案例中看到招标公告后来参与竞争的不限于围标的这几家单位，那么结果也就不是这些围标人员所能操控的，所以招投标可信度评价标准是将这一问题作了如下理解：招标公告公开方式是否足以在一个较大范围内产生竞争；其公开的信息是否充分体现了项目的竞争的价值以引起充分竞争。在一个充分竞争的市场环境里，有价值的招标项目进入交易市场后，参与竞争人实质上是处于不可确定的状态，而这种不可确定的状态恰恰是围标的天敌。

（二）投标人不得以低于成本的报价竞标

《招标投标法》第33条规定，投标人不得以低于成本的报价竞标。投标人以低于成本的报价竞标，其目的主要是为了排挤其他对手。投标者企图通过低于成本的价格，满足招标人的最低价中标的目的以争取中标，从而达到占领市场和扩大市场份额的目的。

这里的成本应指企业的个别成本。投标人的报价一般由成本、税金和利润三部分组成。当报价为成本价时，企业利润为零。如果投标人以低于成本的报价竞标，就很难保证工程的质量，偷工减料、以次充好等各种现象也随之产生。因此，投标人以低于成本的报价竞标的手段是法律所不允许的。

（三）投标人不得以非法手段骗取中标

《招标投标法》第33条规定，投标人不得以他人名义投标或者以其他方式弄虚作假，骗取中标。在工程实践中，投标人以非法手段骗取中标的现象大量存在，主要表现在如下几方面：

(1)非法挂靠或借用其他企业的资质证书参加投标；

(2)投标文件中故意在商务上和技术上采用模糊的语言骗取中标，中标后提供低档劣质货物、工程或服务；

(3)投标时递交虚假业绩证明、资格文件；

(4)假冒法定代表人签名，私刻公章，递交虚假的委托书等。

（四）投标人不得以行贿的手段牟取中标

《招标投标法》第32条第3款规定："禁止投标人以向招标人或者评标委员会成员行贿的手段牟取中标"。投标人以行贿的手段牟取中标是违背《招标投标法》基本原则的行为，对其他投标人是不公平的。投标人以行贿手段牟取中标的法律后果是中标无效，有关责任人和单位应当承担相应的行政责任或刑事责任，给他人造成损失的还应当承担民事赔偿责任。

上述不正当竞争行为对招标投标市场的秩序构成严重危害，为《招标投标法》所严格禁止，同时也是《反不正当竞争法》所不允许的。

第四节　开标、评标、中标的主要规定

一、开标

所谓开标，是指投标人提交投标文件截止时间后，招标人依据招标文件规定的时间和地点，开启投标人提交的投标文件，公开宣布投标人的名称、投标价格及投标文件中的其他主要内容。这是定标成交阶段的第一个环节。开标、评标是选择中标人、保证招标成功的重要环节，有许多必须遵守的规则。

（一）开标时间与组织

《招标投标法》规定："开标应当在招标文件确定和提交投标文件截止时间的同一时间公开进行；开标地点应当为招标文件中预先确定的地点。"这就是说，提交投标文件截止之时（如某年某月某日几时几分），即是开标之时（也是某年某月某日几时几分）。这样做主要是为了防止投标截止时间之后与开标之前仍有一段时间间隔。如存在时间间隔,也许会给某些不端行为造成可乘之机(如在指定开标时间之前泄露投标文件中的内容,尤其是投标报价),即使投标人等到开标之前最后一刻才提交投标文件,也同样存在这种风险。

开标由招标人或者招标代理人主持,邀请所有投标人参加。开标时,还可邀请招标主管部门、评标委员会、监察部门的有关人员参加,也可委托公证部门对整个开标过程依法进行公证。

(二)开标程序

1. 检查投标文件的密封情况

开标时,由投标人或者其推选的代表检查投标文件的密封情况,也可以由招标人委托的公证机构检查并公证。

2. 拆封、宣读投标文件并记录备查

由工作人员当众拆封,宣读投标人名称、投标价格和投标文件的其他主要内容。招标人在招标文件要求提交投标文件的截止时间前收到的所有投标文件,开标时都应该当众予以拆封、宣读。开标过程应当记录,并存档备查。

二、评标

所谓评标,就是依据招标文件的规定和要求,对投标文件所进行的审查、评审和比较。评标由招标人组建的评标委员会负责。为了规范评标过程,2001 年 7 月 5 日,国家计委、国家经贸委、建设部、铁道部、交通部、信息产业部、水利部联合发布了《评标委员会和评标方法暂行规定》。

(一)评标委员会

1. 评标委员会

评标委员会由招标的代表和有关技术、经济等方面的专家组成,成员人数为 5 人以上的单数,其中技术、经济等方面的专家不得少于成员总数的 2/3。

评标委员会的专家成员应当从省级以上人民政府有关部门提供的专家名册或者招标代理机构专家库内的相关专家名单中确定。确定评标专家,可以采取随机抽取或者直接确定的方式。与投标人有利害关系的人不得进入相关项目的评标委员会,已经进入的应当更换。

评标委员会成员名单一般应于开标前确定,而且该名单在中标结果确定前应当保密。

2. 对评标委员会成员的要求

《招标投标法》规定,参加评标委员会的专家应当满足从事相关领域工作满 8 年并具有高级职称或具有同等专业水平的条件。

评标委员会成员应当客观、公正地履行职责,遵守职业道德,对所提出的评审意见承担个人责任。

评标委员会成员不得与任何投标人或者与招标结果有利害关系的人进行私下接触,不得收受投标人、中介人、其他利害关系人的财物或者其他好处。

评标委员会成员和与评标活动有关的工作人员不得透露对投标文件的评审和比较、中标候选人的推荐情况及与评标有关的其他情况。

案例

【案例 3-17】

评标专家对所提出的评审意见须承担个人责任

2002 年，深圳市建设局查处了一起工程串通投标案件。当年 4 月至 6 月期间，在深圳某综合楼工程招标投标的过程中，两家投标单位中国某企业有限公司、深圳市某建筑工程有限公司的标书从封面到内容大量雷同，其串通投标行为显而易见。

【评析】

负责评标的专家在此次招评标过程中虽然没有被发现有腐败行为，但由于他们没有认真履行职责，无视投标文件中出现大量、明显的雷同现象，使得这起串标事件没有被及时发现，甚至参与串标的单位还被推荐为中标候选人，造成了十分恶劣的影响。最终，两家投标单位因相互串通投标分别被罚款 10 万元并予以公示，10 名具有高级职称的涉案评标专家被取消专家资格并清退出评标专家库，永不录用。

(二)评标工作程序

1. 评标准备

评标准备工作内容包括准备评标场所、让评标委员会成员熟悉招标情况等。

(1)《招标投标法》第 38 条规定："招标人应当采取必要的措施，保证评标在严格保密的情况下进行。任何单位和个人不得非法干预、影响评标的过程和结果。"因此，落实一个适合秘密评标的场所，十分必要。

招标人或者其委托的招标代理机构应当向评标委员会提供评标所需的重要信息和数据。

(2)评标委员会成员至少应了解和熟悉以下内容：招标的目标；招标项目的范围和性质；招标文件中规定的主要技术要求、标准和商务条款；招标文件规定的评标标准、评标方法和在评标过程中考虑的相关因素。

招标人设有标底的，标底应当保密，并在评标时作为参考。

2. 初步评审

评标委员会应当按照投标报价的高低或者招标文件规定的其他方法对投标文件排序。以多种货币报价的，应当按照中国银行在开标日公布的汇率中间价换算成人民币。招标文件应当对汇率标准和汇率风险作出规定。招标文件未作规定的，汇率风险由投标人承担。

评标委员会可以用书面方式要求投标人对投标文件中含义不明确、对同类问题表述不一致或者有明显文字和计算错误的内容作必要的澄清、说明或者补正。澄清、说明或者补正应以书面方式进行，并不得超出投标文件的范围或者改变投标文件的实质性内容。投标文件中的大写金额和小写金额不一致的，以大写金额为准；总价金额与单价金额不一致的，以单价金额为准，但单价金额小数点有明显错误的除外；对不同文字文本投标文件的解释发生异议的，以中文文本为准。

评标过程中，以下情况为废标：

(1)评标委员会发现投标人以他人的名义投标，串通投标，以行贿手段牟取中标或者以其他弄虚作假方式投标的，该投标人的投标应作废标处理；

【案例3-18】

串通投标的标书视为废标

2001年12月,宝兰铁路二线某一标段就其路基工程中的土石方工程进行招标。在招标公告发布后,就土石方工程召开了一次有关项目招标的咨询会议,只有6家工程施工公司到会。会后,符合投标资格的6家工程施工公司的负责人一起到附近的一家茶馆喝茶,商谈如何进行投标,在商谈过程中,路桥公司的负责人王某提出,路桥公司将付给其他5家公司好处费,每家公司2万元,条件是5家公司的报价要比路桥公司要高,大家均无疑议。王某便当场付给每家公司2万元现金。在后来的评标过程中评标委员会一成员偶然听说了此事,经查证属实,评标委员会遂宣布这6家公司的标书为废标。

【评析】

本案中,投标人通过给付好处费而串通投标的行为,违反了《招投标法》和《工程建设施工招标投标管理办法》的强制性规定,从而使其标书成为废标而无效。并且其行为损害了他人利益和招投标秩序,其好处费应收缴归国家所有。

(2)评标委员会发现投标人的报价明显低于其他投标报价,或者在设有标底时明显低于标底,使得其投标报价可能低于其成本的,应当要求该投标人作出书面说明并提供相关证明材料;若投标人不能合理说明或者不能提供相关证明材料的,由评标委员会认定该投标人以低于成本报价竞标,其投标应作废标处理;

【案例3-19】

投标人以低价竞标又拒绝提供相关证明材料导致标书成废标

2003年,某省为建一座过江隧道进行招标。根据当时建设部的精神和建设方的设计要求,要求建设工程的承包单位必须掌握先进施工工艺和技术,拥有雄厚的资金,足以在规定的期限内完成施工任务。竣工目标必须满足工程建设需要的新设计、新技术、新工艺和新材料的要求,以保证国家对过江隧道的验收,并且由于该隧道的部分资金来源于国际科研组织,因此要求建设方在工程的招标过程中选择确实优秀的施工单位作为中标人。在招标中,招标方对各方提交的投标文件进行了审查,由于该建设项目的质量要求较高,因而各投标报价都相对于标底有较大的偏差,高于标底的投标有3家,最高的报价高于标底500万元。而某隧道集团公司的报价则低于标底100万元。招标单位通过审查发现该公司的施工人员、施工机械和施工工艺和设计预案与其他投标人没有太大的差别,但是为何报价如此低呢?招标单位虽然想把标授予该公司,但希望该隧道集团公司能继续补充资料,对投标文件作出更确切的说明,并决定在审查完补充资料后进行实地考察,以确保中标单位的施工能力满足建设方的预期目标。但是在招标人给予该隧道集团公司6天的补充资料期限内,此隧道集团公司并未给予积极回应。为此,招标人宣布该公司的投标为废标。

【评析】

本案中,投标人某隧道集团公司在施工人员、施工机械和施工工艺和设计预案与其他投标人没有太大的差别的情况下,报价明显低于其他投标报价,却不能合理说明或者不能提供相关证明材料的,其投标应作废标处理。

(3)评标委员会应当审查每一投标文件是否对招标文件提出的所有实质性要求和条件作出响应。未能在实质上响应的投标,应作废标处理。

评标委员会应当根据招标文件审查并逐项列出投标文件的全部投标偏差。投标偏差分为重大偏差和细微偏差。

下列情况属于重大偏差:

(1)没有按照招标文件要求提供投标担保或者所提供的投标担保有瑕疵;

(2)投标文件没有投标人授权代表签字和加盖公章;

(3)投标文件载明的招标项目完成期限超过招标文件规定的期限;

(4)明显不符合技术规格、技术标准的要求;

(5)投标文件载明的货物包装方式、检验标准和方法等不符合招标文件的要求;

(6)投标文件附有招标人不能接受的条件;

(7)不符合招标文件中规定的其他实质性要求。

投标文件有上述情形之一的,且未能对招标文件作出实质性响应,一并按规定作废标处理。

案例

【案例 3-20】

没有法定代表人签名(印鉴)的标书无效

2001 年 5 月,广州地铁 2 号线某一标段进行爆破工程招标,某投标人在标书中没有个人签名和印鉴,评标委员会把这份标书作为废标。

【评析】

《建筑工程招标投标暂行规定》第 22 条规定,未加盖本单位和负责人的印鉴的标书无效。

细微偏差,是指投标文件在实质上响应招标文件要求,但在个别地方存在漏项或者提供了不完整的技术信息和数据等情况,并且补正这些遗漏或不完整不会对其他投标人造成不公平的结果。细微偏差不影响投标文件的有效性。评标委员会应当书面要求存在细微偏差的投标人在评标结束前予以补正。拒不补正的,在详细评审时可以对细微偏差作不利于该投标人的量化,量化标准应该在招标文件中规定。投标人资格条件不符合国家有关规定和招标文件要求的,或拒不按照要求对投标文件进行澄清、说明或补正的,评标委员会可以否决其投标。

案例

【案例 3-21】

投标文件含糊,不予澄清失标

某招标单位招标一条铁道线增建二线工程,某投标单位的标价最低,但该招标单位及评标委员会在认真审查和比较了招标文件要求的施工措施和投标人的标书有关内容后,发现其标书有下列不符合招标文件要求的情况:标书没有提供有关投标人主要管理人员的充分并符合要求的资料;标书没有提供招标文件所要求的安全保障措施。该招标单位要求投标人给予澄清,并给投标人一个补正的机会。但是,该投标文提供的资料比原来的标书并没有实质的改进。于是该招标单位拒绝了该投标商的投标。

【评析】

本案中,投标文件不符合国家有关规定和招标文件要求,投标人在给予补正机会的前提下,没有按照要求对招标文件进行澄清、说明,招标单位可以否决其投标。

【案例3-22】

标书中的细微偏差不影响标书的效力

在一个工程招标中,投标人甲没有按招标文件的要求提供一份保付支票,而是提供了一份投标保函。招标人认为,投标人甲的标书与招标文件不符,是轻微和可以原谅的细微偏差,因为甲提供的投标保函也能保证甲签订并履行合同,从而把合同授予投标人甲。但次低价投标人起诉招标人,认为甲的投标不符合招标文件的要求,要求招标人将合同授予自己。法院判决支持招标人的决定。

【评析】

细微偏差,是指投标文件在实质上响应招标文件要求,但在个别地方存在漏项或者提供了不完整的技术信息和数据等情况,并且补正这些遗漏或不完整不会对其他投标人造成不公平的结果。细微偏差不影响投标文件的有效性。本案中,投标人甲没有按招标文件的要求提供一份保付支票,而是提供了一份投标保函,属于细微偏差,招标人的做法是正确的。

3. 详细评审

经初步评审合格的投标文件,评标委员会应当根据招标文件确定的评标标准和方法,对其技术部分和商务部分作进一步评审、比较。

商务评审的目的在于从成本、财务和经济分析等方面确定投标报价的合理性和可靠性,并估量授标给各投标人后的不同经济效果。

技术评审的目的在于确认备选的中标人完成本招标项目的技术能力及所提方案的可靠性,其重点在于评审投标人将怎样实施本招标项目。

所采用的评标方法有经评审的最低投标价法、综合评估法或者法律、行政法规允许的其他评标方法。

4. 评标报告

《招标投标法》规定:"评标委员会完成评标后,应当向招标人提出书面评标报告,并推荐合格的中标候选人。"评标委员会可在评标报告中推荐1~3个中标候选人,由招标人确定。招标人也可授权评标委员会在评标报告中直接确定中标人。如果经过评审,评标委员会认为所有投标都不符合招标文件要求,便可否决所有投标。这时,强制招标的项目应重新进行招标。

三、中标

(一)中标人必须满足的条件

根据《招标投标法》的规定,中标人应当符合下列条件之一:

(1)能够最大限度地满足招标文件中规定的各项综合评价标准;

(2)能够满足招标文件的实质性要求,并且经评审的投标价格最低,但是投标价格低于成本的除外。

(二)定标的程序

1. 发出中标通知书

中标通知书是招标人向中标的投标人发出的告知其中标的书面通知文件。《招标投标法》规定,中标人确定后,招标人应向中标人发出中标通知书,并同时将中标结果通知所有未中标的投标人并退还他们的投标保证金或保函。中标通知书发出后,即对招标人和中标人产生法律效力,招标人改变中标结果或中标人拒绝签订合同均要承担相应的法律责任。

案例

【案例3-23】

发出中标通知书后改变中标结果应承担违约责任

浙江某房产开发公司(下称被告)于2002年5月22日经批准进行招标,上海某建筑安装工程公司(下称原告)及另外3家公司参加了投标,经评议,原告中标,该中标结果由浙江建设工程招投标管理办公室见证,由被告于2002年5月22日向原告发出中标通知书,并要求原告于2002年6月3日签订工程承包合同,2002年6月8日开工。中标通知书中载明中标合同造价为8000万元。发出中标通知书后,被告指令原告先做开工准备,再签工程合同。原告按被告要求平整了施工场地,进行了打桩等开工准备,并于8日完成了开工仪式。工程开工后,被告借故迟迟不同意签订工程承包合同,至2003年1月8日。书面函告原告"将另行落实施工队伍"。双方经多次协商未果,原告遂向法院起诉,要求被告签订工程承包合同。法院认为:被告向原告发出中标通知书的行为,即发生承诺生效、合同成立的法律效力。因此,招标人改变中标结果,变更中标人,实质上是一种单方撕毁合同的行为,被告因而应承担违约责任。

【评析】

在招标投标过程中,招标的法律性质属于要约邀请,投标行为是要约,而定标后发生的中标通知书属于承诺。自中标通知书到达投标人起,合同即成立。故在本案中,被告在发出中标通知书后变更中标人的行为是违约行为,被告应对此承担违约责任。

2. 签订工程承包合同

《招标投标法》规定,招标人和中标人应当自中标通知书发出之日起30日内,按照招标文件和中标人的投标文件订立书面合同。招标人不得向中标人提出任何不合理要求作为订立合同的条件,双方不得另行订立背离合同实质性内容的其他协议,如签了此样协议,其在法律上也将是无效的。

3. 提交招标投标报告

《招标投标法》规定,强制招标的项目,招标人应自确定中标人之日起15日内,向有关行政监督部门提交招标投标报告。这是国家对招投标活动所进行的监督活动之一。

【案例 3 - 24】

已发出的招标文件的变更及效力

一、基本案情

2000 年 7 月 4 日,被告中电公司向深圳市建设局申请对中电照明研发中心工程进行对外招标后获得批准。同年 8 月 11 日,原告达诚公司向被告支付了保证金,共计人民币 100 万元,并于 8 月 18 日递交了《中电照明研发中心标书》。8 月 29 日,被告召开开标会,会上由深圳市建设工程造价管理站(以下简称造价站)公开宣布标底为人民币 19010550.12 元,然后公开了 6 个投标单位的投标价,其中原告的投标价为人民币 17004308.68 元。9 月 20 日,被告向造价站发函,要求修改招标文件并重新定标。造价站回函称仅同意部分变更。9 月 30 日,被告以修改后的标底再次召开定标会,重新确定投标价为人民币 1991.7393 万元,并宣布深圳市第三某建筑工程总公司(以下简称三建)得分最高为中标单位。

二、案件审理

一审人民法院经审理后认为,原告的投标书经公开后达到被告公开承诺的中标要求,原告应是中标单位。被告拒绝向原告发出中标通知书和签订施工合同属于违约,应承担违约责任。被告在公开标底前没有书面形式向造价站和投标单位说明招标要求有变更,被告须承担对其在标底公开后对工程量改动的责任。因此,判决如下:被告应在本判决发生法律效力之日起 10 日内双倍返还原告保证金人民币 100 万元;逾期则应当加倍支付迟延履行期间的债务利息。案件受理费人民币 20010 元由被告负担。

被告不服一审判决,上诉至深圳市中级人民法院。本案经二审法院主持进行调解,双方达成了如下调解协议:被告补偿原告人民币 30 万元了结本案纠纷,在本案招投标过程中产生的其他纠纷双方不再追究。上述款项被告于本调解书送达之日起 10 日内支付给原告。一、二审案件受理费双方各自负担。

【评析】

1)被告在开标后修改招标文件是无效的

《中华人民共和国招标投标法》第 23 条规定:“招标人对已发出的招标文件进行必要澄清或者修改的,应当在招标文件要求提交投标文件截止时间至少 15 日前,以书面形式通知所有招标文件接收人。该澄清或者修改的内容为招标文件的组成部分。”本条规定招标文件进行修改或者澄清的法定程序。这是法律强制性规定,没有遵守此规定的,其修改及其澄清是无效的。本案中,原告对此并无过错。因此,被告在公布标底之后,又以标底错误为由中止招投标程序,并修改招标文件和标底,显然是不符合法律强制性规定的,应承担一定的法律责任。

2)被告应承担缔约过失责任

招投标是以订立合同为目的的民事活动。招标人发出的招标公告或投标邀请书、投标人提交的投标文件、招标人向中标的投标人发出的中标通知书,按其法律性质分别属于《中华人民共和国合同法》中的要约邀请、要约和承诺。但建设工程合同又是一种要约式合同,其成立的标志是签订书面合同。在合同成立之前,招标人未履行向投标人发出中标通知的法定义务，致使合同不能成立，应承担缔约过失责任，而非违约责任。故一审法院认定招标人违约并承担违约责任值得商榷。

3）投标保证金不应与订金等同

本案中，一审法院判决被告双倍返还保证金。但二审法院以调解推翻了一审的判决，并没有把投标保证金按“双倍返还”的订金罚则处理。关于投标保证金的性质，根据《最高人民法院关于适用〈担保法〉若干问题的司法解释》的规定，如未约定为订金性质（双倍返还），投标保证金是不应适用订金罚则的。建设部第89号令《房屋建筑和市政基础设施施工招标投标管理办法》的规定，该行为属于一种缔约过失行为，如需赔偿应以实际损失为限；而2003年3月8日七部委联合发布的《工程建设项目施工招标投标办法》也没有明确规定“双倍返还”。这种地方性法规与部门规章、最高法院司法解释之间的矛盾，有关机构应当依据《中华人民共和国立法法》的有关规定及早解决，否则极易引起法律适用上的争议。

本章小结

所谓建设工程的发包与承包，是指建设工程的建设单位（发包方）将建设工程任务的全部或者一部分通过招标或者其他方式，交给具有从事建筑活动的法定从业资格的单位（承包方），并按约定支付报酬的行为。建设工程的发包方式分为直接发包和招标发包，建设工程的承包单位必须具备相应的资质。承发包方必须签订书面合同，明确双方的权利和义务。禁止建设工程承发包中行贿受贿等违法行为，提倡总承包，禁止肢解发包、再分包和转包。

工程招标，是指招标人用招标文件将委托的工作内容和要求告之有意向参与竞争的投标人，让他们按规定条件提出实施计划和价格，然后通过评审、比较，选出可信赖单位，并以合同形式委托其完成工程。建设工程的招标程序主要包括：招标人办理审批手续，发布招标广告或投标邀请书，进行资格预审，编制招标文件，编制标底，组织现场考察，招标文件的澄清或者修改等环节。招标人自行招标应具备相应的规定条件，否则要委托代理机构招标，招标代理机构也应具备相应的条件。

《中华人民共和国建筑法》对建设工程的投标主要作了三方面的明确规定：投标的要求和程序、联合体投标和投标的禁止性规定。同时，对建设工程的开标、评标和中标也作了相应的规定。

小知识

招投标的发展史

第一个采用招标投标这种交易方式的国家是英国。1782年，英国政府出于对自由市场的宏观调控，首先从规范政府采购行为入手，设立了文具公用局，作为负责政府部门所需要公用品采购的特别机构。1809年，美国通过了第一部要求密封投标的法律。二战以来，招标投标影响不断扩大，招标投标变由一种交易过渡为政府强制行为，这一升华使招投标在法律上得到了保证，于是招投标成为“政府采购”的代名词。随着世界多国的“政府采购”向超越国界的方向发展，便形成了国际招标投标。美国《联邦政府采购法》明确一专职部门为联邦事务管理总署，美国联邦政府采购法由三部法典及其实施细则组成，详细规范了美国联邦政府的采购行为。信誉、透明度、竞争是美国采购制度的三大思想精髓。美国政府采购预算占国内生产总值的3%左右。韩国政府于1997年1月1日起实施新的国内项目国际招标法,即《政府关于调配及合同法》。招投标在世界经济发展中,经过了漫长的两个世纪,由简单到复杂、由自由到规范、由国内到国际,对世界区域经济和整体经济发展起到了巨大的作用。

单元练习

一、思考题

1. 建设工程承发包的方式有哪些?
2. 实行招标的工程及招标单位须具备什么条件?
3. 招标公告包括哪些内容?
4. 招标、投标的程序是什么?
5. 评标委员会的组成有何规定?

二、综合练习题

案例

【案例1】

某市地铁一期工程全部由政府投资。该项目为该市建设规划的重要项目之一,且已列入地方年度固定资产投资计划,概算已由主管部门批准,征地工作尚未全部完成,施工图及有关技术资料齐全。现决定对该项目进行施工招标。因估计除本市施工企业参加投标外,还可能有外省施工企业参加投标,故业主委托咨询单位编制了两个标底,准备分别用于对本市和外省市施工企业投标价的评定。业主对投标单位就招标文件提出的所有问题统一做了书面答复,并以备忘录的形式分发给各投标单位。在书面答复投标单位的提问后,业主组织各投标单位进行了施工现场踏勘,在投标截止日期前10日,业主书面通知各投标单位。

【问题】

业主对投标单位进行资格预审应包括哪些内容?该项目施工招标在哪些方面存在问题或不当之处?请逐一说明理由。

【案例2】

甲电讯公司因建办公楼与乙建筑承包公司签订了工程总承包合同。其后,经甲同意,乙分别与丙建筑设计院和丁建筑工程公司签订了工程勘察设计合同和工程施工合同。勘察设计合同约定由丙对甲的办公楼及其附属工程提供设计服务,并按勘察设计合同的约定交付有关的设计文件和资料。施工合同约定由丁根据丙提供的设计图纸进行施工,工程竣工时依据国家有关验收规定及设计图纸进行质量验收。合同签订后,丙按时将设计文件和有关资料交付给丁,丁依据设计图纸进行施工。工程竣工后,甲会同有关质量监督部门对工程进行验收,发现工程存在严重质量问题,是由于设计不符合规范所致。原来丙未对现场进行仔细勘察即自行进行设计导致设计不合理,给甲带来了重大损失。丙以与甲没有合同关系为由拒绝承担责任,乙又以自己不是设计人为由推卸责任,甲遂以丙为被告向法院起诉。法院受理后,追加乙为共同被告,判决乙与丙对工程建设质量问题承担连带责任。

【问题】

你认为法院的审理正确吗?它违反了哪些法律、法规?请对案例进行评析。

【案例 3】

某业主招标进行道路工程建设。某投标人是次低价投标人,在该投标人标书的"施工动员款项"中写明"90491.00 美元",但该款项的大写却写明"玖仟肆佰玖拾壹美元",如果适用大写,则该投标人的标价比原最低报价稍低而成为最低价投标人。业主根据"大写优于小写"的规定将投标人标书的报价进行更改并将合同授予该投标人。该投标人要求撤回标书,在业主将合同授予该承包商的情况下,该承包商起诉业主。

【问题】

本案中,业主的做法正确吗?为什么?

第二篇

工程建设实施阶段法规

签订建设工程合同是招投标工作结束的标志，也是工程建设项目从准备阶段转入实施阶段的分水岭，而工程建设实施阶段需要依据工程建设标准进行，因此本篇首先介绍建设工程合同的订立与效力、履行与担保、违约责任、索赔及工程建设标准。

工程勘察设计是工程建设实施阶段的首要环节。本篇在简要介绍有关工程勘察设计法规基本知识的基础上，着重介绍国家对工程勘察设计单位资质、勘察设计人员资格、勘察设计市场经营的规定。

工程建设施工准备是工程建设实施阶段的第二个环节，它是位于工程勘察设计之后、正式施工建设之前的一个重要阶段。因为现代建筑施工是一项十分复杂的生产活动，它不但需要耗用大量材料、使用许多机具设备，而且还要通过办理工程许可证、签订劳动合同、办理工程保险、做好各项环境保护、建筑工程的消防安全、税收征纳工作等活动来处理各种复杂的关系，可谓涉及面广、情况繁杂、千头万绪。如事先全面细致地做好施工准备工作，则对调动各方面的积极因素，合理组织人力、物力，加快施工进度，提高工程质量，提高经济效益，都会起到重要的作用。为此，在本篇中将介绍与该阶段工作相关的法律法规。

工程建设施工阶段是工程建设实施阶段的第三个环节，在该阶段涉及一系列相关管理法规。其中，工程建设施工的质量和安全是重中之重，是工程建设各相关方的共同责任。为此，针对工程建设质量管理，围绕《工程建设质量管理条例》着重讨论工程建设质量管理的基本制度、工程建设各方的质量责任和义务及工程质量的监督管理；针对工程建设安全生产管理，围绕《建设工程安全生产管理条例》着重讨论工程建设安全生产管理的基本制度、工程建设各方安全生产管理的主要责任和义务、安全生产的监督管理与责任事故处理。最后，大致介绍我国建设工程监理制度的有关内容。

建设工程纠纷的处理是工程建设实施的最后一个环节，在整个工程建设实施阶段，特别是在工程施工过程中，很难避免出现建设工程纠纷，对于它的处理，国家制定了相应的法律法规。本篇在介绍建设工程中常见纠纷的基础上，重点介绍各种常见纠纷的成因和防范措施，也阐述了对建设工程纠纷处理的四种基本形式及其特点，以及仲裁和诉讼的程序。最后，从建设工程纠纷中证据的重要性入手，具体介绍证据的种类、证据的收集和保全、证据的提供和应用。

第四章　建设工程合同法规与工程建设标准

【本章职业能力目标】

在实际工作中，能正确订立建设工程合同，并能正确履行合同、进行合同担保，能分析、判断建设工程合同的违约责任，具有依法进行索赔的能力，并能依据工程建设标准进行工程建设，并具有获取相关职业资格的能力。

【知识目标】

1. 了解建设工程合同的概念、分类及订立的基本原则、违约责任的概念及归责原则、建设工程合同索赔的概念及分类；

2. 熟悉建设工程合同的主要条款、可撤销合同及效力待定合同的有关规定、建设工程合同担保的形式、建设工程合同索赔的原因及依据、工程建设标准分类；

3. 掌握建设工程合同订立的程序、建设工程合同生效要件及无效合同的认定与处理、建设工程合同的履行及履行中的抗辩权、建设工程合同的变更、转让和终止、违约责任的承担方式及免责的规定、建设工程合同索赔的程序。

本章重点：建设工程合同的订立与效力。
本章难点：建设工程合同的履行与担保。

第一节　建设工程合同的订立与效力

一、建设工程合同的订立

（一）合同及合同法

1. 合同、合同法的概念

合同也称契约，是指平等主体的自然人、法人、其他组织之间设立、变更、终止民事权利义务关系的协议。

合同法是调整平等主体之间合同关系的法律规范的总称。

我国现行的《中华人民共和国合同法》（以下简称《合同法》）是于1999年3月15日经九届人大二次会议通过，并于同年10月1日施行，原来的《经济合同法》、《涉外经济合同》和《技术合同法》同时废止。

2. 合同法的适用范围

我国《合同法》第2条明确规定："本法所称合同是平等主体的自然人、法人、其他组织之间设立、变更、终止民事权利义务关系的协议。婚姻、收养、监护等有关身份关系的协议，适用其他法律的规定。"该条明确规定了我国《合同法》的适用范围，《合同法》调整的是平等主体之间的民事关系。在此需注意的是,政府的经济管理活动,属于行政管理关系,不是民事关系,不适用《合同法》;企业、单位内部的管理关系,不是平等主体间的关系,也不适用《合同法》;有关婚姻、收养、监护等有关身份关系的协议,虽然是平等主体间的关系,但也不适用《合同法》的规定,由其他法律调整。

(二)建设工程合同的概念及分类

1. 建设工程合同的概念

建设工程合同也称建设工程承发包合同,是指由承包人进行工程建设,发包人支付价款的合同。具体地说,是建设单位(业主)与施工单位(承包商)为了完成商定的工程建设项目,明确规定当事人双方权利和义务关系的协议。

2. 建设工程合同的分类

1)按照承发包的内容分

(1)建设工程勘察、设计合同

建设工程勘察、设计合同,是指委托方与承包方为完成特定的勘察、设计任务,明确相互之间权利和义务关系的协议。建设单位或者建设工程承包单位称为委托方,勘察设计单位称为承包方。

(2)建设工程施工合同

建设工程施工合同是发包方(建设单位或总包单位)和承包方(施工单位)为了完成特定的建筑安装工程任务、明确相互之间权利和义务关系的协议。建设工程施工合同是建筑、安装合同的总称。

2)按照承发包方式的不同分

(1)工程项目总承包合同

它是指建设单位将工程包括工程设计、施工、材料和设备采购等一系列工作全部发包给一家承包单位,由其进行实质性的设计、施工和采购工作,最后向建设单位交付具有使用功能的工程项目。但这种模式发包的工程主要为"交钥匙工程"。一般适用于简单、明确的常规型工程。

(2)单位工程施工承包合同

它是指在一些大型、复杂的建设工程中,发包人可以将专业性很强的单位工程发包给不同的承包商,与承包商分别签订土木工程施工合同、电气机械工程承包合同,这些承包商之间为平行关系。这是最常见的工程承包合同。

(3)工程项目总承包管理合同

工程项目总承包管理即CM承包方式,是指建设单位将项目设计和施工的主要部分发包给专门从事设计和施工组织管理工作单位,再由后者将其分包给若干家设计、施工单位,并对它们进行项目管理。

(4)分包合同

它是指总承包人或分项承包人在与发包人签订了总承包合同或分项工程承包合同后,经发包人同意,再将其所承包的工程的一部分或者全部交给第三人承包完成而签订的合同。分包合同与总包合同是不可分离的。

分包合同的当事人是总承包人与分承包人,分承包人一般不与发包人产生直接的法律关系,总承包单位和分包单位就分包工程对发包单位承担的是连带责任。对于建设工程的肢解承包、转包及分包后再分包这几种承包方式,均为我国法律所禁止。

(5)BOT承包合同

它是指由政府或政府授权的机构授予承包商在一定的期限内，以自筹资金建设项目并自费经营和维护，向东道国出售项目产品或服务，收取价款或酬金，期满后将项目全部无偿移交东道国政府的工程承包模式。

3)按照承包工程计价方式分类分

(1)固定价格合同

这种合同的工程价格在实施期间不因价格变化而调整。在工程价格中应考虑价格风险因素并在合同中明确固定价格包括的范围。

(2)可调价格合同

这种合同的工程价格在实施期间可随价格变化而调整，调整的范围与方法在合同中约定。

(3)工程成本加酬金合同

这种合同的工程成本按现行计价依据以合同约定的办法计算，酬金按工程成本乘以通过竞争确定的费率计算，从而确定工程竣工结算价。

(三)建设工程合同订立的形式、原则

1. 建设工程合同订立的形式

合同的订立，是指两个或者两个以上的当事人通过协商，依法就合同的主要条款达成一致协议的法律行为。订立合同的形式，是合同双方当事人之间确定相互权利和义务的方式，是双方当事人意思表示一致的外在表现。

我国法律规定，建设工程合同应当采用书面形式，应以招标的方式订立。

《合同法》规定，法律、行政法规规定或者当事人约定采用书面形式订立合同，当事人未采用书面形式但一方已经履行主要义务，对方接受的，该合同成立；采用合同书形式订立合同，在签字或者盖章之前，当事人一方已经履行主要义务，对方接受的，该合同成立。在上述两种情况下，合同均不具备应具备的书面形式，但可以通过当事人的行为推定合同成立。

【案例4-1】

建设工程合同的订立形式

某县级市要承包一批参观团接待任务，但该市现有的饮食服务设施不能满足需要，市饮食服务公司遂决定将工程承包给某建筑公司。由于工期紧，任务重，加上市里领导的亲自干预，建筑公司与服务公司未正式签订建设工程承包的书面合同，便开始投入施工。施工期间，服务公司由于资金紧张只拨给建筑公司一部分工程款，而建筑公司以大局为重，利用自有资金如期完成了工程建设任务，并通过了服务公司的检查验收，服务公司也及时支付了余下的工程款。

请分析，该建筑公司与市饮食服务公司之间是否存在合同关系？

【评析】

该建筑公司与市饮食服务公司之间存在合同关系。本案中，建筑公司与服务公司虽未正式签订建设工程承包的书面合同，但建筑公司已实际完成了约定的建设工程，服务公司也已实际验收了该工程并支付了工程款，即双方当事人已经履行了主要义务，并且双方对此建设工程承包行为无异议，因此该合同成立。

2. 建设工程合同订立的原则

1)平等原则

平等原则,是指合同的当事人,不论其是自然人,还是法人,也不论其经济实力的强弱或地位的高低,它们享有独立的法律人格,在法律上的地位一律平等,任何一方都不得把自己的意志强加给对方。

2)自愿原则

自愿原则,是指合同当事人能充分、自主地根据自己的内心意愿设立、变更和终止债权债务关系。

3)公平原则

公平原则,是指合同当事人应依据社会公认的公平观念,确定各方的权利和义务,使一方享有的权利与其所承担的义务大体相当。

公平原则以利益均衡作为价值判断标准,依此来确定合同当事人的民事权利、民事义务及其承担的民事责任。

4)诚实信用原则

诚实信用原则,是指合同当事人在行使权利、履行义务时,本着诚实、善意的态度,恪守诺言、诚实不欺,不得滥用权利,也不得规避法律或合同规定的义务。

5)遵纪守法、不得损害社会公共利益的原则

当事人订立、履行合同,应当遵守法律、行政法规,尊重社会公德,不得扰乱社会经济,损害社会公共利益。

(四)建设工程合同订立的程序

《合同法》规定:"当事人订立合同,采取要约和承诺方式。"即合同的订立包括要约与承诺两个步骤,而建设工程合同的签订有其特殊性,需要经过要约邀请、要约、承诺三个步骤。

1. 要约邀请

要约邀请是希望他人向自己发出要约的意思表示。例如,寄送的价目表、拍卖公告、招标公告、招股说明书、商业广告等为要约邀请。在合同法中,要约邀请行为不属于订立合同的行为,一般没有法律约束力。在建设工程合同签订程序中有一个显著的特点:受要约人(承诺人)是特定的,而要约人是不特定的。

2. 要约

1)要约的概念

所谓要约,是指希望和他人订立合同的意思表示。发出要约的当事人称为要约人,要约所指向的相对方称为受要约人。要约是要约人以签订合同为目的而向特定的相对人发出的一种意思表示。因此,要约应具备以下条件:

(1)内容具体确定,并应包括合同应具备的主要条款;

(2)表明经受要约人承诺,要约人即受该意思表示约束。

我国《合同法》规定,要约到达受要约人时生效。要约具有法律约束力,要约生效后,要约人不得擅自撤回或更改要约内容。

【案例 4-2】

要约和要约邀请的区别

甲公司向包括乙公司在内的十余家公司发出关于某建设项目的招标书。乙公司在接到招标书后向甲公司发出了投标书。甲公司经过决标，确定乙公司中标，并向其发出中标通知书。

请分析，甲公司发出招标书和乙公司发出投标书行为的性质。

【评析】

甲公司发出招标书的行为在性质上属于要约邀请；乙公司发出投标书行为在性质上属于要约。

因为甲公司发出招标书的行为是希望收到招标书的公司能够向自己发出要约的意思表示，故属于要约邀请；而乙公司发出投标书行为是希望能够和甲公司订立合同的意思表示，故属于要约。

2）要约的撤回、撤销与失效

要约的撤回，是指要约人在要约发出以后，生效之前，使要约不发生法律效力而取消要约的意思表示。我国《合同法》规定，要约可以撤回，撤回要约的通知应当在要约到达受要约人之前或者与要约同时到达受要约人。

要约撤销，是指要约在发生法律效力之后，要约人欲使其丧失法律效力而取消该项要约的意思表示。撤销要约的通知应当在受要约人发出承诺之前到达受要约人。但有下列情形之一的，要约不得撤销：

（1）要约中规定了承诺期限或者以其他形式明示要约是不可撤销的；

（2）受要约人有理由认为要约是不可撤销的，并已经为履行合同作了准备工作。

要约的失效，是指要约丧失了法律拘束力。要约失去效力后，要约人不再受要约的约束，受要约人也终止了承诺的权利。我国《合同法》规定，要约失效主要有以下几种情况：

（1）拒绝要约的通知到达要约人；

（2）要约人依法撤销要约；

（3）承诺期限届满，受要约人未作出承诺；

（4）受要约人对要约的内容作出实质性变更。

【案例 4-3】

要约的生效、撤回与撤销

某装潢公司向甲公司发出购买装饰材料的要约，称对方如果同意该要约条件，请在10日内予以答复，否则将另找其他公司签约。第3天正当甲公司准备回函同意要约时，该装潢公司又发一函，称前述要约作废，已与乙公司签订合同，甲公司认为10日尚未届满，要约仍然有效，自己同意要约条件，要求对方遵守要约。

请分析，该装潢公司的要约是否生效？要约能否撤回或撤销？

【评析】

《合同法》规定:“要约到达受要约人时生效”。该装潢公司发出的要约已经到达受要约人,所以该装潢公司的要约已经生效。

根据《合同法》的规定,在要约生效前,要约可以撤回。但由于该装潢公司发出的要约已经生效,因此不能撤回。要约人在要约生效后,受要约人承诺前,可以撤销要约。但《合同法》规定,要约中规定了承诺期限或者以其他形式表明要约是不可撤销的,则要约不能撤销。本案中,该装潢公司的要约称对方如果同意该要约条件,请在10日内予以答复,属于要约中明确规定了承诺期限,所以不得撤销。

3. 承诺

1)承诺的概念

承诺也称接受,是指受要约人同意要约的意思表示,承诺生效时合同成立。

《合同法》规定:“承诺的内容应当与要约的内容一致。受要约人对要约的内容作出实质性变更的,为新要约。有关合同的标的、数量、质量、价款或者报酬、履行期限、履行地点和方式、违约责任和解决争议方法等的变更,是对要约内容的实质性变更。”我国《合同法》还规定:“承诺对要约的内容作出非实质性变更的,除要约人及时表示反对或者要约表明承诺不得对要约的内容作出任何变更的以外,该承诺有效,合同的内容以承诺的内容为准。”

2)承诺的方式、生效及撤回

承诺应当以通知的方式作出,但根据交易习惯或者要约表明可以通过行为作出承诺的除外。承诺应当以明示(作为)的方式作出,缄默或者不作为不能视为承诺。

承诺必须在要约规定的有效期限内向要约人提出,而承诺生效的时间就是要约人收到承诺的时刻。在建设工程合同订立的过程中,发包方向承包方发出的中标通知书即是一种承诺。我国《合同法》规定:“承诺生效时合同成立。”一般情况下,都是承诺到达要约人时生效,合同也随之成立。

承诺的撤回,是指受约人在发出承诺通知以后,在承诺正式生效之前撤回其承诺。我国《合同法》规定:“承诺可以撤回。撤回承诺的通知应当在承诺通知到达要约人之前或者与承诺通知同时到达要约人。”

案例

【案例4-4】

承诺的生效

甲建筑公司向乙水泥厂发出购买水泥的要约,称如果对方同意其条件,将答复意见发至其电子邮箱中,乙水泥厂应约将承诺发至其邮箱中,即开始准备履行合同。但是甲建筑公司经办人却因为在外开会,一直未打开邮箱查看,致使甲建筑公司以为乙水泥厂未做承诺。1个月后,当乙水泥厂要求甲建筑公司履行合同义务时,甲建筑公司称双方并未签订合同,故没有履行义务。

请分析,甲建筑公司与乙水泥厂之间是否存在合同关系?

【评析】

甲建筑公司与乙水泥厂之间存在合同关系。根据《合同法》的规定，承诺生效时合同成立。承诺通知到达受要约人时生效。采用数据电文形式订立合同的，数据电文进入收件人指定的系统时间视为到达时间。故乙水泥厂应约将承诺发至甲建筑公司指定的邮箱中，承诺即生效，合同就成立，甲建筑公司与乙水泥厂之间存在合同关系。

（五）建设工程合同的主要条款

建设工程合同应当具备一般合同的条款，如发包人、承包人的名称、住所，标的，数量，质量，价款，履行方式、地点、期限，违约责任，解决争议的方法等。由于建设工程合同的特殊性，法律对建设工程合同中的某些条款作出了明确或特殊的规定，成为建设工程合同中不可缺少的条款。

1. 建设工程勘察、设计合同的主要条款

（1）工程概况、工程名称、地点、规模；

（2）发包方提供的资料的具体内容、技术要求和期限；

（3）承包方勘察的范围、进度和质量，设计阶段的进度、质量和设计文件的份数及交付的日期；

（4）勘察设计的收费依据、收费的标准及支付的方法；

（5）双方当事人的权利和义务；

（6）违约责任；

（7）争议的解决方式；

（8）其他的约定内容。

2. 建设工程施工合同的主要条款

（1）工程范围；

（2）建设工期，即全部建设工程的开工和竣工日期；

（3）中间交工工程的开工和竣工日期；

（4）工程质量；

（5）工程造价；

（6）技术资料交付时间；

（7）资料和设备供应责任；

（8）拨款和结算，即承包工程的预付款、工程进度款及工程决算的支付时间与方式；

（9）竣工验收；

（10）质量保修范围和质量保证期；

（11）双方相互协作条款。

（六）建设工程合同的权利和义务

1. 建设工程勘察、设计合同当事人的权利和义务

1）建设工程勘察、设计合同发包方的主要义务

（1）发包方应该向工程勘察项目的承包方提供勘察范围图和建筑平面布置图，提供勘察

技术要求及附图;向工程设计承包方提供设计任务书、选址报告、满足初步设计要求的勘察资料,以及经过批准的资源、燃料、水电、运输等方面的协议条件;

(2)向勘察设计项目的承包方提供必要的生活和工作条件;

(3)负责勘察现场的通水、通电、通路和场地的平整工作;

(4)及时向有关部门申请取得各个设计阶段的批准文件,明确设计的范围和深度;

(5)尊重勘察设计方的勘察设计成果,不得私自修改,不得转借他人;

(6)合同中含有保密条款的,发包方应该承担设计文件的保密责任;

(7)按照规定或者合同的约定给付勘察、设计费用。

2)建设工程勘察、设计合同承包方的主要义务

(1)按照勘察设计合同的要求向委托方按时提交勘察成果和设计文件;

(2)初步设计经过上级主管部门审查以后,在原定任务书范围内的必要的修改由承包方负责,承包方对于勘察工作中的遗漏事项应该及时进行补充勘察并且自行承担补充勘察的相关费用;

(3)对勘察设计的成果负有瑕疵担保义务;勘察人、设计人对于自己提交的工作成果质量应该承担担保责任;无论工程建设进入到何种阶段,只要发现属于勘察人、设计人的勘察设计成果的质量瑕疵而引起工程返工、窝工、建设费用增加的,都应该由勘察设计人来承担相应的损失;

(4)承包方对自己所承担设计任务的建设项目应该配合施工,进行施工前设计技术交底,解决施工中的有关设计问题,负责设计变更和修改预算,参加试通车考核和隐蔽工程以及工程竣工验收,必要时还应该派现场代表。

2. 建设工程施工合同当事人的权利和义务

1)建设工程施工合同发包方的主要义务

(1)办理土地的征用,青苗树木的赔偿,房屋的拆迁,清除地面、架空和地下障碍等前期工作,使施工场地具备施工条件,并在开工后继续负责解决以上事项的遗留问题;

(2)将施工所需要的水、电、电讯线路从施工场地外部接至合同所约定的地点,并保证施工的正常需要;

(3)开通施工场地和外界公共道路的通道,以及合同所约定的内部交通干道,并应该保证畅通,满足施工过程的运输需求;

(4)向承包方提供施工场地的工程地质及地下的管网线路资料,保证数据的真实准确,以保证施工的需要;

(5)办理施工所需要的各种证件、批件和临时用地、占道及铁路专用线的审批手续(证明承包商自身资质的证件除外);

(6)将水准点与坐标控制点以书面形式交给承包方,并进行现场交验;

(7)组织承包商与设计单位进行图纸会审,向承包商进行设计交底;

(8)协调处理对施工现场周围地下管线和邻近建筑物、构筑物的保护,并应该承担相关的费用。

发包方如果不按照约定完成上述的工作造成工程延误,应该承担由此造成的经济支出,赔偿承包方的经济损失,工期也应该相应的顺延。

2)建设工程施工合同承包方的主要义务

(1)在设计证书允许的范围内,按照发包方的要求完成施工组织设计或者与工程配套的

设计,经发包方批准后方可使用;

(2)向发包方提供工程进度计划(年、季度、月份计划)及相应进度的统计报表和工程事故报告;

(3)按照工程的需要提供和维修非夜间施工使用的照明、看守、围栏和警卫等,如果承包方没有履行上述义务造成工程、财产及人身的伤害,由承包方承担相应的经济责任;

(4)遵守地方政府和有关部门对施工场地交通和施工噪声等的相关管理制度,经过发包方同意以后办理有关手续,发包方承担相关的费用,但是由于承包方自身原因导致的罚款应该自行承担;

(5)按照协议条款约定的数量和标准,向发包方提供施工现场所需要的办公和生活所用房屋和设施,所需要的费用由发包方承担;

(6)已经竣工的工程在没有验收交付之前,承包方应该按照合同约定负责保护工作,保护期间发生毁损,承包方自费修复;要求承包方采取特殊措施保护的单位工程部位和相应的经济支出,在合同内约定;发包方提前使用工程的,发生毁损的修复费用,由发包方承担;

(7)按照合同的约定做好施工现场的地下管线和邻近建筑物、构筑物的保护工作;

(8)保证施工现场清洁符合有关规定,交工前应该清理现场达到合同的要求,承担因为违反有关规定造成的损失和罚款(合同签订后颁发的规定和由于非承包方原因造成的损失和罚款除外)。如果承包方不履行上述义务,应该对发包方的损失予以经济赔偿。

(七)缔约过失责任

1. 缔约过失责任的概念

缔约过失责任,是指在合同订立过程中,一方因违反诚实信用原则所生的义务,给对方造成损失所应承担的损害赔偿责任。

2. 缔约过失责任的表现情形

我国《合同法》中规定,出现下列情况时,当事人应承担缔约过失责任:

(1)假借订立合同,恶意进行磋商;

(2)故意隐瞒与订立合同有关的重要事实或者提供虚假情况;

(3)泄露或不正当使用在订立过程中知悉的对方的商业秘密;

(4)其他违背诚实信用原则的行为。这些行为包括:擅自变更、撤回要约;违反已签订的意向书;违反附随义务;未尽通知义务;合同无效和被撤销;无权代理等。

【案例4-5】

案例

缔约过失责任的承担

某建筑公司是某建材公司的长期客户,某建筑公司致函某建材公司,要求按去年的价格与其再签一份购销合同,并称如其同意,双方派代表于10日后在A地签订合同。该某建材公司顾及到其是老客户,遂拒绝了其他客户的要求,并于接函次日,即回电称愿与该建筑公司签订合同,但考虑到今年建材价格可能会上涨,又在电话中称“至于货物的价格于签订正式合同时再行协商”。但由于该建筑公司后来又找到了一家条件更优惠的建材公司供货,所以10日后其并没有派人到A地与该建材公司代表签订合同。由于该建材公司已经为履约作了准备工作,因此建筑公司拒绝签订合同的行为给其造成了很大损失,于是该建材公司一怒之下将建筑公司告上法庭,要求其赔偿自己为缔约而进行磋商所支出的费用、拒绝其他客户所丧失的商业机会及为履约作准备而支出的费用等。

请分析,该建筑公司与某建材公司之间是否存在合同关系?该建筑公司是否应该对此承担相关责任?

【评析】

该建筑公司与某建材公司之间不存在合同关系。根据《合同法》的规定,要约到达受要约人时即生效,因此建材公司收到建筑公司的函件时,要约已经生效。从建材公司收到函件次日即回电话,并拒绝其他客户的缔约要求,并积极地进行磋商,积极地为履约作准备的行为中可以看出建材公司已对缔约对方当事人产生了信赖利益,后因建筑公司违背了诚实信用原则而使缔约目的落空,使对方当事人(建材公司)的信赖利益受到损害,因此建材公司要求该建筑公司赔偿损失的行为理应受到法律的支持,并且建筑公司对其违背要约内容并损害对方当事人利益的行为当然应负缔约过失责任。

二、建设工程合同的效力

(一)合同的生效

1. 合同的成立与效力概述

合同的成立,是指合同当事人就合同的主要条款达成合意,即双方当事人意思表示一致。

合同的效力,是指合同是否有效。合同生效是指已成立的合同在当事人之间产生了一定的法律约束力,即法律效力。我国《合同法》对合同的效力规定了四种情况:依法成立的有效合同;无效合同;可撤销合同;效力待定合同。

2. 建设工程合同生效要件

合同生效的一般标准是行为人具有相应的民事行为能力、意思表示真实、不得违反法律和社会公共利益,这是衡量建设工程合同是否生效的基本依据。但基于建设工程合同的特殊性,还应具备以下条件。

(1)当事人除了具有民事行为能力外,还必须具有与签订建设工程合同相适应的缔约能力。

建设工程合同的发包人,可以是法人、其他经济组织和进行住宅建造的公民个人。但作为承包人的资格,除持证上岗的个体工匠依法可承揽二层以下简易建筑的施工任务之外,任何公民个人不得成为建设工程合同的承包方;承揽建设工程任务的企业法人和其他经济组织必须具有从事勘察、设计、建筑和安装活动相适应的资格。这里所称的资格,是指经建设行政主管部门核定的具有从事相应建筑活动的资质等级。

(2)不违反建设工程的基本建设程序,即工程项目实施建设的法定程序。

这是判断建设合同效力的重要标准。例如,设计任务书被批准是签订勘察合同、设计合同的基本依据;而建筑安装承包合同,还必须经过报建、施工招标投标程序才能签订。

【案例4-15】

合同的解除

某酒店因生意兴隆，拟重新装修，扩大经营。2002年2月，该酒店和某装修公司签订了一份装修合同，合同规定，2002年2月10日开始动工，2002年4月20日完工。但至合同约定的履行时间，装修公司迟迟没有派人来。原来，装修公司承揽的业务太多，一时人手不够，想与该酒店更改合同履行时间，但又担心酒店因此而解除合同，故一直隐瞒，并找各种借口推延。酒店多次催促，但装修公司一直未来，酒店为了尽快完成装修，于2000年3月10日通知装修公司，解除合同，并与另一装修公司订立装修合同。但完工期推迟了一个多月，酒店原拟于2002年5月1日对外营业的计划也流产。事后，酒店起诉装修公司并要求其承担赔偿责任。

请分析，该酒店是否有权解除合同？

【评析】

根据《合同法》规定，"当事人一方迟延履行主要债务，经催告后在合理期限内仍未履行"或"当事人一方迟延履行债务或者有其他违约行为致使不能实现合同目的"，对方可以解除合同。本案中，装修公司迟迟不履行合同义务，因此该酒店享有单方合同解除权，并履行了单方解除的通知义务。若装修公司有异议，可以请求人民法院或者仲裁机构确认解除合同的效力。

二、建设工程合同履行的担保

担保是债权人与债务人或者第三人根据法律规定或者合同约定而实施的，以保证债权得以实现为目的的民事法律行为。合同履行的担保，是保证合同履行的一项法律制度，是合同当事人为全面履行合同及避免因对方违约而遭受损失而设定的保证措施。合同履行的担保是通过签订担保合同，包括当事人之间具有担保性质的信函、传真等或是在合同中设立担保条款来实现的。担保合同是从合同，被担保合同是主合同，主合同无效，担保合同无效。担保合同将随着被担保合同的履行而消灭。当被担保人不履行其合同义务且不承担相应责任时，担保人则应承担其担保责任。《中华人民共和国担保法》（以下简称《担保法》）规定的合同的担保方式包括保证、抵押、质押、留置和定金等五种方式，而建设工程合同采用的担保形式主要有保证、抵押、留置、定金四种方式。

（一）保证

所谓保证，是指由债务人以外的第三人为债务人的债务履行作担保，当债务人不履行债务时，由第三人按照约定履行债务或者承担责任的行为。其中，为债务人的债务履行作担保的第三人称为保证人；被担保的债务人称为被保证人。

保证分为一般保证和连带责任保证。

一般保证，是指当事人在保证合同中约定，债务人不能履行债务时，由保证人承担一般保证责任的保证方式。一般保证的保证人在合同纠纷未经审判或仲裁，并在债务人财产依法强制执行仍不能清偿债务前，对债权人可拒绝承担保证责任。但是，债务人住所变更，致使债权人要求其履行债务发生重大困难；或者法院受理债务人破产案件，中止执行程序的；或者保证人以书面形式放弃先诉抗辩权的，保证人应承担保证责任。一般保证人只为违约责任的第二履行人，而被保证人为违约责任的第一履行人。

连带责任保证，是指当事人在保证合同中约定由保证人与债务人对债务承担连带清偿责任的一种保证方式。连带责任保证是指在被保证人履行债务之前，债权人就可以要求保证人承担保证责任，即保证人和被保证人对违约行为承担连带责任，他们同为第一履行人。

当事人如果在保证合同中，对保证方式没有约定或者约定不明确的，则按连带责任保证承担保证责任。

我国《合同法》规定，具有代为清偿债务能力的法人，其他组织或者公民可以作为保证人。除经国务院批准，为使用外国政府或国际经济组织贷款进行转贷担保外，国家机关不得作为保证人；学校、幼儿园、医院等以公益为目的的事业单位、社会团体不得作为保证人；企业法人的分支机构、职能部门不得作为保证人，但企业法人的分支机构有法人书面授权的，可以在授权范围内提供保证。

（二）抵押

所谓抵押，是指合同当事人一方或者当事人以外的第三人向另一方当事人提供一定的财产作为抵押，以保证合同履行的担保方式。在抵押法律关系中，提供财产的债务人或者第三人称为抵押人；债权人享有的当债务人不履行债务时以变卖抵押物优先受偿的权利称为抵押权；享有抵押权的债权人称为抵押权人。当债务人不履行债务时，债权人有权依法以该财产折价或者以拍卖、变卖该财产的价款优先受偿。

抵押是一种非常受欢迎的担保方式，它能比较充分地保障债权人的利益。采用抵押担保时，抵押人和抵押权人应以书面形式订立抵押合同。抵押人必须对抵押物依法享有所有权或处分权，抵押物必须是法律所不禁止抵押的财产。我国《担保法》规定，抵押物为土地使用权、城市房地产、林木、乡镇企业的厂房、航空器、船舶、车辆、企业的设备和其他动产的，应到相关部门办理抵押物登记手续，否则，抵押合同无效。

（三）留置

所谓留置，是指债权人按照合同约定占有债务人的动产，债务人不按照合同约定的期限履行债务的，债权人有权扣留该动产，以该动产折价或者以拍卖、变卖该动产的价款优先受偿的一种债权担保方式。

留置这种担保方式只能用于一方已事先合法占有了对方财产的特定情况，因此它常用于仓储保管合同，来料加工、来件装配、加工定做等承揽合同及货物运输合同中。建设工程施工时，在竣工验收交付使用前，工程由承包方负责看管。从法律上看，承包方也是事先合法掌握了发包方的财产，但由于建设工程对社会影响巨大，长期以来我国法律并未认可承包方的留置权。1999 年 10 月 1 日生效的《合同法》规定：“发包人未按照约定支付价款的，承包人可以催告发包人在合理期限内支付价款。发包人逾期不支付的，除按照建设工程的性质不宜折价、拍卖的以外，承包人可以与发包人协议将该工程折价，也可以申请人民法院将该工程依法拍卖。建设工程的价款就该工程折价或者拍卖的价款优先受偿。”这就从法律上赋予了建设工程承包人享有工程价款的优先权。

【案例 4-16】

承包方对建筑物的优先权

某市新世界房地产公司与欧典建筑公司签订了一份建筑工程合同。合同约定,由欧典建筑公司负责承建一批商品房,建筑面积4000m^2,工程价款决算为600万元人民币。合同规定:新世界房地产公司预付工程价款的20%,并提供设计图样及各种技术指标和内部设施计划,欧典公司包工包料,按照合同约定日期交付验收技术资料;任何一方不按照合同约定履行义务的,要支付工程造价5%的违约金。合同正式签订后,双方依约履行,工程施工进展顺利。欧典建筑公司按期完成这批商品房屋建设任务。该工程验收合格后,新世界房地产公司却提出资金不足暂无法支付工程款。经欧典建筑公司再三催促,新世界房地产公司仍未支付。在迫不得已的情况下,欧典建筑公司向法院提起诉讼,要求拍卖这批商品房,以拍卖所得支付工程款。

【评析】

《合同法》第286条规定:"发包人未按照约定支付价款的,承包人可以催告发包人在合理期限内支付价款。发包人逾期不支付的,除按照建设工程的性质不宜折价、拍卖的以外,承包人可以与发包人协议将该工程折价,也可以申请人民法院将该工程依法拍卖。建设工程的价款就该工程折价或者拍卖的价款优先受偿。"这就从法律上充分肯定了建设工程承包方的留置权。

优先受偿权又称优先权,是指由法律规定的特定债权人就债务人的全部财产或特定财产优先受偿的权利。优先权作为一种担保物权,除了具有担保物权的从属性、物上代位性、不可分性等一般特征外,与其他担保物权相比,具有以下几个方面的不同点:

(1)优先权是法定担保物权,它的设定是基于法律的直接规定,而不允许当事人任意创设。

(2)优先权是无须公示的担保物权。民法上担保物权的设定,均需要以公示为生效要件,如抵押权以登记为公示,质押以交付占有为公示,否则担保物权不成立或不能产生对抗第三人的效力。而优先权基于其权利的法定性,既无须登记,也无须以占有债务人的财产为公示要件。

(3)优先性的受偿顺序依照法律的规定进行。当同一物之上发生优先权与其他担保物权的竞合时,各项权利之间按法定顺序进行。

按照《合同法》的规定,承包人优先权的行使应当具备以下条件:

(1)承包人必须按照合同规定全部履行了自己的义务,即工程按期完工、质量合格、已经经过竣工验收。如果工程存在质量问题或未按期竣工,即承包人存在违约行为,发包人拒绝付款的,承包人不得行使优先权。

(2)承包人在发包人未按照合同约定支付工程款时,一般应当先行催告,要求发包人在合理期限内支付工程款,发包人在催告期限届满后仍不付款的,承包人可以行使优先权。

(3)优先权的实现方式有以下两种:

①协议方式,即承包人与发包人协议将工程折价,工程款以折价价款优先受偿;

②拍卖方式,即由承包人向人民法院申请依法将工程拍卖,承包人就该工程拍卖所得价款优先受偿。

(4)优先权的行使是有限制的,即并非所有建设工程合同的承包人都能行使优先权。因建设工程的性质不宜折价、拍卖的特殊工程及保密工程,承包人不得行使优先权,如政府办公楼、高速公路、铁路、桥梁等。

本案中,建设工程发包人新世界房地产公司在承包人欧典建筑公司如约履行建设工程承包合同,按期保质完成商品房施工并经验收合格后仍然不支付工程款,其行为已构成违约,欧典公司在多次催讨要后可依法行使承包人优先权。后在法院的调解下,当事人双方达成协议,将竣工的商品房交付拍卖人进行拍卖,承包人就拍卖价款优先受偿。

(四)定金

所谓定金,是指合同当事人一方为保证合同的履行,在合同成立后、履行前预先向对方当事人交付一定数额的货币。

债务人履行债务后,定金应当抵作价款或者收回。给付定金的一方不履行约定的债务的,无权要求返还定金;收受定金的一方不履行约定的债务的,应当双倍返还定金。定金应当以书面形式约定。当事人在定金合同中应当约定交付定金的期限。定金合同从实际交付定金之日起生效,定金的数额由当事人约定,但不能超过主合同标的额的20%。

定金与预付款不同,预付款是合同当事人一方为履行付款义务而预先向对方当事人支付一定数额的款项,只是起资助作用。无论哪一方违约,都不得采取扣留预付款或要求双倍返还预付款的行为。

定金也不同于违约金,定金是合同的一种担保方式,而违约金只是对违约的一种制裁手段,违约金并不事先支付,被违约方只能通过事后请求支付的方式才能真正获得。

在建设工程勘察和设计合同中,通常都采用定金这种担保方式。

案例

【案例4-17】

合同解除权形式的程序和效力

1993年10月23日,原告山西泰丰大酒店有限公司(以下简称泰丰公司)与被告大同市土地管理局(以下简称大同市土地局)依据《中华人民共和国城镇土地使用权出让和转让暂行条例》的有关规定,经协商一致签订了《国家土地使用权出让合同》,大同市土地局将位于大同市城区鼓楼西北角面积为8939.77m^{2}的国有土地使用权有偿出让给泰丰公司,使用期40年,土地出让金额为804万元。合同约定:合同签订后30日内,泰丰公司向大同市土地局交付土地使用权出让金总额的15%,计120万余元人民币作为合同的定金;泰丰公司应在签订合同后60日内,支付完全部土地使用权出让金,逾期30日仍未全部支付的,大同市土地局有权解除合同,并可请求泰丰公司赔偿;泰丰公司在向大同市土地局支付全部土地使用权出让金后5日内依照规定办理土地使用权登记手续，领取《中华人民共和国国有土地使用证》取得土地使用权。

合同签订后，原告泰丰公司于1993年12月27日给付被告大同市土地局定金120万余元及土地出让金279万余元，两项合计400万元。1993年12月28日，大同市土地局给泰丰公司核发了8939.77m^2土地的土地使用权证书。后泰丰公司向大同市土地局提出书面申请，称因资金周转困难和冬季无法施工，请求将余款404万余元的付款日期延长至1994年4月1日，泰丰公司未将余款交付大同市土地局，大同市土地局多次催促泰丰公司履行合同，泰丰公司均未履行。1994年9月22日，大同市土地局书面通知泰丰公司，限期于9月30日前全部履行合同，否则将按有关规定处理。泰丰公司接到通知后，自9月30日前仍未履行合同。1994年9月30日，大同市土地局依照《中华人民共和国城镇国有土地使用权出让和转让暂行条例》第44条，决定解除合同，收回土地使用权，所发土地使用权证注销登记，对泰丰公司已支付的定金120万余元和土地出让金279万余元不予退还，大同市土地局将该决定通知书于1994年10月24日送达泰丰公司。泰丰公司再接到通知后，曾于1996年3月、4月在向大同市人民政府的有关请求报告中主张过权利，但均无结果。

为此，泰丰公司以大同市土地局单方撕毁合同为理由，于1997年8月20日向大同市中级人民法院提起诉讼，要求被告大同市土地局退还使用权出让金279万余元，并赔偿因此造成的一切经济损失。

被告大同市土地局答辩称：从1994年4月1日至9月30日，原告泰丰公司应当支付违约金792万余元，再加上剩余款，原告已经无能力履行合同。在这种情况下，我局依据有关规定决定解除合同，已交付的定金及出让金不予退还。

【评析】

泰丰公司与大同市土地局所签订的土地使用权出让合同是一双方面真实意思的表示，且遵循合同订立的法定程序，故而是合法有效的。双方在合同中约定的泰丰公司逾期30日内仍未全部支付土地出让金时，大同市土地局有权解除合同的条款，是关于合同约定的解除的条款，该条款赋予了大同市土地局单方解除权。

大同市土地局所享有的该项约定的解除权，双方当事人未约定行使期限，故而该项权利的消灭或者基于大同市土地局的主动抛弃权利，或者是基于经泰丰公司催告后在合同期限内仍未行使，否则不发生权利消灭的法律效果。至于双方关于延期付款的约定，仅是关于付款期限的变更，对合同解除权的存续并无实质的影响。

延付款期限届满日30后，泰丰公司仍未付清余款的情况下，大同市土地局有权行使解除权解除合同。

合同解除后，定金作为债务履行的担保，其担保的范围不仅限于主债权及其利息，还包括违约金、损害赔偿金和实现债权费用。因而，对于泰丰公司所交付的定金，大同市土地局可以不予退还。

对于泰丰公司交付的土地出让金，大同市土地局应当予以退还，并且应当加算同期银行利息。至于大同市土地局因此所遭受的损失，有权要求泰丰公司予以赔偿。

第三节　建设工程合同的违约责任

一、违约责任的构成要件

（一）违约责任的概念

违约责任,即违反合同的民事责任,是指当事人不履行合同义务或者履行合同义务不符合约定时,依照法律规定或者合同约定所承担的法律责任。当事人双方对违反合同的,应当各自承担相应的责任。

（二）违约责任的构成要件

1)违约行为的存在

违约行为,是指合同当事人不履行或不完全履行合同义务的行为。

2)有损害后果

损害必须是实际已经发生的,尚未发生的损害不能赔偿。损害又必须是可以计算的,只有可以计算的才能赔偿。

3)违约行为与损害后果之间有因果关系

损害后果是由违约行为直接造成的,因果关系不仅决定了违约责任的成立,而且决定了承担违约责任的范围。

（三）违约责任的归责原则

违约责任的归责原则,是指确定违约当事人的民事责任的原则。违约责任必须遵循一定的归责原则来确认违约的构成要件、举证责任、免责事由及损害赔偿范围。

1. 过错责任原则

过错责任原则以过错的存在作为追究违约责任的要件。对于过错的存在采取以下两种方式确认:

(1)适用“谁主张,谁举证”的原则,由权利人举证证明违约当事人存在过错,否则不能追究违约责任;

(2)在特定情况下适用“举证责任倒置的原则”,若有违约行为存在,可推定违约当事人主观上有过错,并可追究当事人的违约责任。违约当事人如欲免除违约责任,必须举证证明自己不存在过错。

2. 严格责任原则

严格责任原则又称无过错责任原则,是指违约事实发生后,确认违约责任主要考虑违约的结果是否因违约方的行为造成,而不考虑违约方的违约是因为故意还是过失造成。从举证方面来看,只要权利方能够证明违约结果是由违约方的违约行为引起,即可要求违约方承担违约责任。

我国《合同法》规定,当事人一方不履行合同义务或者履行合同义务不符合约定的,应当承担继续履行、采取补救措施或者赔偿损失等违约责任。由此可以看出,我国违约责任实行的是严格责任原则。《合同法》虽规定了严格责任原则,但并不排斥过错责任。因此,违约责任以严格责任原则为主，过错责任原则为辅。

（四）违约行为的形态

1. 预期违约

当事人在合同履行期限届满之前，以口头或书面形式明确向对方表示或以自己的行为向对方表明将不再履行合同义务的为预期违约。预期违约的，对方可以在履行期限届满之前要求其承担违约责任。

2. 拒绝履行

拒绝履行，是指在合同履行期到来后，一方当事人无正当理由拒绝履行合同规定的全部义务。

3. 不适当履行

不适当履行，是指当事人虽有履行行为，但不符合合同约定。不适当履行包括：

（1）部分履行行为，如未以合同规定的数量交付货物；

（2）瑕疵履行行为，指履行的标的不符合合同约定的质量要求；可分为违约瑕疵履行和损害瑕疵履行；由于违约瑕疵履行尚未造成人身损害或财产损失，对违约行为可以采取补救措施；而损害瑕疵履行由于已造成人身损害或财产损失，所以违约方还应承担损害赔偿责任；

（3）履行方式不适当，如未按约定的方式交货；

（4）履行地点不适当，如未在合同规定的地点交付货物；

（5）其他行为，如违反告知义务等。

4. 迟延履行

迟延履行，是指合同当事人的履行违反了履行期限的规定，包括债务人给付迟延和债权人受领迟延。

债务人给付迟延是指合同期限届满时未履行债务。如在建设工程勘察、设计合同中，发包方没有依照约定按时为勘察设计人提供勘察、设计必需的资料，没有按时支付勘察设计费等属于延迟履行，作为承包方的勘察、设计人没有按约定的时间及时向发包方提供勘察、设计成果也属于延迟履行。

债权人受领迟延通常是指债权人无正当理由拒不接受债务人的正常履行。如在建设工程施工合同履行中，发包方依照约定向承包方提供建筑材料，承包方因场地缺乏等原因延迟受领；承包方依约完成施工任务，并依照约定向发包方提供了完整的竣工资料和竣工验收资料，发包方没有正当理由，没有依照约定组织竣工验收等也属于受领延迟。债权人受领迟延，债务人不承担迟延履行的责任，如因债权人受领迟延造成债务人损害的，由债权人承担损害赔偿责任。

（五）建设工程合同当事人的违约责任

1. 建设工程勘察、设计合同当事人的违约责任

1）发包方的违约责任

（1）发包方如果没有按照约定履行合同，则无权要求返还定金；

（2）由于变更计划，提供的资料不准确，未按期提供勘察、设计工作必须的资料或工作条件，因而造成勘察、设计工作的返工、窝工、停工或者修改设计时，发包方应该按照承包方实际消耗的工作量增付费用；因为发包人责任造成重大返工或者重做设计时，应该另增加勘察、设

计费用；

(3)勘察、设计的成果按期、按质、按量交付后，发包方没有按照合同规定或者约定的日期交付费用的，应该支付逾期的违约金；支付数额与办法，由双方按照法律规定协商解决；

(4)发包方未能按期接收承包方的工作成果的，应该支付逾期的违约金。

2)承包方的违约责任

(1)承包方如果没有按照约定履行合同，则应该双倍返还定金；

(2)因为勘察、设计质量低劣引起返工，勘察、设计单位应该承担返工所支出的各种费用；

(3)未能按期提交勘察、设计文件，拖延工期造成损失的，由承包方继续完成勘察、设计，承担相应部分的勘察、设计费用，并赔偿拖延工期所造成的损失；

(4)由于勘察、设计错误而造成工程重大质量事故的，承包方除了免收损失部分的勘察、设计费用外，还应该承担一定的赔偿责任。

2. 建设工程施工合同当事人的违约责任

1)发包方的违约责任

(1)未能按照合同的约定履行相应的责任，应该赔偿承包方的经济损失，并且导致工程日期顺延；

(2)建筑工程中途的停建、缓建或者由于设计变更设计错误造成的返工，应该采取措施弥补或者减少损失，同时赔偿承包方因此而产生的损失；

(3)发包方提前使用或者擅自动用没有验收工程的，而发生的质量或者其他问题责任应该由发包方承担；

(4)逾期验收工程的，应该支付违约金；

(5)不按照合同约定拨付款项的，按照银行有关延期付款办法和工程价款结算办法的有关规定处理。

2)承包方的违约责任

(1)所承建工程不符合合同约定的，应该负责无偿的维修或者返工；由于维修或者返工造成逾期交付的，也应该支付违约金；

(2)交付工程的时间不符合合同约定的，也应该支付违约金；

(3)由于承包方的责任，造成发包方提供的材料、设备的丢失或者损坏，应该承担赔偿责任。

案例

【案例4-18】

发包方和承包方各自违约均应承担违约责任

原告：东宇实业公司

被告：某建筑安装公司

一、诉辩主张和事实认定

1985年4月23日，某建筑工程总公司第二建筑队（以下简称建筑队）与东宇实业公司（以下简称东宇公司）签订了由建筑队为东宇公司建筑怀春楼饭庄的建筑工程承包合同。合同规定：全部工程建筑面积为1605m^2，造价估算为50万元；开工日期为1985年5月1日，竣工日期为1985年10月10日。工程造价以1985年预算定额为准，按文件执行。该合同签订后，建筑队又将该工程的建筑任务转包给了板桥建筑队，板桥建筑队遂进场施工。东宇公司于1985年5月6日、7月8日、10月4日分三次共拨给建筑队工程款25万元,建筑队将工程款中的13万元拨给了板桥建筑队。因图纸设计存在问题,以及该工程造价低,工程款不足,板桥建筑队于1985年7月中旬停止施工,以后建筑队进入工地继续施工。但因图纸存在设计问题,建筑队与东宇公司在工程款项、建筑工期等问题上产生分歧,双方协商未能取得一致意见,故建筑队于同年11月停工。

东宇公司遂向法院起诉,要求建筑队赔偿损失。建筑队则辩称:东宇公司提交的设计图纸存有多处错误,我们不得不停工,对此我们不应承担责任。

二、处理理由和处理结果

受诉人民法院经审理查明:承担怀春楼饭庄设计任务的是温阳设计服务中心,该单位成立时未经有关部门批准,不具备设计资格和设计能力,且其为东宇公司设计的怀春楼饭庄的图纸,存在多处设计错误。该法院认为:因东宇公司交给建筑队的图纸存在着设计上的问题,致使工程难以进行,对造成此纠纷东宇公司应负主要责任。建筑队在未取得东宇公司同意的情况下,擅自将工程转包给板桥建筑队,对造成工期的延误及产生纠纷也应负有责任。在法院的主持下,双方自愿达成如下协议:

(1)双方所订合同终止履行;

(2)建筑队退还东宇公司95000元。

本案诉讼费3220元,双方各自负担一半。

【评析】

从本案案情来看,本案合同有效。根据《合同法》第283条的规定,发包人未按合同规定的时间和要求提供原材料、设备、场地、资金、技术资料等,除工程日期顺延外,还应偿付承包方因此造成停工、窝工的实际损失。本案中的东宇公司提交的设计图纸存在着多处错误,影响了建筑队施工,从而造成工程难以进行,东宇公司应当承担违约责任,应当赔偿建筑队实际损失。同时根据《合同法》规定,承包方工程交付时间不符合合同规定,属于违约情形,也应该支付违约金;《建筑安装工程承包合同条例》第12条第2款之规定,"承包单位可将承包的工程,部分分包给其他分包单位,签订分包合同。承包单位对发包方负责,分包单位对承包单位负责。但承包单位不得通过将所承包的工程转包给其他单位,而从中渔利",以及第13条第1款第2项之规定,"工程交付时间不符合规定,按合同中违约责任条款的规定偿付逾期违约金"。本案中的建筑队未征得东宇公司同意,擅自转包板桥建筑队并造成工期延误,对此建筑队亦应向东宇公司偿付违约金。根据《合同法》第93条之规定,"当事人双方协商一致,可以解除合同"。所以,本案中的当事人双方一致协议解除原来的合同,是合法的。

二、违约责任的形式及免责规定

(一)承担违约责任的形式

根据《合同法》的规定,违约的当事人承担违约责任的形式主要有:继续履行、采取补救措施、赔偿损失、支付违约金和定金等。

1. 继续履行

继续履行,又称为实际履行、强制实际履行,是指债权人在债务人不履行合同义务时,可请求人民法院或者仲裁机构强制债务人实际履行合同义务。

当事人因违约支付了违约金或者赔偿金,也不能因此而代替合同的履行,对未履行的原合同债务仍应继续履行。

《合同法》规定,当事人一方不履行非金钱债务或者履行非金钱债务不符合约定的,对方可以要求履行,但有下列情形之一的除外:

(1)法律上或者事实上不能履行;

(2)债务的标的不适于强制履行或者履行费用过高;

(3)债权人在合理的期限内未要求履行。

2. 采取补救措施

补救措施,是债务人履行合同义务不符合约定,债权人在请求人民法院或者仲裁机构强制债务人实际履行合同义务的同时,可根据合同履行情况要求债务人采取的补救履行措施。如《合同法》第111条规定,当事人履行合同义务时,质量不符合约定的,应当按照当事人的约定承担违约责任。对违约责任没有约定或者约定不明确,当事人可以协议补充,不能达成补充协议的,受损害方根据标的性质及损失的大小,可以合理选择要求对方承担修理、更换、重作、退货、减少价格或者报酬等违约责任。

案例

【案例4-19】

违约瑕疵履行行为所采取的补救措施

某气象局与某建筑工程队签订了建设工程承包合同,由某建筑工程队承包建设某气象局的气象观测楼。合同约定:建筑工期为2年,建设的气象观测楼应达到在八级地震中不致倒塌的标准。工程竣工后,某气象局对工程进行了验收。验收结果表明,该楼质量低劣,许多指标没有达到合同规定的标准。于是某气象局拒收工程,要求某建筑工程队推倒重建,以确保工程能在八级地震中安全使用。但某建筑工程队不同意推倒重建,坚持工程可以补救。双方坚持不下,某气象局遂以某建筑工程队为被告诉至法院。

法院受理此案后,请省建委派出工程技术人员重新对观测楼进行技术鉴定。鉴定确认,由于施工单位管理不善,没有技术措施,质量无人把关,因而造成砖墙局部偏差两公分、墙柱有龟裂、墙板内有裂缝等质量事故,但工程原设计安全系数较大,经过加固补强后,这些问题可以得到解决,仍可保证八级地震时的安全,且使用期限可超过60年。与此同时,省建委还提出了具体的补救方案,法院根据省建委的鉴定书及补救方案,拟定了调解方案,双方达成了如下协议:

(1)工程质量事故责任在某工程队,某工程队应按省建委的补救方案进行补救,所需各项费用均由工程队承担;

(2)工程队没有按时保质完工,工程队应承担相应的违约金;

(3)工程队在工程建设中偷工减料,所偷减的物料应按价退还给气象局。

协议达成后,某工程队进行了加固补强工作。

【评析】

本案主要涉及两个问题：建筑工程质量低劣的违约责任及建筑工程违约行为的补救原则。

根据《建筑安装工程承包合同条例》的规定，工程质量不符合合同规定的，承包方负责无偿修理、返工或改建，由于修理、返工或改建造成逾期交付的，偿付逾期违约金。本案中，承包方建设的气象观测楼砖墙局部偏差、墙柱有龟裂、墙板内有裂缝，工程质量没有达到合同规定的标准。承包方有严重的违约行为，应当负对观测楼的无偿修复、并支付因其修复逾期交付工程的违约责任。

建筑队违约责任承担方式的选择，应当贯彻经济效益原则，即承包方在确保工程质量的前提下，应当力图用最少的投入获得最大的经济效益。本案中，发包方和承包方曾对违约补救方式发生争执，发包方主张"推倒重建"，承包方主张"补救"。法院在调解时，从实际情况出发，在保证工程质量的前提下，由承包方采用"补救"即加固补强的方法弥补违约责任，符合经济效益原则。

3. 赔偿损失

当事人一方不履行合同义务或者履行合同义务不符合约定的，在履行义务或采取补救措施后，对方还有其他损失的，应当赔偿损失。损失赔偿额应相当于因违约所造成的损失，包括合同履行后可以获得的利益，但不得超过违反合同一方订立合同时预见到或者应当预见到的因违反合同可能造成的损失。

《合同法》规定："当事人一方违约后，对方应当采取适当措施防止损失的扩大，没有采取适当措施致使损失扩大的，不得就扩大的损失要求赔偿。当事人因防止损失扩大而支出的合理费用，由违约方承担。"

4. 支付违约金

违约金，是指按照当事人的约定或者法律规定，一方当事人违约时应当根据违约情况向对方支付的一定数额的货币。

违约金责任的成立条件主要有两个：首先，有违约行为的存在，各种违约形态，如拒绝履行、不适当履行、迟延履行等，都可以导致违约金的支付；其次，有违约金的约定。我国违约金都是约定违约金，如果当事人在合同中没有有关违约金的预先约定，在一方违约时，另一方就不能要求违约方支付违约金，而只能采取其他救济方法。违约金的数额明显高于或者低于实际损害的，当事人可以请求人民法院或者仲裁机构予以减少或增加。

5. 给付定金或双倍返还定金

根据《合同法》的规定，当事人可以约定一方向对方给付定金作为履行合同的担保。给付定金的一方不履行约定的债务的，无权要求返还定金；收受定金的一方不履行约定的债务的，应当双倍返还定金。

当事人既约定违约金，又约定定金的，一方违约时，对方可以选择适用违约金或者定金条款，而不能同时并用。

因当事人一方的违约行为，侵害对方人身、财产权益的，受害方有权依照《合同法》要求其承担违约责任或者依照其他法律要求其承担侵权责任。

案例

【案例4－20】

定金与违约金不能同时并用

某市建筑公司与某建材公司签订了购买100t沙子的合同，合同约定：某市建筑公司向建材公司支付货款总额的10%作为合同的定金；如一方违约，违约方应交未履行合同部分5%的违约金。合同签订后，建筑公司按照合同约定向建材公司交纳了定金，并且建材公司按约发给建筑公司50t沙子，建筑公司支付了价款。几日后，沙子市场价格上涨，建材公司向建筑公司提出变更价格，建筑公司不同意。建材公司便停止向建筑公司履行合同义务。建筑公司诉至法院，要求建材公司双倍返还定金，并支付违约金。

请分析，法院能否支持其诉求？

【评析】

根据《合同法》的规定，当事人既约定违约金，又约定定金的，一方违约时，对方只能选择适用违约金或者定金条款。所以，建筑公司要求建材公司既双倍返还定金又支付违约金，法院是不会予以支持的。建筑公司只能要求双倍返还定金或者支付违约金。

（二）违约责任的免除

违约责任的免除，是指没有履行或没有完全履行合同义务的当事人，可以依照法律的规定或者合同的约定不承担违约责任。

《合同法》规定了如下三种免责事由：

1. 不可抗力

不可抗力，是指不能预见、不能避免并不能克服的客观情况，包括地震、洪水、暴风雨、海啸、瘟疫等自然现象，以及战争、动乱、海盗、罢工、武装冲突及政府干预、政府法令的颁布等社会现象。

《合同法》第117条规定："因不可抗力不能履行合同的，根据不可抗力的影响，部分或者全部免除责任，但法律另有规定的除外。当事人迟延履行后发生不可抗力，不能免除责任。"

当事人一方因不可抗力不能履行合同的，应当及时通知对方，以减轻可能给对方造成的损失，并应当在合理的期限内提供证明。

案例

【案例4－21】

不可抗力的认定与适用

2000年1月10日，甲公司与乙公司签订了一份购销钢材的合同，合同约定：甲公司供给乙公司钢材5000t，交货期为6月10日至7月10日。同年1月18日，甲公司与丙公司签订一份钢材购销合同，合同约定：丙公司供给甲公司钢材3500t，并于6月底前全部进入某市商业储运仓库。合同签订后，丙公司积极组织货源准备履行合同，而此时钢材市场价格暴跌至最低点。6月初，丙公司几次电告催促甲公司验货，甲公司却迟迟不履约,丙公司见履约无望,便将甲公司告上法庭,要求甲公司继续履行合同并承担违约责任。甲公司则辩称:乙公司已破产清算,自己与乙公司的合同已无法履行,加上钢材市场价格暴跌,由于受以上不可抗力因素的影响,如果继续履行合同公司将亏大本,因此决定不再履行合同。

【评析】

不可抗力,是指不能预见、不能避免并不能克服的客观情况。本案中,乙公司破产清算致使甲公司无法要求其履行合同这一情况,应当是甲公司在订约之时就可以预见的正常的商业风险;钢材价格的长跌,也应当是任何交易主体所应当承担的正常的风险,不属于不可抗力的范畴,因而甲公司拒绝履行合同的理由不成立,不能免除其违约责任。

2. 免责条款

免责条款,是指合同双方当事人在合同中预先约定的,当出现约定的事由或条件时,可免除违约方违约责任的条款。

3. 法律的特殊规定

在法律有特殊的免责规定时,可以依法免除违约方的违约责任。如《合同法》在分则中规定,承运人对运输过程中货物的毁损、灭失承担赔偿责任,但承运人证明货物的毁损、灭失是因不可抗力、货物本身的自然性质或合理损耗,以及托运人、收货人的过错造成的,不承担损害赔偿责任。

【案例 4-22】

发包方单方毁约应承担违约责任

原告:某建筑公司

被告:某工程建设单位

一、诉辩主张和事实认定

1983 年 9 月,双方签订的建设工程承包合同规定:承包方为发包方承担 6 台 $400m^3$ 煤气罐检查返修的任务,工期 6 个月,10 月开工,合计工程费 42 万元。临近开工时,因煤气罐仍在运行中,施工条件不具备,承包方同意发包方的提议将开工日期变更至 1984 年 7 月动工。经发包方许可,承包方着手从本公司基地调集施工机械和人员如期进入施工现场。搭设脚手架,装配排残液管线。工程进展约 2 个月时,发包方以竣工期无保证和工程质量差为由,同承包方先是协商提前竣工期,继而洽谈解除合同问题,承包方未同意。接着,发包方正式发文通知:"本公司决定解除合同,望予以谅解和支持。"同时,限期让承包方拆除脚手架,迫使承包方无法施工,导致原合同无法履行。为此,承包方向法院起诉,要求发包方继续赔偿实际损失 25 万余元。

法院审理中,发包方认为:承包方投入施工现场的人员少,素质差,不可能保证工程任务如期完成和保证工程质量,因而不得不将同一工程包给第三方。承包方认为:他们是根据工程的进展有计划地调集和加强施工力量,足以保证工程如期完成;对方在工程完工前即断言工程质量不可靠,缺乏根据。

二、处理理由和处理结果

法院收集了有关本案的证据,分析了双方的陈述,研究了与此案有关的法律的规定认为:这份建设工程承包合同是经双方协商同意签订的有效合同,应受到法律保护,发包方未经对方同意擅自解除合同,是单方毁约行为,应负违约责任。

经法院调解,双方自愿达成协议;承包合同尚未履行部分由发包方负担终止执行的责任,由发包方赔偿承包方工程款、工程器材费和赔偿金等共16万元。

【评析】

人民法院对此案的处理是正确的,理由是:

(1)这份合同经双方协商订立,内容合法,条款齐全,责任明确,是有效的合同。承包方已按合同履行其义务,发包方在未取得对方同意的情况下,以无根据的所谓理由阻碍施工,并单方解除合同,属于违约行为,应承担违约责任。

(2)《合同法》第283条规定,发包方未按合同规定的时间和要求提供原材料、设备、场地、资金、技术资料等,除工程日期顺延外,还应偿付承包方因此造成停工、窝工的实际损失。《合同法》第284条规定,因发包人的原因致使工程中途停建、缓建,应采取措施弥补或减少损失,同时赔偿承包方由此造成的停工、窝工、倒运、机械设备调迁、材料和构件积压的损失和实际费用。法院判定发包方赔偿承包方有关损失和费用16万元,符合法律规定。

(3)考虑到此案实际情况,继续履行合同已有困难,同意终止合同的履行。但造成合同终止履行的原因在于发包方,因而是应由发包方承担终止合同履行的责任。所以,发包方应该承担违约责任。

第四节　建设工程合同的索赔

一、建设工程合同索赔的概念及分类

(一)建设工程合同索赔的概念

建设工程合同索赔,是指在建设工程合同实施过程中,合同当事人一方由于合同对方的原因或非自身原因不履行或未能正确履行合同而遭受损失时,向对方提出的补偿要求。

索赔是双向的,不仅承包方可以向发包方提出索赔,发包方也可以向承包方提出索赔,以补偿由于承包方的原因,如工程质量缺陷、竣工交付期限延误等引起的损失。在合同实施过程中,发包方一直处于主动地位,他可以直接从应付的工程款中抵扣或没收履约保函,扣留保留金甚至留置承包商的材料设备作为抵押来实现自己的索赔要求,因此在实际工程中,发包方向承包方提出的索赔较少,建设工程合同索赔主要是由承包方提出的,久而久之,工程界逐步将“索赔”变成了承包方向发包方提出索赔的专用名词,而将发包方向承包方提出的索赔称为“反索赔”。

（二）建设工程合同索赔的分类

1. 按索赔的目的分类

1）工期索赔

由于非承包人责任的原因而导致施工进程延误，要求批准顺延合同工期的索赔，称之为工期索赔。工期索赔形式上是对权利的要求，以避免在原定合同竣工日不能完工时，被业主追究拖期违约责任。一旦获得批准合同工期顺延后，承包人不仅免除了承担拖期违约赔偿费的严重风险，而且可能提前工期得到奖励，最终反映在经济收益上。

2）费用索赔

费用索赔的目的是要求经济补偿。当施工的客观条件改变导致承包人增加开支时，要求对方对超出计划成本的附加开支给予补偿，以挽回不应由他承担的经济损失。

2. 按索赔事件的性质分类

1）工程延误索赔

因发包人未按合同要求提供施工条件，如未及时交付设计图纸、施工现场、道路等，或因发包人指令工程暂停或不可抗力事件等原因造成工期拖延的，承包人对此提出索赔。这是工程中常见的一类索赔。

2）工程变更索赔

由于发包人或监理工程师指令增加或减少工程量或增加附加工程、修改设计、变更工程顺序等，造成工期延长和费用增加，承包人对此提出索赔。

3）合同被迫终止的索赔

由于发包人或承包人违约及不可抗力事件等原因造成合同非正常终止，无责任的受害方因其蒙受经济损失而向对方提出索赔。

4）工程加速索赔

由于发包人或工程师指令承包人加快施工速度，缩短工期，引起承包人人、财、物的额外开支而提出的索赔。

【案例 4－23】

案例

工程加速索赔

某工程地下室施工中，发现有残余的古建筑基础，按照规定报知有关部门。有关部门在现场对所出现的古建筑基础进行了研究处理，然后由承包人继续施工，其间共延误工期 50 天。该事件后，业主要求承包人加速施工，赶回延误损失。因此，承包人向业主提出工程加速索赔累计达 131 万元人民币。

【评析】

按照有关规定，如果施工现场发现古文物或有价值的古建筑基础，应属业主承担的风险。承包商有责任积极配合有关部门处理有关事项，但由此造成的承包商费用增加和工期延误业主应承担完全责任。因此，该承包商有权提出工程加速索赔。

5）意外风险和不可预见因素索赔

在工程实施过程中，因人力不可抗拒的自然灾害、特殊风险，以及一个有经验的承包人通常不能合理预见的不利施工条件或外界障碍，如地下水、地质断层、溶洞、地下障碍物等引起的索赔。

6）其他索赔

如因货币贬值、汇率变化、物价、工资上涨、政策法令变化等原因引起的索赔。

3. 按索赔的处理方式分类

1）单项索赔

指针对某一索赔事件提出的索赔。索赔的处理是在合同实施的过程中，索赔事件发生时，或发生后立即执行，它由合同管理人员处理，并在合同规定的索赔有效期内提交索赔意向书和索赔报告，它是索赔有效性的保证。

2）综合索赔

又叫一揽子索赔，一般在工程竣工前，承包人将施工过程中因各种原因未能及时解决的单项索赔集中起来，提出一份综合索赔报告。合同双方在工程交付前后进行最终谈判，以一揽子方案解决索赔问题。

二、建设工程合同索赔的原因

工程施工过程中产生索赔的原因是多种多样的，依据工程项目的自身性质和特点，主要有以下一些原因。

（一）施工条件变化

建设工程施工是现场露天作业，现场条件的变化对工程施工影响很大。工程地质条件，如地下水、地质断层、熔岩孔洞、地下文物遗址等，业主提供的勘察资料往往是不完全准确的，预料之外的情况经常发生。不利的自然条件及一些人为的障碍导致设计变更、工期延长和工程成本大幅增加时，即可提起索赔。

案例

【案例 4－24】

施工条件变化引起的索赔

某建设工程项目在土方工程施工中，承包商在合同标明有松软石的地方没有遇到松软石，但在另一施工地点，合同中未标明有坚硬岩石的地方却遇到更多的坚硬岩石，开挖工作变得更加困难，由此造成了施工进度减慢，部分施工任务拖到雨季进行，进而影响了工期。为此承包商准备提出工期索赔。

请分析，该承包商提出的工期索赔能否成立？是否还可提出费用索赔？

【评析】

该承包商提出的工期索赔能成立。

因为在合同中未标明有坚硬岩石的地方遇到更多的坚硬岩石，由于施工现场的施工条件与原来的勘察有很大差异，导致工期延长，因此承包商提出的工期索赔能够成立。

此外，由于意外的地质条件造成施工困难，相应产生了额外工程费用，因此该承包商还可提出费用索赔。

(二)无效合同

1. 无效合同概述

1)无效合同的概念

无效合同,是指合同已经订立,但因违反了法律、行政法规或社会公共利益,不发生法律效力、不具有法律约束力的合同。无效合同根据其无效的程度和范围分为全部无效合同和部分无效合同两种。有些合同只是部分条款无效,其余条款的法律效力不受影响,这些合同就属部分无效合同。

2)无效合同的情形

根据《合同法》第52条规定,有下列情形之一的,合同无效:

(1)一方以欺诈、胁迫的手段订立合同,损害国家利益;

(2)恶意串通,损害国家、集体或者第三人利益;

(3)以合法形式掩盖非法目的;

(4)损害社会公共利益;

(5)违反法律、行政法规的强制性规定;

(6)合同订立免责条款中有下列情况的应视为无效:

①造成对方人身伤害的;

②因故意或者重大过失造成对方财产损失的。

免责条款,是指合同中的双方当事人在合同中约定为免除或限制一方或双方当事人未来责任的条款。对当事人自愿订立的免责条款,法律是不加干涉的。但如果合同中的免责条款违反法律规定、违背诚实信用原则,法律必须加以禁止。《合同法》中的这一规定是指免责条款的无效,并不影响合同其他条款的效力。

【案例4-6】

案例

无效的免责条款

孙某与某建筑施工队签订了一份劳动承包合同,合同期为3年,合同中规定有“发生死伤事故建筑施工队概不负责”的条款。由于孙某家境较为困难,又自恃年轻力壮,在抱着一丝侥幸心理的情况下在合同上签了字。合同期间,由于工地上缺乏必要的防护设备,孙某在一次施工中不慎从脚手架上摔下来,当即身负重伤,造成腰椎粉碎性骨折,虽经医院抢救脱险,但已下身瘫痪,生活不能自理。在发生事故后,孙某家中无力承担巨额费用,孙某家属找到建筑施工队要求支付医疗费。建筑队则以劳动合同中有规定“死伤概不负责”的条款为由,拒绝支付孙某的医疗费用。

请分析,双方签订的劳动承包合同的效力?

【评析】

该劳动承包合同属于无效合同。根据《合同法》的规定,造成对方人身伤害的免责条款无效。本案中,建筑施工队与孙某签订的劳动合同中有关“死伤概不负责”的条款明显违反了法律法规,严重侵犯了劳动者孙某的合法权益,是无效的条款,因此该劳动承包合同无效。

2. 无效的建设工程合同

无效的建设工程合同,是指由发包方与承包方订立,但因违反法律规定而没有法律约束力,国家不予承认和保护,甚至对违法当事人进行制裁的建设工程合同。造成建设工程合同无效的原因也可概括《合同法》总论所规定的六种情形,但根据建设工程合同的特点,属于下列情况之一的,建设工程合同归于无效:

(1)承包人未取得相应资质或者超越资质等级的;

(2)没有资质的承包人借用有资质的企业名义的;

(3)建设工程必须进行招标而未招标或者中标无效的。

3. 无效的建设工程合同的处理

无效的建设工程合同根据不同情况分别作如下处理:

(1)建设工程施工合同无效,但建设工程经竣工验收合格,承包人请求参照合同约定支付工程价款的,应予支持;

(2)建设工程施工合同无效,且建设工程经竣工验收不合格的,按照以下情形分别处理:修复后的建设工程经竣工验收合格,发包人请求承包人承担修复费用的,应予支持;修复后的建设工程经竣工验收不合格,承包人请求支付工程价款的,不予支持。因建设工程不合格造成的损失,发包人有过错的,也应承担相应的民事责任;

(3)承包人非法转包、违法分包建设工程或者没有资质的实际施工人借用有资质的建筑施工企业名义与他人签订建设工程施工合同的行为无效。人民法院可以收缴当事人已经取得的非法所得;

(4)承包人超越资质等级许可的业务范围签订建设工程施工合同,在建设工程竣工前取得相应资质等级,当事人请求按照无效合同处理的,不予支持;

(5)具有劳务作业法定资质的承包人与总承包人、分包人签订的劳务分包合同,当事人以转包建设工程违反法律规定为由请求确认无效的,不予支持。

案例

【案例4-7】

超技术资质等级的承包工程签订的承包合同属于无效合同

原告:某市帆布厂

被告:某市区修建工程队

一、诉辩主张和事实认定

1998年10月5日,原、被告订立了建筑工程承包合同,合同规定:被告为原告建造框架厂房,跨度12m,总造价为98.9万元;承包方式为包工包料;开、竣工日期为1998年11月2日至2000年3月10日。自工程开工至1999年底,原告给付被告工程款、材料垫付款共101.6万元。到合同规定的竣工期限,被告未能完工,而且已完工程质量部分不合格。为此,原告诉至法院。受诉法院查明:被告在工商行政管理机关登记的经营范围为维修和承建小型非生产性建筑工程,无资格承包此项工程。经有关部门鉴定:该项工程总造价应为98.9万元;未完工程折价为1.7万元;已完工程的厂房屋面质量不合格,返工费为5.6万元。

二、判决理由和判决结果

受诉法院审理认为:工商企业法人应在工商行政管理机关核准的经营范围内进行

经营活动,超范围经营的民事行为无效。本案被告承包建筑厂房,超越了自己的技术等级范围。根据合同法的规定判决:原、被告所订立的建筑工程承包合同无效;被告返还原告多付的工程款14.4万元;被告偿付原告因工程质量不合格所需的返工费5.6万元。

请分析,该承包合同是否有效?

【评析】

该承包合同无效。

建筑企业在进行承建活动时,必须严格遵守核准登记的建筑工程承建技术质量等级范围。建筑企业的技术资质等级,是指该企业自身能够保质保量完成某类工程而必须具备的能力和条件,如技术人员、技术工人的水平、施工经验、固定资本及流动资金的规模等。这些能力和条件,表明一个建筑企业的履约能力。因此,国家有关建筑业管理法规规定,建筑企业必须经国家有关管理部门按其资质能力及有关规定核准经营范围,严格按照核准的经营范围从事承建活动,禁止超技术等级承建工程。本案被告的经营范围仅能承建小型非生产性建筑工程和维修项目,其技术等级不能承建与原告所订合同规定的生产性厂房。因此,被告对合同无效及工程质量问题应负全部责任,承担工程质量的返工费,并偿还给原告多收的工程费。

(三)可撤销合同

1. 可撤销合同的概念

可撤销合同,是指当事人在订立合同时,因意思表示不真实,通过有撤销权的当事人行使撤销权,可使已经生效的合同变更或归于无效的合同。

撤销合同中的撤销权人可以撤销合同,也可以不撤销而只是变更合同。

2. 可撤销合同的情形

根据《合同法》的规定,有下列几种可撤销合同:

(1)重大误解订立的合同;

(2)订立合同时显失公平的合同;

(3)一方以欺诈、胁迫的手段或者乘人之危,使对方在违背真实意思的情况下订立的合同。

3. 撤销权的行使

撤销权通常由因意思表示不真实而受损害的一方当事人享有,如重大误解合同中的误解人,订立合同时显失公平合同中的遭受重大不利的一方。撤销权的行使不一定必须通过诉讼的方式。如果撤销权人主动向对方做出撤销的意思表示,而对方未表示异议,则可以直接发生撤销合同的后果;如果对撤销问题,双方发行争议,则必须提起诉讼或仲裁,要求人民法院或仲裁机关予以裁决。

在此需要注意的是,有撤销权的当事人可以选择请求变更合同或者撤销合同,如果当事人主张变更合同的,人民法院或者仲裁机构不得撤销。

撤销权人必须在法律规定的期限内行使撤销权。我国《合同法》规定:“具有撤销权的当事人自知道或者应当知道撤销事由之日起1年内没有行使撤销权,或是有撤销权的当事人知道撤销事由后明确表示或者以自己的行为放弃撤销权,则撤销权消灭。”

(四)效力待定合同

1. 效力待定合同的概念

效力待定合同,是指已经成立的合同欠缺有效条件,尚未确定能否发生当事人预期的法律效力,只有经过权利人的追认,才能发生法律效力的合同。

此类合同与无效合同及可撤销合同的不同之处在于,行为人并未违反法律的禁止性规定及社会公共利益,也不是因意思表示不真实而导致合同可撤销,主要是因为有关当事人缺乏缔约能力、代订合同的资格及相关的处分能力所造成的。

2. 效力待定合同的种类

1)限制民事行为能力人订立的依法不能独立订立的合同

根据我国法律规定,10 周岁以上不满 18 周岁的未成年人和不能完全辨认自己行为的精神病人,可以实施某些与其年龄、智力和精神健康状况相适应的民事行为,其他民事活动由其法定代理人代理,或在征得其法定代理人同意后实施。如果限制民事行为能力人订立了与其年龄、智力和精神健康状况不相适应的合同,这类合同就属效力待定合同。《合同法》规定,限制民事行为能力人订立的这类合同,经法定代理人追认后,该合同有效。法定代理人未做表示的,视为拒绝追认。合同被追认之前,善意相对人有撤销的权利,撤销应当以通知的方式做出。但纯获利益的合同或者与其年龄、智力、精神健康状况相适应而订立的合同,不必经法定代理人追认,合同当然有效。

2)因无权代理而订立的合同

无权代理合同,是指行为人在没有代理权、超越代理权或者代理权终止后仍以被代理人名义订立的合同。这种合同也是效力待定的合同。

无权代理的合同,经被代理人追认后,使合同成为有效代理合同。未经被代理人追认,对被代理人不发生法律效力,由行为人自己承担责任。相对人可以催告被代理人在 1 个月内予以追认,被代理人未做表示的视为拒绝追认。合同被追认之前,善意相对人有撤销的权利,撤销应当以通知的方式做出。相对人有理由相信行为人有代理权的,该代理行为有效,即属所谓的表见代理。

3)无处分权人处分他人财产的合同

无处分权人处分他人财产的合同,也是效力待定合同的一种,合同经权利人追认或者无处分权人订立合同后取得处分权的,该合同有效。

案例

【案例 4-8】

因超越代理权限导致合同无效的纠纷

甲施工企业在某条公路的施工过程中,需要购买一批水泥,甲施工企业的采购员张某持介绍信到乙建材公司要求购买一批强度等级为 B 的水泥。由于乙公司与甲施工企业有长期的业务关系,双方未签订书面的买卖合同乙公司就发货了。但乙公司发货后甲施工企业拒付货款,甲施工企业提出的理由是让张某购买的水泥是强度等级为 A 而非 B。

试分析,纠纷的责任应由谁承担?

【评析】

判断此纠纷的责任应由谁承担的重要依据是甲施工企业的介绍信是如何写的，因为这种情况下的介绍信可以视为授权委托书。张某则是甲施工企业的代理人，如果甲施工企业开的介绍信是“介绍张某购买水泥”，则张某的行为是合法的代理行为，双方的口头合同是有效的，应当继续履行，则甲施工企业应当付款。如果甲施工企业开的介绍信是“介绍张某购买强度等级为 A 的水泥”，则张某的行为超越了代理权限，与乙公司订立的口头合同无效。合同被确定无效后，其首要的法律后果是返还财产，甲施工企业可以退货、拒付货款。

（五）合同被确认无效或者被撤销的法律后果

合同被确认无效或者被撤销后，确认或撤销的效力将溯及既往，合同自成立之日起无效，而不是从确认之日起或撤销之日起无效。

合同被确认无效或被撤销以后，虽不能产生当事人预期的法律效果，但并不是不产生相应的法律后果。其相应的法律后果主要包括以下三种：

1. 返还财产

返还财产是使当事人的财产关系恢复到合同签订以前的状态，不论接受财产的一方是否具有过错，都负有返还财产的义务，如果不能返还或者没有必要返还的，应当折价补偿。

2. 赔偿损失

有过错的一方应当赔偿对方所受的损失；双方都有过错的，应当各自承担相应的责任。

3. 追缴财产

在当事人一方或双方有故意违法的情况下，应当将故意违法当事人的财产收缴国库，这是法律对不法行为人实施的制裁措施。如《合同法》规定：“当事人恶意串通，损害国家、集体或第三人利益的，因此取得的财产收归国家所有或者返还集体、第三人。”

【案例 4－9】

案例

合同被确认无效或者被撤销的法律后果

丙、丁两家公司于 2004 年 9 月 1 日签订一份合同，约定由丙公司向丁公司提供建筑工地所用水泥 10t，交货后丁公司支付货款。在订立合同的过程中，丙公司对水泥的质量提供了虚假证明。9 月 15 日，丙公司交付了 5t 水泥，丁公司收货以后发现质量有问题而拒绝付款，并拒绝接受剩余的水泥。因没有能及时买进水泥，丁公司由于停止施工造成损失 1 万元，该合同没有造成影响国家和社会利益。9 月 30 日，丁公司向法院起诉，要求废止该合同，法院于 11 月 5 日经审理废止了该合同。请回答：

（1）该合同效力如何？

（2）如果该合同不具有法律效力，从何时开始不具有法律效力？

（3）该合同所引起的财产后果应该如何处理？

【评析】

(1)该合同属于可撤销合同

根据《合同法》规定,一方以欺诈、胁迫的手段或者乘人之危,使对方在违背真实意思的情况下订立的合同,属于可撤销合同,所以该合同属于可撤销合同。

(2)从9月1日起不具有法律效力

根据《合同法》规定,合同被确认无效或者被撤销后,确认或撤销的效力将溯及既往,合同自成立之日起无效,而不是从确认之日起或撤销之日起无效。

(3)返还财产,赔偿损失

丁公司将已经收到的5t水泥返还,不能返还的可以折价补偿;丙公司应该赔偿丁公司的损失1万元。

【案例4-10】

无效合同的认定和处理

原告(二审被上诉人、再审被申诉人):四川省户县第二建筑公司第五分公司第六施工队(以下简称施工队)

被告(二审上诉人、再审申诉人):新疆吐鲁番地区审计处(以下简称审计处)

一、一审诉辩主张

施工队诉称:1985年8月26日,与审计处签订了一份建筑工程承包合同。建筑面积170m^2,每平方米170元,总造价28900元,实行包工包料。1986年7月18日,经吐鲁番地区有关部门检查,此工程属超面积违纪建房,予以没收。为此,要求审计处支付超面积工程款3万余元。

审计处在答辩中称:签订建筑工程承包合同时,施工队是主动联系承包工程的,为在同行中展开竞争,赔钱也要承包。承包完全是贯彻了自愿、平等、互利原则,并非强加于人。另外,按合同规定,我方完全履行了合同。相反,施工队延期工程,应补偿我方违约金18 245元。

二、一审事实认定

本案经一审查明:1984年自治区审计局为解决审计干部住房困难问题,给吐鲁番地区审计处先后拨款6万元,吐鲁番地区财政拨款2万元。同年,吐鲁番地区计委、财政处等部门联合发文,批准审计处建处级住宅楼两套(每套为70m^2),一般干部三套。审计处找熟人设计了两套超面积的处级住宅楼图纸(两套超面积94m^2),并经吐鲁番地区行署设计室审查,审查时发现图纸超面积,但未提出异议,只是在图纸上写了不要超过县团级指标,同意施工,并加盖公章。

1985年8月26日,审计处持该图纸与四川省户县第二建筑公司第五分公司第六施工队签订了施工合同。合同约定:两套处级住宅楼总面积为170m^2,总造价28 900元;以大包干形式;并约定了开竣工时间,双方违约责任等项目。在此期间,施工队也知道图纸设计面积大于所签合同面积。但是,为了在吐鲁番地区有立足之地,审计处又许诺,以后的工程也承包给施工队。就此施工队抱着吃点亏也是要承包此项工程的心理,也就未再提异议。合同签订后,送吐鲁番市税务局、工商局、城市建设局等部门进行审查,同意施工、加盖公章。主体工程基本结束时,施工队认为超面积太多,付出的劳务及垫付工程材料款数额大,给其造成一定亏损,便向审计处提出增加工程款。审计处称:“你们悄悄干,将来不会亏待你们的。”施工队未提出异议。

1985 年 4 月,工程还未完全结束,吐鲁番地区计委、城市建设局得知审计处建房超面积。将此情况报告地委有关领导同志,同年 7 月吐鲁番地区纪检委对工程进行检查,经检查作出决定:将两套处级住宅楼没收交有关部门管理,并对审计处有关人员进行纪律处分。工程全部竣工后,施工队又向审计处提出增加超面积工程款。审计处以建房已没收,工程款应由房管部门支付,双方签订的合同是大包干形式,无需再增支工程款等理由不予支付。施工队遂于 1987 年 9 月向吐鲁番市人民法院起诉,要求审计处支付超面积工程款及垫付的材料款共 3 万余元。

三、一审判决理由和判决结果

吐鲁番市人民法院在审理期间,委托吐鲁番市城市建设局建筑技术咨询服务部对两套处级住宅进行实际核算,其总面积为 264m^2,总造价 48033.09 元。吐鲁番市人民法院审理认为:审计处与施工队双方签订的工程合同,没有贯彻平等互利,等价有偿的原则,违反了经济《合同法》第 5 条规定,视合同为无效。审计处应根据实际工程造价支付工程款。鉴于施工队在签订合同时本身也有过错责任,可免去审计处支付延期付款的赔偿金,工队提出 3069 元的材料款,因证据不足,不予认定。

一审法院判决:审计处应向施工队增补工程款 19973.26 元。

四、二审判决理由和判决结果

一审宣判后,审计处不服,持原辩称理由向吐鲁番地区中级人民法院提起上诉。吐鲁番地区中级人民法院在二审期间,又委托中国人民建设银行吐鲁番地区中心支行对原审鉴定的工程款额又进行了核实,其结果与原审鉴定的数额无误。二审法院认为:原审法院认定的事实清楚,证据确凿,适用法律正确,故判决:驳回上诉,维持原判。

五、再审判决理由和判决结果

二审宣判后,审计处仍不服,向吐鲁番地区中级人民法院提出申诉。1989 年 9 月 19 日,吐鲁番地区中级人民法院院长认为:此案一、二审判决有误,将此案提交审判委员会。经(1989)第 21 次审委会讨论决定,对此案提起再审,并裁定中止一、二审判决的执行。经再审认为:李正荣(是户县第二建筑公司第五分公司的负责人,原施工队队长)、陈廷斌向他人变卖营业执照,损害国家利益。并认为:原一、二审认定的主体资格有误,经审判委员会(1989)第 28 次会议讨论决定,判决撤销原一、二审判决;视合同无效;超面积工程款 16150 元(超面积 95m^2 ×170 元计算)收缴国库;超面积建房予以没收。宣判后,施工队不服吐鲁番地区中级人民法院(1989)吐地法经监字第 01 号判决,持原诉理由向新疆维吾尔自治区高级人民法院多次申诉。另外,再审判决后,审计处已向吐鲁番地区财政处报告申请拨 16150 元转吐鲁番地区中级人民法院账户,由中级人民法院将此款转交财政上交国库。

六、提审判决理由和判决结果

新疆维吾尔自治区高级人民法院经对申诉审查,决定提审。

本案经高级法院审查认为:

(1)关于合同效力问题,施工队与审计处签订合同时,施工队明知图纸面积大于合同面积。因各有所图,私下又另有协商条件。为达到各自的目的,违反国家建房政策,双方均有过错责任。合同签订没有真实性。因此,一、二审法院确认合同无效是正确的。

(2)关于超面积工程款处理问题,原一、二审法院确认合同无效后,由审计处支付施工队超面积工程款是正确的,并无不当。吐鲁番地区中级人民法院(1989)吐地法经监字第01号民事判决,也认定合同无效,但处理又未按无效合同处理,将超面积工程款没收上交国库,于法无据。

(3)关于超面积建房的处理问题,审计处没有执行有关部门批准的计划规定建房,私自扩大建房面积,是违反国家政策,扰乱建设市场的行为,应当受到当地行政部门的纪律处分,其超面积建房也应由行政部门处理。吐鲁番地区中级人民法院再审后,将超面积建房判决予以没收是没有法律依据的,应予纠正。

(4)关于施工队主体资格问题,陈廷斌带领部分施工人员进驻吐鲁番市后,由四川省户县第二建筑公司第五分公司吸收为该公司的第六施工队。陈当时任副队长(李任队长),经吐鲁番地区工商管理局审查后,填发了临时营业执照。其经营性质为集体企业,独立核算,注册资金75万元。启用公章为:四川省户县二建第六施工队驻吐鲁番地区专用章。主营、承包审计处干部住宅楼。从当时所有的证件及有关手续看,它具备了一个集体企业应具备的主体资格,有必要的经费,有自己的名称、组织机构和场所,能够独立承担民事责任。在当时,施工队的法人资格是为法律所允许的,无须再审查法人资格的问题。

新疆维吾尔自治区高级人民法院认为:吐鲁番地区中级人民法院(1989)吐地法经监字第01号民事判决,对该案的认定事实有误,适用法律不当,处理结果欠妥,予以纠正。原一、二审认定事实清楚,处理恰当,适用法律正确。

据此,经新疆维吾尔自治区高级人民法院1991年7月24日第17次审判委员会讨论决定判决:撤销1989年吐鲁番地区中级人民法院(1989)吐地法经监字第01号民事判决,维持吐鲁番市人民法院(1989)吐法经字第23号民事判决及吐鲁番地区中级人民法院(1989)吐地法经上字第14号民事判决。

【评析】

根据《合同法》的规定,有下列情形之一,合同无效:

(1)一方以欺诈、胁迫的手段订立合同,损害国家利益;

(2)恶意串通,损害国家、集体或者第三人利益;

(3)以合法形式掩盖非法目的;

(4)损害社会公共利益;

(5)违反法律、行政法规的强制性规定;

(6)合同订立免责条款中有下列情况的应视为无效:

①造成对方人身伤害的;

②因故意或者重大过失造成对方财产损失的。

从本案情况看,合同双方因各有所图,私下又另有协商条件,为达到各自的目的,违反国家建房政策,这样也就违反了国家利益,损害了公共利益。应认定合同无效。对于该合同的无效双方均有过错责任。

建设工程合同有它的特殊性,在处理无效合同时应注意:

建设工程合同是《合同法》中规定的类型合同之一,故《合同法》关于无效合同的处理原则一般同样适用处理无效建筑合同。同时,建筑合同又是特殊的经济合同,它的标的是建设项目,是不动产,合同无效时,一般不适用返还原则。因为合同无效,合同中关于价格的规定也无效,因此,在具体处理时就存在着对建筑项目(建筑物)的实物折价问题。实物折价应从以下几个角度去考虑:

(1)若合同约定的价格比较合理,双方当事人没有争议的,原则上仍以原合同价格计算建筑物的价格,这并不是承认合同约定的价格条款有效,只是作为折价的依据。

(2)双方在价格上有争议的,合同无效责任是发包方造成的,按实际情况折价。按实际折价即按照国家和地方(省)定额标准规定结算。如果合同无效的责任是承包方造成的,则应按发包方在招标时的密封标的价格折价,这样在实际折价中考虑了双方的责任,符合公平合理原则,避免了按"实际折价"中存在的"输了理,赢了钱"的实际弊端,较合乎立法精神。

第二节　建设工程合同的履行与担保

一、建设工程合同的履行

(一)建设工程合同的履行概念和原则

1. 建设工程合同的履行概念

建设工程合同的履行,是指建设工程合同生效后,双方当事人按照合同的规定,全面适当地完成了各自的合同义务,享受了各自的合同权利,使双方当事人的合同目的得以实现的行为。

2. 建设工程合同的履行原则

1)全面履行原则

全面履行原则,是指合同当事人按照合同规定的标的、数量和质量、价款或者报酬、履行期限、地点和方式等全面地完成各自应当履行的义务。建设工程合同的全面履行就是合同当事人必须按照合同规定的所有条款完成工程建设任务,包括:履行标的为建设工程项目的建设行为,履行期限为工程工期,履行地点为建设工程项目所在地,履行价格为工程造价等。如果合同条款对上述主要内容的约定不明,当事人又不能通过协商达成补充协议的,则应按照合同有关条款或交易习惯确定。如仍确定不了,则可根据适当履行的原则,在适当的时间、适当的地点,以适当的方式来履行。

2)实际履行原则

实际履行原则,是指合同当事人应按照合同规定的标的去履行,不能用其他标的代替的履行原则。建设工程合同的实际履行就是合同当事人必须依据建设工程合同规定的标的不折不扣地实现其内容的行为。建设工程合同签订后,建设工程合同的当事人必须按照合同规定的范围和内容实际履行,承包方应按期保质地交付勘察设计成果和建设工程,发包方则应及时予以接受。

(二)建设工程合同履行中的抗辩权

抗辩权是指在双方合同中,一方当事人享有的依法对抗对方要求或否认对方权利主张的权利。履行抗辩权的设置,使当事人可以在法定情况下对抗对方的请求权,而当事人的拒绝履行行为不但不构成违约,而且还可以更好地维护当事人的合法权益。履行抗辩权主要包括同时履行抗辩权、先履行抗辩权和不安抗辩权。

1. 同时履行抗辩权

同时履行抗辩权也称不履行抗辩权,是指在法律未规定或合同未约定哪一方当事人先履行义务的情况下,任何一方当事人在对方未开始履行或未提出履行之前,有权拒绝履行自己的合同义务的权利。《合同法》规定,行使同时履行抗辩权必须符合以下条件:

(1)当事人须因同一合同互负债务;

(2)债务须同时履行并已届清偿期;

(3)对方没有履行或者履行不适当。

2. 后履行抗辩权

后履行抗辩权,是指在双方合同中,应当先履行债务的一方当事人不履行债务或者其履行不符合合同约定的,后履行的另一方当事人有权不履行合同债务或者拒绝履行部分债务。《合同法》规定,行使后履行抗辩权应当符合下列条件:

(1)须双方当事人基于同一合同互负债务,且在履行上有关联性或者形成对价关系;

(2)须其中的一方当事人应当先履行债务;

(3)须应当先履行债务的一方当事人没有履行债务或者其履行不符合合同约定。

3. 不安抗辩权

不安抗辩权,是指双方合同中的当事人履行义务有先后顺序,先履行义务的一方当事人,有证据证明后履行一方当事人财产状况明显恶化或者履行债务的能力明显减弱,不能或可能不能履行合同义务时,在对方当事人未恢复履行能力或提供适当担保之前,当事人有权暂时中止履行合同义务。

《合同法》规定,应当先履行义务的当事人,有确切证据证明对方有下列情形之一的,可以中止履行自己的债务:

(1)经营状况严重恶化;

(2)转移财产、抽逃资金以逃避债务;

(3)丧失商业信誉;

(4)丧失或者可能丧失履行债务能力的其他情形。

当事人没有确切证据而中止履行合同义务的,应当承担违约责任。当事人中止履行合同义务的,应当在合理的时间内及时通知对方当事人,告知中止履行的理由,以便对方提供适当的担保。在合同履行期内,对方提供适当担保后,应当恢复履行合同义务。中止履行后,对方当事人在合理期限内未恢复履行能力并且未提供适当担保的,中止履行的一方即可以解除合同。

【案例 4－11】

不安抗辩权的行使

在某省的一条公路建设过程中，B 施工单位与某建设单位签订了施工合同。合同中约定：工程开工后建设单位应在半年之内分两次向 B 施工单位支付共计 350 万元的工程款。工程开工一个月后，建设单位按照合同约定先向 B 施工企业支付了 100 万元的工程款，不久后 B 施工企业的另一施工项目（Y 项目）发生很大的变化，B 施工企业将用于该公路项目的大部分设备、人员调至 Y 项目。两个月后，B 施工企业以急需资金为由，要求建设单位按合同约定支付余下的工程款。

请分析，建设单位是否有权拒绝 B 施工企业提出支付第二次工程款的要求？

【评析】

本案中，B 施工企业的另一施工项目（Y 项目）发生很大的变化，B 施工企业便将用于该公路项目的大部分设备、人员调至 Y 项目，由此可以看出 B 施工企业履行合同的能力明显减弱，有不能或可能不能履行合同义务的可能。因此，这时建设单位即可以 B 施工企业"有丧失或者可能丧失履行债务能力的其他情形"为由行使不安抗辩权，中止履行自己的义务，拒绝向 B 施工企业支付余下的工程款。

（三）建设工程合同的保全

合同的保全，是指法律为防止因债务人的财产不当减少或不增加而给债权人的债权带来损害，允许债权人行使撤销权或代位权，以保护其债权的一种制度。

合同的保全主要包括代位权与撤销权两种形式：

1. 代位权

代位权，是指当债务人怠于行使其到期债权，对债权人造成损害的，债权人可以向人民法院请求以自己的名义代位行使债务人债权的权利。《合同法》规定该债权专属于债务人自身的除外。

债权人依法行使代位权应当符合下列条件：

1）债权人对债务人的债权合法

债权人与债务人之间必须有合法的债权债务关系的存在，否则，代位权就失去了存在的基础。如果债权债务关系并不成立，或者具有无效或可撤销的因素而应当被宣告无效或者可能被撤销，或者债权债务关系已经被解除，或者债务人的债权是一种自然债权，则债权人并不应该享有代位权。

2）债权人对债务人的债权已到期

债权人对债务人享有的债权必须已届清偿期，债权人才能行使代位权，这一点是代位权与撤销权在构成要件上的区别所在。

3）债务人怠于行使其到期债权，对债权人造成损害

债务人怠于行使到期债权，对债权人造成损害是指债务人不履行其对债权人的到期债务，又不以诉讼或仲裁方式向其债务人主张其享有的具有金钱给付内容的到期债权，致使债权人的到期债权未能实现。对于债务人不能行驶的权力或者债务人已经行驶权力但方法不适当等

情况，债权人不能行驶代位权。

4）债务人的债权不是专属于债务人自身的债权

专属于债务人自身的债权，是指基于扶养关系、抚养关系、赡养关系、继承关系产生的给付请求权和劳动报酬、退休金、养老金、抚恤金、安置费、人寿保险、人身伤害赔偿请求权等权利。

债权人行使代位权应当以自己的名义行使，而不是以债务人的名义行使。债权人依法提起代位权诉讼的，由被告住所地人民法院管辖。代位权的行使范围以债权人的债权为限。债权人行使代位权的必要费用，由债务人承担。在代位权诉讼中，债权人胜诉的，诉讼费用由次债务人负担，从实现的债权中优先支付，然后由次债务人向债务人求偿。

债权人向次债务人提起的代位权诉讼经人民法院审理后认定代位权成立的，由次债务人向债权人履行清偿义务，债权人与债务人、债务人与次债务人之间相应的债权债务关系即予消灭。

案例

【案例 4－12】

如何行使代位权

某建材公司与某施工队签订一份购销合同，施工队向建材公司购买一批建材，价值人民币 125 万。建材公司依约发货后，施工队未能在合同约定期限到来之时给付货款。建材公司多次催款，均未果。建材公司得知，某交通局曾在半年前拖欠该施工队工程款共计 200 万元，至今亦未清偿工程款，但由于其与施工队是老主顾，施工队不愿意与之发生诉讼。建材公司遂向人民法院起诉交通局，要求立即偿还所欠施工队的工程款。

请分析，建材公司是否可以请求法院判令某交通局直接向建材公司履行债务？

【评析】

本案中，施工队碍于情面，怠于行使自己对交通局的到期债权，导致建材公司的到期债权不能得到及时清偿，对建材公司的利益造成了损害。因此，建材公司依法享有代位权，可以向法院请求以自己的名义行使施工队对交通局的债权的权利，请求法院判令交通局直接向建材公司履行债务，即交通局直接给付建材公司 125 万元。

2. 撤销权

撤销权，是指债权人对债务人实施的危及债权人实现债权的行为，可以依法请求人民法院予以撤销的权利。撤销权行使的结果是恢复债务人的财产与权利。

因债务人放弃其到期债权或者无偿转让财产或者以明显不合理的低价处分财产，对债权人造成损害的，债权人可以请求人民法院撤销债务人的行为。撤销权的行使范围以债权人的债权为限。债权人行使撤销权的必要费用由债务人负担，第三人有过错的，应当适当分担。

债权人撤销权的行使期限为：自债权人知道或者应当知道撤销事由之日起一年内行使。

撤销权的消灭：自债务人的行为发生之日起 5 年内没有行使撤销权的，该撤销权消灭。

（四）建设工程合同的变更、转让、终止和解除

1. 建设工程合同的变更

【案例4-13】

债权人刘某是否有权要求撤销债务人孙某的赠与行为

孙某向刘某借款40万元，双方签订了借款合同，并约定2年后返还。合同到期后，刘某多次与孙某联系要求还钱，孙某提出无力返还。孙某不想偿还欠款，便将自己的一辆价值20万元的轿车送给了自己的亲戚。刘某得知后，遂向法院提起诉讼，要求撤销孙某的赠与行为。

试分析，刘某是否有权要求撤销孙某的赠与行为？

【评析】

本案中，孙某将自己的一辆价值20万元的轿车送给了自己的亲戚，使得债务的履行、债权的实现失去了保障，对债权人刘某的债权造成了损害。因此，刘某可请求法院撤销孙某的赠与行为，要求偿还所欠的债务。

合同的变更包括广义的合同的变更和狭义的合同变更。广义的合同变更包括合同内容的变更及合同主体的变更。由于建设工程合同的特殊性，建设工程合同的变更只是狭义的合同变更，即指在合同签订后或在履行过程中，因履行合同的主、客观情况的变化，承发包双方依照法律规定或者合同约定的条件和程序，在合同的主体不改变的前提下对合同内容的修改或补充。

依法成立的建设工程合同，即具有法律约束力，受法律保护，当事人必须全面履行合同义务。但是，由于工程项目建设的情况往往不是固定不变的，在建设工程合同签订后或者履行过程中免不了因工程实施条件及环境的变化导致合同无法履行或不能全面履行，而对合同约定的事项进行修正，即对建设工程合同的内容进行变更。

建设工程合同的变更往往可以通过工程签证来实现，实际上就是工程承发包双方在合同履行过程中对支付各种费用、顺延工期、赔偿损失等事项所达成的补充协议。经双方书面确认的工程签证，将成为工程结算和工程索赔的依据。我国《合同法》规定："当事人协商一致，可以变更合同"。法律、行政法规规定变更合同应当办理批准、登记手续的，依照其规定。合同依法变更后，当事人依照变更后的合同享有权利和履行义务。但不论是发包方还是承包方，均不得以变更后的合同条款来作为重新调整双方在合同变更前的权利义务关系的依据。

2. 建设工程合同的转让

建设工程合同的转让，是指合同的当事人将其合同的权利和义务全部或部分转让给第三人。合同的转让是指合同主体的变更，分为债权转让、债务转让及权利义务的概括转让。

1）债权转让

合同的债权转让，也称为债权让与，是指不改变合同的内容，由债权人将合同的债权全部或部分转让给第三人。但有下列三种情形的，合同债权不得转让：

（1）根据合同的性质不得转让（主要指合同在基于当事人的身份关系而订立的情况下，合同债权不得转让）；

（2）当事人约定不得转让；

(3)依照法律规定不得转让。

债权人转让债权，不需经债务人同意，但应当通知债务人。未经通知，该转让对债务人不发生效力。债务人接到债权转让通知后，债权转让行为就生效，债务人对让与人的抗辩可以向受让人主张。债权人转让权利的通知不得撤销，但经受让人同意的除外。债权人转让权利的，受让人取得与债权有关的从权利，但该从权利专属于债权人自身的除外。

2)债务转让

合同的债务转让也称债务承担，是指债务人将合同的债务全部或部分转让给第三人。

债务人转让合同债务，应当经债权人同意，只有在取得债权人的同意后，才对债权人产生法律效力。债务人转让债务后，新债务人可以主张原债务人对债权人的抗辩。新债务人应当承担与主债务有关的从债务，但该从债务专属于原债务人自身的除外。

案例

【案例 4－14】

债务转让的构成要件

上海甲土方工程公司与某部队驻沪办事处签订土方工程合同，约定由甲土方工程公司承包浦东新区某广场约7万余平方米土方挖运工程及内便道、内导墙外运工程。后由于甲土方工程公司另外承揽了一个大工程，无法按照合同约定的日期完成工程任务，便擅自将其承包的上述工程项目转让给丙公司施工。后由于某些原因甲土方工程公司与丙公司发生了纠纷。

请分析，甲土方工程公司将土方工程交由丙公司施工的行为是否有效？

【评析】

甲土方工程公司将土方工程交由丙公司施工的行为属于转移合同义务的行为，此种行为无效。

根据《合同法》的规定，债务人转让合同债务，应当经债权人同意，只有在取得债权人的同意后，才对债权人产生法律效力。本案中，甲土方工程公司将其承包的工程项目转让给丙公司施工未经某部队驻沪办事处的同意，所以甲土方工程公司转让债务的行为无效。

3)权利义务的概括转让

合同权利义务的概括转让，一般由合同的一方当事人与合同之外的第三人通过签订转让协议转让，约定由第三人取代合同转让人的地位，享有合同中转让人的一切权利并承担转让人在合同中的一切义务。合同权利义务的概括转让与债权或债务转让不同，后者仅是债权债务的单一转让，而合同权利义务的概括转让则是债权与债务一并转让。

根据《合同法》的规定，当事人一方经对方同意，可以将自己在合同中的权利义务一并转让给第三人。权利和义务一并转让的，适用债权转让与债务转让的有关规定。法律、行政法规规定转让权利或者转让义务应当办理批准、登记手续的，应依照其规定办理相应手续。当事人订立合同后合并的，由合并后的法人或者其他组织行使合同权利、履行合同义务。当事人订立合同后分立的，除债权人和债务人另有约定的以外，由分立后的法人或者其他组织对合同的权利和义务享有连带债权、承担连带债务。

3. 建设工程合同的终止

1)建设工程合同权利义务终止的概念

建设工程合同的终止也称为建设工程合同权利义务的终止,是指由于某种法律事实的发生使建设工程合同当事人之间的权利义务关系消灭。合同终止的原因,一般是因为合同的目的已经达到,或者是因为某种情况不需要继续存在合同关系了。

2)建设工程合同权利义务终止的原因

根据《合同法》的规定,引起合同的权利义务终止的主要原因有以下几个方面。

(1)债务已经按照约定履行

债务已经按照约定履行也称债务的清偿。建设工程合同中,在工程建设的勘察阶段,勘察人如期提交质量合格的勘察报告,发包人付清勘察费用;在工程建设的设计阶段,设计人提交符合建设要求的设计图纸和附属设计文件,发包人付清设计费;在工程建设的建筑和安装阶段,建筑人和安装人的一系列义务最后都归结为在合同约定的期限内完成施工任务,工程质量等级符合合同约定的标准,至保修期届满时,工程不发生返工问题或虽已发生但已全部妥善处理完毕,发包人的一系列义务最后则归结为支付了全部工程款(含保修费用)。

(2)合同解除

所谓建设工程合同的解除,是指建设工程合同依法成立后开始履行之前或者未全部履行完毕之前,当事人根据法律规定或者合同约定的条件和程序,消灭双方的承包合同法律关系。

(3)债务相互抵消

债务相互抵消有法定抵消和合意抵消两种。法定抵消,是指当事人互负到期债务,且债务的标的物种类、品质相同的,任何一方可以将自己的债务与对方的债务在相同数额范围内抵消,但依照法律规定或者按照合同性质不得抵消的除外。当事人主张抵消的,应当通知对方。抵消不得附加条件或者附加期限。合意抵消,是指当事人互负债务的,无论标的物种类、品质相同与否,经双方协商一致抵消债务。

(4)债务人依法将标的物提存

所谓提存,是指由于债权人的原因而使债务人无法向债权人清偿债务时,债务人依法将合同的标的物提交给特定的提存机关,从而消灭债务的一项制度。

债务人难以履行债务的,有下列情形之一的,债务人可以将标的物提存:

①债权人无正当理由拒绝受领;

②债权人下落不明;

③债权人死亡未确定继承人或者丧失民事行为能力未确定监护人;

④法律规定的其他情形。

标的物不适于提存或者提存费用过高的,债务人依法可以拍卖或者变更标的物,提存所得的价款。标的物提存后,除债权人下落不明的以外,债务人应当及时通知债权人或者债权人的继承人、监护人。债权人可以随时领取提存物,但债权人对债务人负有到期债务的,在债权人未履行债务或者提供担保之前,提存部门根据债务人的要求应当拒绝其领取提存物。标的物提存后,毁损、灭失的风险由债权人承担。提存期间,标的物的孳息归债权人所有。提存费用由债权人负担。债权人领取提存物的权利,自提存之日起5年内不行使而消灭,提存物扣除提存费用后归国家所有。

(5)债权人免除债务

债权人免除债务，是指债权人免除债务人的债务。债务的免除是单方法律行为，基于债权人的意思表示即可发生，但该意思表示应当以法律规定的形式(如书面形式)作出，并送达债务人或债务人的指定代理人时才生效。

(6)债权债务同归于一人

债权债务归于同一人也称混同。在合同权利义务同归一人的情形下，实际上是自己向自己提出履行债务的请求或者自己向自己履行债务，已无意义。企业的合并是混同发生的常见原因，即原来存在合同债权债务关系的两个企业因合并成为一个企业而使合同归于终止。例如，建设单位和施工单位合并，即引起建设工程合同的终止。此外，债务人受让债权人的债权、债权人承担债务人的债务也是混同发生的原因。

(7)法律规定或者当事人约定终止的其他情形

合同的权利义务终止后，当事人应当遵循诚实信用原则，根据交易习惯履行通知、协助、保密等义务。

4. 建设工程合同的解除

建设工程合同的解除，是指建设工程合同生效后但合同义务没有履行或者没有完全履行，因发生了法定、约定情况或者当事人协商一致，而使合同关系消灭。

合同的解除分为约定解除和法定解除两种情况。约定解除，是指当事人双方在合同成立后，没有履行或者没有完全履行前，通过协商一致解除合同或者在订立合同时就约定了解除合同的条件，当条件成就时合同自然被解除。法定解除，是指在合同成立后，没有履行或者没有完全履行前，由于出现了法定解除情形，当事人一方行使法定解除权而使合同终止。

根据《合同法》的规定，建设工程合同有下列情况之一的，可引起合同的解除：

(1)承发包双方经协商一致，可以解除合同，但当事人的约定不得违反法律规定，也不得违反社会公共利益；

(2)由于发生不可抗力情况致使建设工程承包合同的目的不能实现；

(3)在合同履行期限届满之前，一方当事人明确表示或者以自己的行为表明不履行主要债务的，对方可以解除合同；

(4)当事人一方迟延履行主要债务，经催告后在合理期限内仍未履行的，对方可以解除合同；

(5)当事人一方迟延履行债务或者有其他违约行为，致使不能实现合同目的的；

(6)国家取消基本建设计划的。

当事人依法主张解除合同的，应当通知对方。合同自通知到达对方时解除。对方有异议的，可以请求人民法院或者仲裁机构确认解除合同的效力。法律、行政法规规定解除合同应当办理批准、登记手续的，依照其规定。

合同解除后，尚未履行的，终止履行；已经履行的，根据履行情况和合同性质，当事人可以要求恢复原状或采取其他补救措施，并有权要求赔偿损失。合同的权利义务终止，不影响合同中结算和清理条款的效力。

关于解除权的期限，若法律规定或者当事人约定解除权行使期限，期限届满当事人不行使的，该权利消灭；若法律没有规定或当事人没有约定解除权行使期限，经对方催告后在合理期限内不行使的，该权利消灭。

（二）工程变更

建设工程施工过程中，业主或监理工程师为确保工程质量及进度，或其他原因，往往会发出更换建筑材料、增加新的工作、加快施工进度或暂停施工等相关指令，造成工程不能按原定设计及计划进行，并使工期延长，费用增加。此时，承包方即可提出索赔要求。

（三）工期拖延

工程施工过程中，由于受天气、水文或地质条件等因素的影响，使施工无法正常进行，从而导致工期延误、费用增加时，即可提起索赔。

（四）发包人违约

当发包人未按合同约定提供施工条件及未按时支付工程款，监理工程师未按规定时间提交施工图纸、指令及批复意见等违约行为发生时，承包方即可提起索赔。

（五）合同风险分担不均

建设工程合同的风险，理应由双方共同承担，但受"买方市场"规律的制约，合同的风险主要落在承包方一方。作为补偿，法律允许它通过索赔来减少风险，有经验的承包商在签订建设工程合同中事先就会设定自己索赔的权利，一旦条件成熟，就可依据合同约定提起索赔。

（六）合同缺陷

由于合同约定不清，或合同文件中出现错误、矛盾、遗漏的情况时，承包方应按业主或监理工程师的解释执行，但可对因此而增加的费用及工期提出索赔。

（七）国家政策及法律、法令的变更

国家有关法律、政策的变更是当事人无法预见和左右的，但又必须执行的。当有关法律和政策的变更如法定休息日增加、进口限制、税率提高等造成承包方损失时，承包方都可提出索赔并理应得到赔偿。

（八）其他

其他如不可抗力的发生、因业主原因造成的暂停施工或终止合同等，都可成为索赔的起因。

【案例 4－25】

合同用语不规范导致的索赔案例

我国的云南鲁布革水电引水工程采用 FIDIC 条款，承包商为国外某公司，我国某承包公司分包了隧道工程。分包合同规定：隧道挖掘中，在设计挖方尺寸基础上，超挖不得超过 40cm，在 40cm 以内的超挖工作量由总承包商负责，超过 40cm 的超挖由分包负责。

由于地质条件复杂,工期要求紧,分包商在施工中出现许多局部超挖超过40cm的情况,总包拒绝支付超挖超过40cm部分的工程款。分包就此向总包提出索赔,因为分包商一直认为合同所规定的“40cm以内”,是指平均的概念,即只要总超挖量在40cm以内,则不是分包的责任,总包应付款。而且分包商强调,这是我国水电工程中的惯例解释。

最终总承包商以合同条款中没有约定超挖工作量为“平均”而不认可分承包商的索赔要求。

【评析】

如果总包和分包都是中国的公司,这个惯例解释常常是可以被认可的。但在本合同中,没有“平均”两字,在解释上就不能加上这两个字,这符合“字面解释原则”。

因为,如果局部超挖达到50cm,则按本合同字面解释,40~50cm范围内的挖方工作量确实属于“超过40cm”的超挖,应由分包负责。这样,分包商损失数百万元就属分包商承担的风险了。

三、建设工程合同索赔的依据

在索赔原因发生时,当事人一方应该有充分的依据,才能通过索赔的方式取得赔偿。在实践中,无论是索赔,还是反索赔,基本上都是围绕着索赔事实是否存在、索赔原因是否成立这一前提进行的。索赔的依据包括如下内容。

(一)法律与法规

一般来说,与工程项目建设有关的公司法、税法、劳动法、环境保护法等法律及建设法规都会直接影响工程承包活动。当任何一方违背这些法律或法规时,或在某一规定日期之后发生的法律或法规变更,均可能引起索赔。

(二)合同和合同文件

建设工程施工合同时工程常被当事人之间最基本的约定文件。特别指出的是,合同示范文本只有为双方所接受并编入有关工程项目合同时,才能作为索赔的依据。

(三)施工文件和有关资料

施工文件是客观地反映了工程施工活动的记录,是证明索赔事实存在的证据,因而也是索赔的重要依据。主要包括:

(1)施工前与施工过程中编制的工程进度表;

(2)每周的施工计划和每日的各项施工记录;

(3)会议记录、会议纪要,由双方签字确认;

(4)由承包方提供的各类施工备忘录;

(5)来往信函;

(6)由工程师检查签字批准的各类工程检查记录和竣工验收报告;

(7)工程施工录像和照相资料;

(8)各类财务单据,包括工程单据、发票、收据等;

(9)市场信息资料;

(10)现场气象记录;

(11)其他资料。

从法律上讲,施工文件只有得到工程师或工程师代表和承包商的确认后,才能构成索赔的依据。

(四)前期索赔文件

前期索赔主要是研究和解决在招标过程中,投标人在投标后至签订承包合同前这一期间所发生的索赔问题。一方面,业主在投标人中标后,可能会提出超出原招标文件范围的要求,或者要求增加不合理的合同条款,致使双方无法签订或迟延签订工程承包合同,给中标方造成经济损失。另一方面,投标人在投标有效期内可能要求撤销投标,或提出严重背离招标文件的要求,拒签合同,单方毁标,给招标单位造成损害。这些事实都会构成前期索赔,而与之有关的招标与投标文件(包括投标保证),以及招标所应适用的法律是前期索赔的依据。

四、建设工程合同索赔的程序

索赔主要程序是施工单位向建设单位提出索赔意向,调查干扰事件,寻找索赔理由和证据,计算索赔值,起草索赔报告,通过谈判、调解或仲裁,最终解决索赔争议。该过程大致可划分为以下五个阶段。

(一)发出索赔意向通知书

在索赔事件发生后,承包人应在索赔事件发生后的 28 天内向工程师递交索赔意向通知,声明将对此事件提出索赔。该意向通知是承包人就具体的索赔事件向工程师和发包人表示的索赔愿望和要求。如果超过这个期限,工程师和发包人有权拒绝承包人的索赔要求。索赔事件发生后,承包人有义务做好现场施工的同期纪录,工程师有权随时检查和调阅,以判断索赔事件造成的实际损害。

(二)索赔报告递交

索赔意向通知提交后的 28 天内,或工程师可能同意的其他合理时间内,承包人应递送正式的索赔报告。索赔报告的内容应包括:事件发生的原因,对其权益影响的证据资料,索赔的依据;此项索赔要求补偿的款项和工期展延天数的详细计算等有关材料。

(三)工程师审核索赔报告

工程师收到承包人递交的索赔报告和有关资料后,应与承包人就索赔的处理进行协商,达成一致意见;若谈判时达不成共识时,工程师有权确定一个他认为合理的单价,作为最终处理意见,并将此意见报送发包人并相应通知承包人。

(四)发包人审查索赔处理

当工程师确定的索赔额超过其权限范围时,必须报请发包人批准。发包人首先根据事件发生的原因、责任范围、合同条款审核承包人的索赔申请和工程师的处理报告,再依据工程建设的目的、投资控制、竣工投产日期要求,以及针对承包人在施工中的缺陷或违反合同规定等的有关情况,决定是否同意工程师的处理意见。索赔报告经发包人同意后,工程师即可签发有关证书。

(五)承包人是否接受最终索赔处理

承包人接受最终的索赔处理决定,索赔事件的处理即告结束。如果承包人不同意,就会导致合同争议。通过协商双方达到互谅互让的解决方案,是处理争议的最理想方式。如达不成谅解,承包人有权提交仲裁或诉讼解决。

案例

【案例4-26】

承包商提出的工期和费用索赔

某工程按合同规定的总工期计划,应于×年×月×日开始混凝土施工。因承包商的混凝土搅拌设备迟迟不能运往工地,承包商决定使用商品混凝土,但被业主否决。而在承包合同中未明确规定使用何种混凝土。承包商不得已,只有继续组织混凝土搅拌设备进场,由此导致施工现场停工,工期拖延和费用增加。

试分析,对于该事件,承包商是否可以提出索赔要求?并说明理由。

【评析】

承包商可以要求工期和费用索赔。

因为合同中未明确规定一定要用工地现场搅拌的混凝土,则商品混凝土只要符合合同规定的质量标准也可以使用,不必经业主批准。因为按照惯例,施工工程的方法由承包商负责。承包商在不影响或为了更好地保证合同总目标的前提下,可以选择更为经济合理的施工方法,业主不得随便干预。在这样的前提下,业主拒绝承包商使用商品混凝土,是一个变更指令,对此可以进行工期和费用索赔。但该项索赔必须在合同规定的索赔有效期内提出。当然,承包商不能因为用商品混凝土而要求业主补偿任何其他费用。

【案例4-27】

索赔与反索赔相结合案例

某大型公共道路桥梁工程,跨越平原区河流。桥梁所在河段水深经常在5m以上,河床淤泥层较深。工程招标文件采用FIDIC标准合同条件,另有详细的“专用条件”及“施工技术规程”(Specification)。中标合同价7825万美元,工期24个月。

工程建设开始以后,在桥墩基础开挖过程中,发现地质情况复杂,淤泥深度比招标文件资料中所述数据大得很多,基岩高程较设计图纸高程降低3.5m。在施工过程中,咨询工程师多次修改设计,而且推迟交付施工图纸。因此,在工程将近完成时,承包商提出了索赔,要求延长工期6.5个月,补偿附加开支(Additional Costs)3645万美元。

在这项重大索赔的处理过程中,业主和咨询工程师采取了比较慎重、细致的做法,在审核评价承包商的索赔文件之后,又向承包商提出了某项反索赔,使索赔与反索赔交错在一起,最后做了综合性的处理。

业主和工程师采取的步骤如下。

(1)详读招标合同文件,审核承包商索赔要求的合同依据。逐项审查后认为,承包商有权提出相应的工期延长、工程量增加、个别单价调整等项索赔要求,应对其具体索赔款额进行核算。

在招标文件的"工程造价预算"部分中(这部分文件即"标底",由业主保管,从未向承包商提供或透漏),对大桥工程的造价进行了详细的估算,预算工程总造价为8350万美元,工期24个月。

由此可见,承包商在竞争性公开招标过程中,编制投标书时将工程成本压得过低,并遗漏了一些成本项目,合同报价为7825万美元。它虽然在竞争中达到了中标的目的,但报价偏低525万美元(8350万-7825万=525万美元),从一开始便埋下了亏损的根子。虽然他编报的施工期仍为24个月,与业主在招标文件中要求的施工期一致。

(2)根据施工过程中出现的情况,对工程成本进行可能状态分析。具体分析每一项新出现的索赔事项(地质条件、修改设计、迟交施工图纸等),核算在这些条件下进行施工时可能形成的工程总造价。当然,在考虑这些新的施工条件或干扰时,应排除:由于承包商的责任造成的成本增加;根据合同条款应由承包商承担的成本风险。

通过可能状态分析,大桥工程的总成本可能达到9874万美元;所需工期约为28个月,即在原定24个月工期的基础上,延长工期4个月。

从工程成本可能状态分析可以看出:

①工程总成本由8350万美元增至9874万美元,所增加的1524万美元是承包商本来可以有权提出的索赔款额的上限。

②由于承包商在投标报价时较工程"标底"(8350万美元)少报了525万美元,这是他自愿承担的风险。因此,可能给予承包商的索赔款的上限为999万美元(1524万-525万=999万)。

③承包商提出要求延长工期6.5个月,是他根据施工进度实际情况到工程建成所需要的工期延长(EOT)。但是,根据可能状态分析,可给予承包商延期4个月。其余的拖期2.5个月,则属于承包商的责任。

④承包商要求,在他的中标合同价7825万美元的基础上,再索赔附加成本3645万美元。这意味着,工程总成本将达11470万美元(7825万+3645万=11470万美元)。但业主和工程师的可能状态分析得出的总成本为9874万美元。这两个总成本的差值1596万美元(11470万-9874万=1596万美元),说明承包商的成本支出偏大。其原因可能是:承包商管理不善,形成过大的成本支出;或是承包商在计算索赔数时留有余地,提高了索赔款额。不论是什么原因,业主是不会承担这项总成本的差值的。

(3)对于工期延误,向承包商提出反索赔要求。根据工程项目的可能状态分析,可同意给承包商工期延长(EOT)4个月。对于其余的拖期2.5个月,根据合同条款,业主有权反索赔,即向承包商扣取"误期损害赔偿费"(Liquidated Damages For Delay)。

按照合同规定,工程建成每延误1天按95000美元收取误期损害赔偿费,共计95000美元×76天=7220000美元。

(4)综合处理索赔和反索赔事项咨询工程师经过数次与承包商洽商，就索赔及反索赔事项达成协议，双方同意进行统筹处理。

①业主批准给承包商支付索赔款999万美元，批准延长施工期4个月。

②承包商向业主交纳工程建设误期损害赔偿费722万美元。

③索赔款和反索赔款两相抵偿后，业主一次向承包商支付索赔款277万美元。

【评析】

反索赔是被要求索赔的一方向要求索赔的一方提出的索赔要求。它是对要求索赔者的反措施，也是变被动为主动的一个策略性行动。当然，无论是索赔或反索赔，都应当以该工程项目的合同条款为依据，绝不是无根据的讨价还价，更不是无理取闹。例如，分包商向总承包商提出索赔时，总承包商也向分包商提出了反索赔；建筑承包商向供货商提出索赔时，供货商也可以向建筑承包商提出反索赔等。

第五节 工程建设标准

一、工程建设标准概念

所谓标准，是指对重复性事物和概念所作的统一性规定。它以科学技术和实践经验的综合成果有关方面协商统一，由主管机构批准，以特定形式发布，作为共同遵守的准则和依据。工程建设标准，是指对基本建设中各类工程的勘察、规划、设计、施工、安装、验收等事项所制定的标准。

工程建设标准化是在建设领域内有效地实行科学管理、强化政府宏观调控的基础和手段，积极推行工程建设标准化，对规范建设市场行为，促进建设工程技术进步，保证工程质量，加快建设速度，节约原料、能源，合理使用建设资金，保护人身健康和人民生命财产安全，提高投资效益，都具有重要的作用。

二、工程建设标准的种类

（一）根据标准的约束性划分

按标准的约束性分为强制性标准和推荐性标准。

我国的标准化法规定，国家标准和行业标准分为强制性标准和推荐性标准。保障人体健康、人身财产安全的标准和法律、行政性法规规定强制性执行的标准是强制性标准；其他标准是推荐性标准。省、自治区、直辖市标准化行政主管部门制定的工业产品的安全、卫生要求的地方标准在本行政区域内是强制性标准。

强制性标准必须严格执行。对工程建设业来说，下列标准属于强制性标准：

(1)工程建设勘察、规划、设计、施工(包括安装)及验收等通用的综合标准和重要的通用的质量标准；

(2)工程建设通用的有关安全、卫生和环境保护的标号；

(3)工程建设重要的术语、符号、代号、量与单位、建筑模数和制图方法标准；

(4)工程建设重要的通用的试验、检验和评定等标准;

(5)工程建设重要的通用的信息技术标准;

(6)国家需要控制的其他工程建设通用的标准。

强制性标准以外的标准是推荐性标准。推荐性标准国家鼓励企业自愿采用。

(二)我国标准的分级

根据《中华人民共和国标准化法》的规定,我国的标准分为四级:国家标准、行业标准、地方标准、企业标准。

1. 国家标准

国家标准是对需要在全国范围内统一的技术要求制定的标准。需要在全国范围内统一的下列技术要求,应制定国家标准(含标准样品的制作):通用的技术术语、符号、代号(含代码)、制图方法;保障人体健康和人身、财产安全的技术要求;基本原料、材料、燃料的技术要求;通用基础件的技术要求;通用的试验、检验方法;工程建设勘察、规划、设计、施工及验收的重要技术要求;工程建设、交通运输、资源等通用的管理技术要求;国家需要控制的其他重要产品和工程建设的通用技术要求等。国家标准由国务院标准化行政主管部门编制计划,协调项目分工,组织制定、修订、统一编审、编号、发布。工程建设国家标准由建设行政主管部门审批,国务院标准化行政主管部门统一编号,由工程建设行政主管部门和标准化行政主管部门联合发布。

2. 行业标准

行业标准是对没有国家标准而又需要在全国某个行业范围内统一的技术要求所制定的标准。行业标准不得与国家标准相抵触。有关行业标准之间应保持协调、统一,不得重复。行业标准在相应的国家标准公布后,即行废止。需要在行业内统一的下列技术要求,可以制定行业标准:技术术语、符号、代号(含代码)、制图方法等;工程建设勘察、规划、设计、施工及验收的技术要求及方法;交通运输、资源等的技术要求及其管理技术要求等。行业标准也分为强制性标准和推荐性标准。行业标准是由国务院该行业行政主管部门组织制定的,并由该部门统一审批、编号、发布,送国务院标准化行政主管部门备案。

3. 地方标准

地方标准是对没有国家标准和行业标准而又需要在该地区范围内统一的技术要求所制定的标准(含标准样品的制作)。地方标准不得违反有关法律、法规和国家、行业的强制性标准。地方标准由省、自治区、直辖市标准化行政主管部门统一编制计划、组织审定、编号和发布。地方标准发布后,应由省、自治区、直辖市标准化行政主管部门向国务院标准化行政主管部门和有关行政主管部门备案。

4. 企业标准

企业标准是对企业范围内需要协调、统一的技术要求、管理事项和工作事项所制定的标准。企业标准是企业组织生产、经营活动的依据。企业标准不得违反有关法律、法规和国家、行业的强制性标准。在同一企业内,企业标准之间应协调一致。企业标准由企业制定,由法人代表或法人代表授权的主管领导批准、发布。企业标准一般应由企业按企业的隶属关系报当地政府标准化行政主管部门备案。国家标准、行业标准和地方标准的强制性标准,企业必须严格执行。推荐性标准,企业一经采用也具有了强制的性质,因此应严格执行;对于企业已经备案的企业标准也应严格执行。

三、工程建设强制性标准执法检查

工程建设标准批准部门应当对工程项目执行强制性标准情况进行监督检查。监督检查可以采取重点检查、抽查和专项检查的方式。

强制性标准监督检查的内容包括:有关工程技术人员是否熟悉、掌握强制性标准;工程项目的规划、勘察、设计、施工、验收等是否符合强制性标准的规定;工程项目采用的材料、设备是否符合强制性标准的规定;工程项目的安全、质量是否符合强制性标准的规定;工程中采用的规则、指南、手册、计算机软件的内容是否符合强制性标准的规定。工程技术人员应当参加有关工程建设强制性标准的培训,并可以计入继续教育学时。任何单位和个人对违反工程建设强制性标准的行为有权向建设行政主管部门或者有关部门检举、控告、投诉。

四、违反工程建设标准强制性的法律责任

建设单位有下列行为之一的,责令改正,并处以 20 万元以上 50 万元以下的罚款:明示或者暗示施工单位使用不合格的建筑材料、建筑构配件和设备的;明示或者暗示设计单位或者施工单位违反工程建设强制性标准,降低工程质量的。

勘察、设计单位违反工程建设强制性标准进行勘察、设计的,责令改正,并处以 10 万元以上 30 万元以下的罚款。有前款行为,造成工程质量事故的,责令停业整顿,降低资质等级;情节严重的,吊销资质证书;造成损失的,依法承担赔偿责任。

施工单位违反工程建设强制性标准的,责令改正,处工程合同价款 2% 以上 4% 以下的罚款;造成建设工程质量不符合规定的质量标准的,负责返工、修理,并赔偿因此造成的损失;情节严重的,责令停业整顿,降低资质等级或者吊销资质证书。

工程监理单位违反强制性标准规定,将不合格的建设工程及建筑材料、建筑构配件和设备按照合格签字的,责令改正,处 50 万元以上 100 万元以下的罚款,降低资质等级或者吊销资质证书;有违法所得的,予以没收;造成损失的,承担连带赔偿责任。违反工程建设强制性标准造成工程质量、安全隐患或者工程事故的,按照《建设工程质量管理条例》有关规定,对事故责任单位和责任人进行处罚。

案例

【案例 4 - 28】

违反工程建设强制性标准的行为应当承担的法律责任

一、基本案情

江苏省无锡市太湖娱乐城工程地处无锡闹市区,主体地上 22 层,地下 3 层,建筑面积 47800 m^2,该工程建设单位为无锡太湖娱乐城总公司,工程监理单位为无锡同济建筑工程监理公司。该工程建筑结构、水电暖通设计由无锡市建筑设计研究院承担,建筑结构土建施工由无锡市第二建筑工程公司承建,基坑围扩结构设计和施工单位为南京勘察工程公司,工程桩基施工也同时由南京勘察工程公司承建。该工程自 1995 年 2 月开始由南京勘察工程公司进场开始围护及桩基施工,于 1995 年 9 月开始从东向西进行挖土、内支撑安装及桩间压密注浆施工,于 1996 年 4 月 13 日基本完成深基坑维护支护工程项目,1996 年 4 月 13 日至 4 月 20 日,继续以人工挖除基坑西南角剩

余土方约2000m^3,同年4月20日下午5时左右,基坑西南角剩余土方基本挖清后,不满10小时,即于当夜4月21日凌晨2时25分左右,基坑西南角发生倒塌。

二、事故责任的分析与处理

无锡市太湖娱乐城工程的基坑围护结构系由南京勘察工程公司一体负责设计和施工,该公司一并对施工防护、基坑安全及施工场地周围建筑物、地下管线的保护负责作出了合同成果。在该基坑维护支护结构的设计和施工实践中,南京勘察工程公司应认真掌握该基坑围护支护的技术条件,对可能发生的各种情况进行强度和变形计算分析,且须加强管理。但在基坑围护支扩结构的设计和施工中,该公司仅进行单一情况的强度计算,特别是对该基坑西边线的大转折凸角结点受力复杂部位考虑疏漏,未进行受力分析和变形计算,形成薄弱突破点,留下严重隐患。在施工中发现有关情况又未采取有效措施,致使该处钢围檩凸角结点连接焊缝强度严重不足,在土方的被动压力减小后而首先破坏失效,引起基坑西南角维护支撑系统失去平衡稳定,而发生该基坑局部坍塌。作为该基坑围护支护结构设计和施工的一体承建的南京勘察工程公司是该基坑部分坍塌事故的主要责任单位,该单位的工程项目设计负责人和工程项目施工现场负责人应为主要责任人。该工程深基坑西南角部位于1996年4月21日坍塌前一段时间,已明显出现周边邻近道路沉降和裂缝的非正常迹象,且不断有所发展,甚至临近4月21日该基坑部分坍塌前更曾明显发生险情迹象,但均未引起现场有关方面的应有重视,而心存侥幸,未采取妥善预防措施。因此,无锡太湖娱乐城总公司作为建设单位,疏忽严格管理,应部分承担组织管理责任。

(1)南京勘察工程公司为该事故的主要责任单位,承担赔偿事故经济损失的80%。在事故处理、经济损失赔偿实现前,吊销该单位进入无锡市“进市施工许可证”。在调查中发现有转包现象,由建设行政主管部门另行处理。该单位的事故责任人,由有关部门按规定进行处理;

(2)太湖娱乐城总公司应部分承担组织管理的责任,承担事故经济损失的20%;

(3)对周围建筑物的维修加固费用,考虑到基坑坍塌事故发生前已有一定影响,故可作为工程预算按实际发生数进入工程总造价中处理;

(4)土方总包单位苏州地质工程勘察院及分包单位锡山市市政运输公司在基坑土方工程施工中也有缺陷,给予通报批评;

(5)无锡同济建筑工程监理公司监理不力,给予行政批评,并督促其加强管理。

【评析】

《建筑法》第37条规定:“建筑工程设计应当符合按照国家规定制定的建筑安全规程和技术规范,保证工程的安全性能。”《建设工程质量管理条例》第19条第1款规定:“勘察、设计单位必须按照工程建设强制性标准进行勘察、设计,并对其勘察、设计的质量负责。”

本案中,南京勘察工程公司仅进行单一情况的强度计算,造成重大质量隐患,实际上是违反工程建设强制性标准的行为,依法应当承担法律责任。

【案例4－29】

违反工程建设标准案例

某公路线上一座钢筋混凝土特大型桥梁，由某公路工程公司承建。该工程位于某省境内，是省道某线公路的改建工程，全长78km。1996年12月20日，在进行箱型底板混凝土浇筑时，桥梁支架突然坍塌，致使在桥面上施工的人同时坠入74m的沟底，造成32人死亡、14人重伤的特大事故。

经过联合调查组的调查，认为事故发生有以下几个方面的原因。

（1）施工支架设计强度低，稳定性不够，不能承受大桥施工时的荷载，使支架失稳而倒塌。这是大桥倒塌的直接原因。具体表现在四个方面：

①大桥施工的支撑架没有整体结构设计图，更没有进行支架整体设计强度及稳定性计算，实际上这种支撑的承载能力仅是实际载荷的1/3；

②施工支架的稳定性差，支架两边各竖立3根并排的钢管柱，其相互连接仅靠斜撑；立柱、斜撑和主桁架不是稳固的整体，任何一个部位发生较大的变形都可能导致整个结构的失稳；

③在浇筑拱底板混凝土的过程中，没有严格按均匀、对称浇筑的施工规范要求进行，造成拱盔受力不均，模板多处、多次变形；

④原设计的立柱没有考虑与工字钢托架的连接，在安装钢管立柱时，由于没有整体设计图，无法连接，不得不临时在现场将立柱割断切孔重新焊接，使支架承载力受到破坏，达不到原设计要求。

（2）公路工程公司管理混乱，无视安全，盲目蛮干乱干。

（3）建设单位（某市交通局）违反招标投标法的规定，使该工程由不具备资质条件的单位设计。某市公路局设计室的设计资质为丙级，不能承担该特大桥的设计任务，属于越级设计。

（4）该工程由不具备资质条件的单位施工。某公路工程公司为二级资质企业，不能承担该大桥的修建任务，属于越级施工。

（5）监理工作不到位。监理单位没有组织一支适应工作需要的现场监理队伍，现场监理人员也没有按监理规范对施工工序和进度进行把关和控制。

【评析】

从当事人的主观心理、当事人的行为、事故的损害结果及技术等方面来分析，可以认定这是一起违反工程建设标准的规定，蛮干乱干、盲目建设所造成的一级重大事故。首先，从当事人的主观心理来分析，建设单位、设计单位、施工单位、监理单位在主观上都存在过失。设计单位（某市公路局设计室）在设计时草率马虎，不认真计算支架的强度及稳定性，使设计方案不合理。设计单在主观上存在疏忽大意的过失。建设单位没有认真审核设计单位和施工单位的资质，就将工程设计委托给不具备相应资质的设计单位设计，将工程发包给不具备相应施工资质的施工单位（某公路工程公司）承建。建设单位在主观上存在过失。施工单位施工方案不完整，明知不具备施工资质而无视安全，盲目施工，蛮干乱干，导致事故的发生，施工单位轻信继续施工也不致会发生大桥倒塌的事故，在主观上存在过于自信的过失。监理单位没有按监理规范对施工工序和进度进行把关和控制，没有尽职尽责。监理单位也存在疏忽大意的过失。其次，从当事人的行为分析，建设单位、设计单位、施工单位、监理单位的违法行为都是导致这起事故发生的原因。建设单位违反招标投标的法律规定，将工程委托给没有相应设计资质的单位设计和将工程发包给没有相应施工资质的单位承建。建设单位的违法行为是事故发生的原因之一。设计单位既没有相应设计资质，不能解决设计中的技术问题，在设计中又马虎草率，对设计图纸中的数据没有进行严密地计算，使设计图纸存在许多问题。设计单位的违法行为也是事故发生的原因之一。施工单位违反建筑法规定，违反基本建设程序，管理混乱，蛮干乱干，没有管理人员和作业人员的分工，没有支架搭建、桥面浇筑方案的具体方法、步骤等。施工单位的违法行为是这起事故发生的主要原因，监理单位违反《建筑法》规定，没有履行自己的监理职责，没有及时发现和制止施工中所留下的隐患，监理单位对事故的发生也负有不可推卸的责任。再次，从事故的损害后果来分析，这起事故造成32人死亡，14人重伤，其损害后果特别严重，给人民的生命和财产造成特别重大的损失。最后，有关单位没有严格执行工程技术标准是导致事故的根本原因。设计单位在设计图纸中留下技术问题，许多图纸中的数据不正确，设计支撑的承载能力仅是实际荷载的1/3。施工单位在施工中也存在许多技术问题，施工人员素质低，不懂施工技术，留下许多技术隐患。

本章小结

建设工程合同是承包人进行工程建设，发包人支付价款的合同。建设工程合同的签订有其特殊性，需要经过要约邀请、要约和承诺三个步骤。我国《合同法》对合同的效力规定了四种情况：依法成立的有效合同；无效合同；可撤销合同；效力待定合同。无效的建设工程合同是指由发包方与承包方订立，但因违反法律规定而没有法律约束力，国家不予承认和保护，甚至对违法当事人进行制裁的建设工程合同。

建设工程合同订立生效后双方应当严格履行，当事人可行使抗辩权，抗辩权有同时抗辩权、后履行抗辩权和不安抗辩权三种。建设工程合同采用的担保形式主要有保证、抵押、留置、定金四种方式。

合同当事人不履行合同义务或者履行合同义务不符合约定时，依照法律规定或者合同约定应当承担支付违约金、采取补救措施或者赔偿损失等违约责任。

建设工程合同索赔是当事人保护自身正当权益、避免损失、提高效益的一种重要而有效的手段，在建筑市场中是一种正常的现象。建设工程合同当事人应收集充分的依据并按照规定的程序进行索赔。

工程建设标准，是指对基本建设中各类工程的勘察、规划、设计、施工、安装、验收等需要协调统一的事项所制定的标准。工程建设标准按标准的约束性分为强制性标准和推荐性标准；我国的标准分为四级：国家标准、行业标准、地方标准、企业标准。

小知识

FIDIC 简 介

FIDIC 是指国际咨询工程师联合会(Federation International Des Ingenieurs-Conseils),它是由该联合会的法文名称字头组成的缩写词。1913 年,欧洲四个国家的咨询工程师协会成立了国际咨询工程师联合会(以后简称 FIDIC)。该组织在每个国家或地区均吸收一个独立的咨询工程师协会作为团体会员,至今已拥有 60 多个发达国家和发展中国家或地区的成员,因此它是国际上最具有权威性的咨询工程师组织,总部设立在瑞士洛桑。我国已于 1996 年 10 月正式加入了该组织。

FIDIC 合同条件在世界上应用很广,不仅为 FIDIC 成员国采用,而且也常为世界银行、亚洲开发银行等国际金融机构的招标采购样本所采用。我国于 1984 年开工的云南鲁布革水电站引水系统工程是我国第一个利用世界银行贷款,并按世界银行规定,采用国际竞争性招标和项目管理的工程,也是国内第一个使用 FIDIC 建设工程施工合同条件的工程。

FIDIC 编制了许多标准合同条件,其中在工程界影响最大的是 FIDIC 建设工程施工合同条件。

单元练习

一、思考题

1. 什么是建设工程合同?建设工程合同订立的基本原则有哪些?
2. 建设工程施工合同的基本条款有哪些?
3. 什么是要约、承诺?简述建设工程合同订立的程序。
4. 要约与要约邀请有何区别?
5. 什么是无效合同?对无效合同应如何处理?
6. 何谓缔约过失责任?在什么情况下要承担缔约过失责任?
7. 何谓合同履行中的抗辩权?我国合同法规定了哪些抗辩权?
8. 建设工程合同担保的方式有哪几种?
9. 什么是合同的变更、转让和解除?
10. 承担违约责任的方式有哪几种?
11. 什么是建设工程合同索赔?简述建设工程合同索赔的程序。
12. 工程建设标准的种类有哪些?

二、综合练习题

案例

【案例 1】

一、诉辩主张和事实认定

某工程学院为新建食堂和学生宿舍用地,急需拆除锅炉房和烟囱(高 40m)各一座。经私人介绍,且未报请市建委审批和银行备案,即与某建筑队于 1989 年 8 月 13 日签订施工协议,规定将锅炉房和烟囱拆下的全部设备(包括两台兰开夏锅炉及全部附属设备）和物料，及另两台饮水小锅炉，作为工费归建筑队所有，不另付工资。开工之后，工程学院又要人为其拆除12间平房。两项工程于9月底完成。根据协议，建筑队将拆下的旧砖、瓦、木料就地变卖，共收入1725元，将三台旧电机、三台水泵和一台饮水小锅炉拉走。在建筑队准备变卖两台兰开夏锅炉时，工程学院以“锅炉是固定资产，不能随意变卖”为理由，要求变更原协议，不给锅炉，改付工资，同时要求建筑队提出工费结算单。建筑队按照实际用工，编制了工费结算单。学院却又改变主意不付工资，仍给锅炉。双方再次协商，学院答应补给6t盘条，后又反悔。当又有一单位准备购买这两台锅炉时，工程学院又从中阻拦。建筑队两次变卖锅炉未成，便要求学院付给工资。学院又以执行原协议为理由，坚持要建筑队拉走锅炉。建筑队又多次找工程学院协商也未得解决，遂向区人民法院起诉。

二、判决理由和判决结果

区人民法院经济庭受理本案后，进行了细致的调查，走访了市、区建委、建设银行支行、区财税局等部门，研究了有关承包工程和财务管理等法令、规定，查对了建筑队的账目。经调查鉴定，双方签订施工协议违反了国家规定，是无效的。工程学院无视国家规定，私招外地施工单位，逃避建设银行的监督，违反财经纪律，应负主要责任。建筑队盲目从事，也有一定责任。鉴于建筑队为工程学院拆除了烟囱等，付出了劳动，从实际出发，应由工程学院付给劳动报酬。

经调解未成，开庭判决：

(1)撤销双方所签订的协议；

(2)除建筑队变卖旧砖、瓦、木料得款1725元外，学院再付工资8409.72元；

(3)工程学院赔偿建筑队差旅费654.06元；

(4)建筑队退还拉走的三台旧电机、三台水泵、一台小锅炉；

(5)双方其他之诉驳回。

三、二审诉辩主张

工程学院不服，以一审法院“偏袒一方，判决不公”为理由，向中级人民法院提出上诉，要求建筑队撤诉，以原协议为基础，双方再行补偿，建筑队则要求维持原判。

四、二审判决理由和判决结果

中级人民法院受理本案后，认真地审阅了原审案卷的全部资料，研究了一审法院认定的事实和判决的依据，询问了双方当事人，并做了补充调查，证明原审法院认定的主要事实清楚，责任明确。认定双方协议违法是正确的。第一，工程学院违反了国家关于固定资产有价调拨和严格审批制度的规定，擅自以固定资产抵偿工资，严重违反财经纪律。第二，在原施工协议中，不编制预算，估堆论块地以物抵工的做法，违反了工程预算制度和财务制度。对签订违法协议和造成纠纷，工程学院应负主要责任，建筑队也有一定责任。因此，工程学院在上诉中要求维持原协议是无理的，原审判决除了在工费计算上不够适当外，是正确的，应予维持。原协议违法无效，法律不予保护，双方的经济纠纷仍需合理解决。既然建筑队完成了拆除工程，付出了劳动，而且对违法签订协议责任不大，就应该获得劳动报酬。

在审理中经多次调解，调解未成，开庭审理，作出判决：

(1)维持原判三项:即撤销双方原订协议;建筑队退还电机,水泵、水锅炉;双方其他之诉驳回。

(2)改判项:即除建筑队变卖旧产得款1725元外,工程学院再付工费7455元,工程学院补偿建筑队差旅费250元。判决后双方当事人已经执行。

【问题】

该合同是否有效?它违反了哪些法律、法规?

【案例2】

1993年2月,建兴房地产公司与九龙坡房地产公司签订了一份危房改造开发建设协议书。双方约定,由九龙坡公司负责整个危房改造工程施工的一切手续,实施危房拆迁,建兴公司负责危房改造工程的资金筹措。任何一方违约,均应赔偿对方损失费5万元。协议签订后,1993年2月15日,建兴公司即向九龙坡公司支付费用5万元,后又分5次支付费用42万元。九龙坡公司在合同签订后即开始办理拆迁手续,但建兴公司对九龙坡公司的工作进展缓慢不满,双方又约定,九龙坡公司须于1994年春节前完成拆迁工作。1994年3月,九龙坡公司通知建兴公司其拆迁工作即将展开,要求保证资金到位,建兴公司口头承诺在支付20万元拆迁费并要求在6月底前完成拆迁工作。事实上,建兴公司未再付款,九龙坡公司自筹资金65万元于1994年5月底完成拆迁工作。之后,建兴公司要求双方再签一份补充合同,但后又因故未签。1994年6月,九龙坡公司向建兴公司发出解除合同通知书,建兴公司对此明确表示反对。但九龙坡公司仍然与某建设工程公司签订了工程联建合同。建兴公司遂向法院起诉,要求对方承担违约责任。九龙坡公司答辩称,建兴公司未按时支付拆迁费用,建兴公司违约在先。

【问题】

九龙坡公司解除合同的通知是否有效?建兴公司的诉讼请求是否能够得到法院的支持?

【案例3】

某施工单位根据领取的某2000m^2两层厂房工程项目招标文件和全套施工图纸,采用低报价策略编制了投标文件,并获得中标。该施工单位(乙方)于某年某月某日与建设单位(甲方)签订了该工程项目的固定价格施工合同。合同工期为8个月。甲方在乙方进入施工现场后,因资金紧缺,口头要求乙方暂停施工一个月,乙方亦口头答应。工程按合同规定期限验收时,甲方发现工程质量有问题,要求返工。两个月后,返工完毕。结算时甲方认为乙方迟延交付工程,应按合同约定偿付逾期违约金。乙方认为临时停工是甲方要求的。乙方为抢工期,加快施工进度才出现了质量问题,因此迟延交付的责任不在乙方。甲方则认为临时停工和不顺延工期是当时乙方答应的。乙方应履行承诺,承担违约责任。

【问题】

该施工合同的变更形式是否妥当？此合同争议依据合同法律规范应如何处理？

【案例4】

某建设工程设有地下室，属隐蔽工程，因而在建设工程合同中，双方约定了对隐蔽工程（地下室）的验收检查条款。规定：地下室的验收检查工作由双方共同负责，检查费用由业主承担。地下室竣工后，承包商通知业主检查验收，业主答复，因业主事务繁忙，由承包商自己检查，出具检查记录即可。其后15天，业主又聘请专业人员对地下室质量进行检查，发现没有达到合同规定的标准，遂要求承包商负担此次检查费用，并对地下室工程返工。

【问题】

承包商应如何处理？业主的事后检查费用应由谁负担？

【案例5】

某建设项目的业主提供了地质勘察报告，报告显示地下土质很好。承包商依此施工方案，拟用挖方余土作通往项目所在地道路基础的填方。由于基础开挖施工时正值雨季，开挖后土方潮湿，且易破碎，不符合道路填筑要求。承包商不得不将余土外运，另外取土作道路填方材料。

【问题】

承包商是否可以提出赔偿要求？为什么？

第五章 工程勘察设计法规

【本章职业能力目标】

能胜任勘察设计基本工作，具备依法对工程勘察设计单位资质、勘察设计人员审查的能力，并具有获取相关执业资格的能力。

【知识目标】

1. 了解工程勘察设计及勘察设计法的概念；
2. 熟悉工程勘查设计单位经营资格、权限的相关规定；
3. 掌握国家对工程勘查设计单位资质、勘查设计人员资格的管理规定。

本章重点：国家对工程勘查设计单位资质、勘查设计人员资格的管理规定。
本章难点：工程勘查设计单位经营资格、权限及勘查设计收费的相关规定。

第一节 工程勘察设计法概述

一、工程勘察设计的概念

工程勘察，是指根据工程建设的要求，查明、分析、评价工程场地的地质地理环境特征和岩土工程条件，编制工程勘察文件的活动；工程设计，是指根据工程建设的要求，对工程所需的技术、经济、资源、环境等条件进行综合分析、论证，编制工程设计文件的活动。

在工程建设过程中，勘察设计是工程建设前期的关键环节，而勘察又是设计的基础和依据。勘察设计时，应遵循下列原则：

(1)工程勘察设计应当与社会、经济发展水平相适应，做到经济效益、社会效益和环境效益相统一；

(2)从事工程勘察设计活动，应当坚持先勘察、后设计、再施工的原则；

(3)工程勘察设计单位应依法进行勘察设计，严格执行工程建设强制性标准，并对勘察设计质量负责的原则。

二、工程勘察设计法

(一)工程勘察设计法的概念

工程勘察设计法，是指调整工程勘察设计活动中所产生的各种社会关系的法律规范的总称。

工程勘察设计法涉及范围广、内容多，既包括了工程勘察设计的专门法，如《建设工程勘察设计管理条例》、《建设工程勘察设计合同条例》等，又包括了其他如《建筑法》、《城市规划法》等法律法规中有关工程勘察设计方面的法律规定。

（二）工程勘察设计法的调整对象

(1)勘察设计行政主管部门对从事勘察设计活动的单位和个人实施许可制度而发生的行政管理关系。

(2)勘察设计行政主管部门与建设单位和勘察设计单位之间，因编制、审批、执行勘察设计文件及资料等而发生的审批关系。

(3)因工程建设的实施，发生于建设单位与勘察设计单位之间的合同关系。

(4)因各种技术规定、制度和操作规程，发生于勘察设计单位内部的计划管理、技术管理、质量管理及各种形式的经济责任制等内部管理关系。

第二节　工程勘察设计资质资格管理

一、工程勘察设计单位资质管理

（一）勘察设计资质的等级和标准

从事工程勘察、设计活动的单位，应当按照其拥有的注册资本、专业技术人员、技术装备和勘察设计业绩等条件申请资质，经审查合格，取得建设工程勘察、设计资质证书后，方可在资质等级许可的范围内从事建设工程勘察、设计活动。取得资质证书的建设工程勘察、设计企业可以从事相应的建设工程勘察、设计咨询和技术服务。

根据2001年7月建设部颁布的《建设工程勘察设计企业资质管理规定》，建设工程勘察、设计资质分为工程勘察资质和工程设计资质。其中，工程勘察资质分为工程勘察综合资质、工程勘察专业资质和工程勘察劳务资质。工程勘察综合资质只设甲级；工程勘察专业资质根据工程性质和技术特点设立类别和级别；工程勘察劳务资质不分级别。取得工程勘察综合资质的企业，承接工程勘察业务范围不受限制；取得工程勘察专业资质的企业，可以承接同级别相应专业的工程勘察业务；取得工程勘察劳务资质的企业，可以承接岩土工程治理、工程钻探、凿井工程勘察劳务工作。

工程设计资质分为工程设计综合资质、工程设计行业资质和工程设计专项资质。工程设计综合资质只设甲级；工程设计行业资质和工程设计专项资质根据工程性质和技术特点设立类别和级别。取得工程设计综合资质的企业，其承接工程设计业务范围不受限制；取得工程设计行业资质的企业，可以承接同级别相应行业的工程设计业务；取得工程设计专项资质的企业，可以承接同级别相应的专项工程设计业务。取得工程设计行业资质的企业，可以承接本行业范围内同级别的相应专项工程设计业务，不需再单独领取工程设计专项资质。

建设工程勘察、设计资质标准和各资质类别、级别企业承担工程的范围由国务院建设行政主管部门同国务院有关部门制定。

（二）勘察设计资质的申请和审批

1. 审批机构及权限

建设工程勘察、设计资质的申请由建设行政主管部门定期受理。

申请工程勘察甲级资质、建筑工程设计甲级资质及其他工程设计甲、乙级资质，应当向企业工商注册所在地的省、自治区、直辖市人民政府建设行政主管部门提出申请。其中，中央管理的企业直接向国务院建设行政主管部门提出申请，其所属企业由中央管理的企业向国务院建设行政主管部门提出申请，同时向企业工商注册所在地省、自治区、直辖市人民政府建设行政主管部门备案。

申请工程勘察乙级资质、工程勘察劳务资质、建筑工程设计乙级资质和其他建设工程勘察、设计丙级以下资质(包括丙级)，向企业工商注册所在地县级以上地方人民政府建设行政主管部门提出申请。

新设立的建设工程勘察、设计企业，到工商行政管理部门登记注册后、方可向建设行政主管部门提出资质申请。

2. 资质申请应提供的资料

新设立的建设工程勘察、设计企业申请资质，应当向建设行政主管部门提供下列资料：

(1)建设工程勘察、设计资质申报表；

(2)企业法人营业执照；

(3)企业章程；

(4)企业法定代表人和主要技术负责人简历及任命(聘任)文件复印件；

(5)建设工程勘察、设计企业资质申报表中所列技术人员的职称证书、毕业证书及身份证复印件；

(6)建设工程勘察、设计企业资质申报表中所列注册执业人员的注册变更证明材料；

(7)需要出具的其他有关证明材料。

建设工程勘察、设计企业申请晋升资质等级或者申请增加其他工程勘察、工程设计资质，除向建设行政主管部门提供前述7条所列资料外，还需提供下列资料：

(1)企业原资质证书正、副本；

(2)建设工程勘察、设计资质申报表中所列的注册执业人员的注册证明材料；

(3)企业近2年的资质年检证明材料复印件；

(4)建设工程勘察、设计资质申报表中所列的工程项目的合同复印件及施工图设计文件审查合格证明材料复印件。

3. 资质审批的程序

工程勘察甲级、建筑工程设计甲级资质及其他工程设计甲、乙级资质由国务院建设行政主管部门审批。申请工程勘察甲级、建筑工程设计甲级资质及其他工程设计甲、乙级资质的，应当经省、自治区、直辖市人民政府建设行政主管部门审核。审核部门应当对建设工程勘察、设计企业的资质条件和企业申请资质所提供的资料进行核实。

申请铁道、交通、水利、信息产业、民航等行业的工程设计甲、乙级资质，由国务院有关部门初审。申请工程勘察甲级、建筑工程设计甲级资质及其他工程设计甲、乙级资质，由国务院建设行政主管部门委托有关行业组织或者专家委员会初审。

申请工程勘察乙级资质、工程勘察劳务资质、建筑工程设计乙级资质和其他建设工程勘察、设计丙级以下资质(包括丙级)，由企业工商注册所在地省、自治区、直辖市人民政府建设行政主管部门审批。审批结果应当报国务院建设行政主管部门备案。具体审批程序由省、自治区、直辖市人民政府建设行政主管部门规定。

审核部门应当自受理建设工程勘察、设计企业的资质申请之日起30日内完成审核工作；

初审部门应当自收到经审核的申报材料之日起 30 日内完成初审工作；审批部门自收到初审的申报材料之日起 30 日内完成审批工作；审批结果应当在公众媒体上公告。

4. 资质定级和升级的条件

新设立的建设工程勘察、设计企业，其资质等级最高不超过乙级，并设 2 年的暂定期。企业在资质暂定有效期满前 2 个月内，可以申请转为正式资质等级，申请时应当提供企业近 2 年的资质年检合格证明材料。

建设工程勘察、设计企业申请晋升资质等级、转为正式等级或者申请增加其他工程勘察、工程设计资质，在申请之日前 1 年内有下列行为之一的，建设行政主管部门不予批准：

(1)与建设单位勾结，或者企业之间相互勾结串通，采用不正当手段承接勘察、设计业务的；

(2)将承接的勘察、设计业务转包、违法分包或者为其他企业提供图章、图签的；

(3)注册执业人员未按照规定在勘察设计文件签字的；

(4)违反国家工程建设强制性标准的；

(5)因勘察设计原因发生过工程重大质量安全事故的；

(6)设计单位未根据勘察成果文件进行工程设计的；

(7)设计单位违反规定指定建筑材料、建筑构配件的生产厂、供应商的；

(8)以欺骗、弄虚作假等手段申请资质或者转让、伪造、涂改资质证书的；

(9)超越资质等级范围勘察设计的；

(10)其他违反法律、法规的行为。

(三)勘察设计资质的监督与管理

1. 监督管理的机构和权限

国务院建设行政主管部门对全国的建设工程勘察、设计资质实施统一的监督管理；国务院铁道、交通、水利、信息产业、民航等有关部门配合国务院建设行政主管部门对相应的行业资质进行监督管理。县级以上地方人民政府建设行政主管部门负责对本行政区域内的建设工程勘察、设计资质实施监督管理；县级以上人民政府交通、水利、信息产业等有关部门配合建设行政主管部门对相应的行业资质进行监督管理。

2. 资质年检制度

《建设工程勘察设计企业资质管理规定》第 22 条规定，建设行政主管部门对建设工程勘察、设计资质实行年检制度。

资质年检主要对是否符合资质标准，是否有质量、安全、市场交易等方面的违法违规行为进行检查。资质年检结论分为合格、基本合格和不合格。

建设工程勘察、设计企业的资质条件符合资质标准，且在过去 1 年内未发生前述所列 10 条行为之一的，资质年检结论为合格。建设工程勘察、设计企业的资质条件中，技术骨干总人数未达到资质分级标准，但不低于资质分级标准的 80%，其他各项均达到标准要求，且在过去 1 年内未发生本规定第 19 条所列行为的，年检结论为基本合格。

有下列情况之一的，建设工程勘察、设计企业的资质年检结论为不合格：

(1)企业的资质条件中技术骨干总人数未达到资质分级标准的 80%；

(2)企业的资质条件中主导工艺、主导专业技术骨干人数，各类注册执业人员数不符合资质标准的；

(3)前述两项以外的其他任何一项资质条件不符合资质标准的；

(4)有前述所列 10 条行为之一的。

建设工程勘察、设计资质年检按照下列程序进行：

(1)企业在规定时间内向建设行政主管部门提交资质年检申请；

(2)建设行政主管部门在收到企业资质年检申请后 40 日内对资质年检作出结论，或者向国务院建设行政主管部门提出年检意见。

工程勘察甲级、建筑工程设计甲级资质及其他工程设计甲、乙级资质由国务院建设行政主管部门委托企业工商注册所在地省、自治区、直辖市人民政府建设行政主管部门负责年检。年检结果为合格的应当报国务院建设行政主管部门备案，年检意见为基本合格和不合格的，应当报国务院建设行政主管部门批准，并由国务院建设行政主管部门报国务院有关部门确定年检结论。工程勘察乙级资质、工程勘察劳务资质、建筑工程设计乙级资质和其他建设工程勘察、设计丙级以下资质(包括丙级)由企业工商注册所在地省、自治区、直辖市人民政府建设行政主管部门负责年检。

建设工程勘察、设计企业资质年检不合格或者连续 2 年基本合格的，应当重新核定其资质。新核定的资质等级应当低于原资质等级；达不到最低资质等级标准的，应当取消其资质。建设工程勘察、设计企业连续 2 年资质年检合格，方可申请晋升资质等级。在资质年检通知规定的时间内没有参加资质年检的建设工程勘察、设计企业，其资质证书自行失效，且 1 年内不得重新申请资质。

建设工程勘察、设计企业变更企业名称、地址、注册资本、法定代表人等，应当在变更后的 1 个月内，到发证机关办理变更手续。其中，由国务院建设行政主管部门审批的企业除企业名称变更由国务院建设行政主管部门办理外，企业地址、注册资本、法定代表人的变更委托省、自治区、直辖市人民政府建设行政主管部门办理，办理结果向国务院建设行政主管部门备案。

建设工程勘察、设计企业在领取新的资质证书的同时，应当将原资质证书交回发证机关。建设工程勘察、设计企业因破产、倒闭、撤销、歇业的，应当将资质证书交回发证机关。建设工程勘察、设计企业遗失资质证书的，应当在公众媒体上声明作废。

(四)违反勘察设计企业资质管理规定的法律责任

1)未取得建设工程勘察、设计资质证书承揽勘察设计业务的，予以取缔；处以合同约定的勘察费、设计费 1 倍以上 2 倍以下的罚款；有违法所得的，予以没收。

2)以欺骗手段取得资质证书的，吊销资质证书；有违法所得的，予以没收，并处以合同约定的勘察费、设计费 1 倍以上 2 倍以下的罚款。

3)建设工程勘察、设计企业有下列行为之一的，依照有关法律、行政法规责令改正，没收违法所得，处以罚款；可以责令停业整顿，降低资质等级；情节严重的，吊销资质证书。具体如下：

(1)超越资质级别或者范围承接勘察设计业务的；

(2)允许其他单位、个人以本单位名义承揽建设工程勘察、设计业务的；

(3)以其他建设工程勘察、设计企业的名义承揽建设工程勘察、设计业务的；

(4)将所承揽的建设工程勘察、设计业务转包或者违法分包的。

4)建设工程勘察、设计企业未按照工程建设强制性标准进行勘察、设计，建设工程设计企业未根据勘察成果文件进行工程设计，建设工程设计企业违反规定指定建筑材料、建筑构配件的生产厂、供应商，造成工程质量事故的，责令停业整顿，降低资质等级；情节严重的，吊销资质证书。

【案例5－1】

某勘察单位超越资质级别承接工程受到处罚

四川省绵阳市某建设工程勘察单位具有乙级工程勘察设计资质，2004年间该单位在明知自身不具备相应资质条件的情况下，承接了一项一等工程的勘察项目。该公司注册建造师在工程勘察设计中尽职守责，该工程经验收未发现有质量问题。在2005年进行资质年检时，该市所在省建设行政主管部门接到举报，称该勘察设计公司在2004年有超越资质承接勘察设计业务行为。省建设行政主管部门责令该市建设局进行调查，查实该勘察公司确实具有上述违法行为。经省建设行政主管部门研究，对其作出如下处罚决定：没收该勘察公司违法越级承接勘察业务所得8万元，并处罚款3万元，2005年年检结论为不合格。

【评析】

本案是一起典型的勘察单位超越本单位资质等级承揽工程的违法案件，虽然本案中该勘察单位在实施勘察过程中尚能尽其职责，但其超越本单位的资质等级承接业务，本身就是违法。而且，超越资质承接业务，勘察单位自己不具备勘察条件的建筑工程，因监督能力和技术力量不足，很容易留下质量或安全隐患。所以，《建筑法》明令禁止这种越级承接业务的行为。本案中，建设行政主管部门依法对该勘察公司作出的处罚是正确的。

【案例5－2】

某咨询公司地质勘察不当导致伤亡损失赔偿案

某咨询公司受业主委托设计一地下水渠工程。在进行工程地质调查时，未能发现地层深处储藏有沼气。当承包商组织挖土施工时，因采用爆破法，致使深处沼气受震动而外逸，存留在地下暗渠内，施工中很幸运没有发生问题。竣工后当地群众前去祝贺、参观并进入泵站。当时由于干旱，地下水渠内充满了沼气，在开泵时沼气被水流赶入泵站内，正值有人吸烟，引起爆炸，造成死亡16人，受伤多人的严重事故。受害人家属起诉咨询公司和承包商。法院判处咨询公司和承包商败诉，负赔偿责任。

【评析】

地质勘察是进行建筑工程基础设计和结构设计的基础性资料，其作用非常大。有资料表明，我国2006年发生的30起倒塌事故，有14起与勘查设计有关。可见勘查设计的重要性。法院在审查勘查设计是否合格的主要依据是有关法律、行政法规的规定和建筑工程质量、安全标准、建筑工程勘察、设计技术规范及合同的约定。

【案例5-3】

设计错误引起房屋不均匀沉降,设计单位应承担责任

黑龙江省某市南岸开发区兴建一项旧城改造拆迁安置工程,共20栋,累计建筑面积4.5万m^2。该工程于2002年4月初开工,2003年9月全部竣工,并进行工程验收。但后来有5栋出现较严重的不均匀沉降,房屋最大沉降量达250mm,影响了住房的使用。

经调查,房屋产生不均匀沉降的原因在于工程设计。该工程设计采用深层水泥搅拌桩,但在荷载计算时忽视了建筑重心的位置。水泥搅拌桩作为复合地基,虽对改善地基的承载力有较好效果,但不能完全控制沉降问题。设计单位在工程设计时,桩与基础都是均匀设置的,而上部荷载偏心较大,因此建筑物的偏心和软弱下卧层变形验算不准确是引起不均匀沉降的主要原因。

【评析】

由本案可见,勘察、设计工作是保证建筑工程质量的基础和前提,勘察、设计不符合质量要求,整个建筑工程的质量就难以保证。因此,勘察、设计单位必须切实履行自己的质量责任和义务,否则就有可能酿成惨剧,给国家和人民的生命、财产造成巨大损失。

5)资质审批部门未按照规定的权限和程序审批资质的,由上级资质审批部门责令改正,已审批的资质无效。

6)从事资质管理的工作人员在资质审批和管理中玩忽职守、滥用职权、徇私舞弊的,依法给予行政处分;构成犯罪的,依法追究刑事责任。

二、工程勘察设计人员资格管理

(一)勘察设计人员管理制度

国家对从事建设工程勘察设计活动的专业技术人员,实行执业资格注册管理制度。结合我国国情并参照国外注册执业制度的通行做法,我国目前勘察设计行业执业注册资格分为三大类,即:注册建筑师、注册工程师、注册景观设计师。

未经注册的建设工程勘察设计人员,不得以注册执业人员的名义从事工程勘察设计活动;勘察设计注册执业人员和其他专业技术人员只能受聘于一个勘察设计单位,未受聘的,不得从事工程的勘察设计活动。

离退休工程技术人员,只能应聘在一个勘察设计单位从事勘察设计业务。外单位聘用,应由外单位出具外聘证明。离退休人员可作为单位技术资格认定条件,但其人员总数不得超过聘用单位技术人员的30%。应聘的离退休人员应与聘用单位签订不少于2年的聘用合同。离退休人员一般不宜担任聘用单位的法定代表人。

院校所属勘察设计单位,因工作需要聘请在职教师从事勘察设计业务的,必须实行定期聘任制度,办理聘任手续。教师定期聘用人数不得超过聘用单位技术人员总数的30%,聘期不少于2年。

(二)注册建筑师

1. 注册建筑师和注册建筑师制度

注册建筑师,是指依法取得建筑师证书并从事房屋建筑设计及相关专业的人员。注册建筑师制度,是指具备一定专业学历的设计人员,通过考试与注册确定其职业的技术资格,从而获得建筑设计签字权的一种制度。

在我国,注册建筑师分为一级注册建筑师和二级注册建筑师。一级注册建筑师的条件严格执行国际标准,二级注册建筑师考虑到我国实际情况,条件适当放宽,既与国际接轨,又符合我国国情。

国务院建设行政主管部门、人事行政主管部门和各省、自治区、直辖市政府建设行政主管部门、人事行政主管部门依照《中华人民共和国注册建筑师条例》(以下简称《注册建筑师条例》)和《中华人民共和国注册建筑师条例实施细则》的规定,对注册建筑师的考试、注册和执业实施指导和监督。全国注册建筑师管理委员会和省、自治区、直辖市注册建筑师管理委员会负责注册建筑师的考试与注册工作。

2. 注册建筑师的考试与注册

国家实行注册建筑师统一考试制度,分为一级注册建筑师考试和二级注册建筑师考试,原则上每年考试一次。

凡参加注册建筑师考试者,由本人提出申请,经所在建筑设计单位审查同意后,统一向省、自治区、直辖市注册建筑师管理委员会报名,经审查符合《注册建筑师条例》规定的一级注册建筑师条件或二级注册建筑师条件的,方可参加相应的注册建筑师考试。

注册建筑师考试合格,取得相应的注册建筑师资格的,可以申请注册。一级注册建筑师的注册,由全国注册建筑师管理委员负责;二级注册建筑师的注册,由省、自治区、直辖市注册建筑师管理委员负责。

对不符合《注册建筑师条例》规定条件的,不予注册。对决定不予注册的,自决定之日起15日内书面通知申请人。申请人有异议的,可以自收到通知之日起15日内向国务院建设行政主管门或者省、自治区、直辖市政府建设行政主管部门申请复议。

准予注册的申请人,分别由全国注册建筑师管理委员和省、自治区、直辖市注册建筑师管理委员核发中华人民共和国一级注册建筑师证书和中华人民共和国二级注册建筑师证书。

注册建筑师注册的有效期为2年,有效期届满需要继续注册的,应当在期满前30日内办理注册手续。

3. 注册建筑师的执业

注册建筑师的执业范围包括:

(1)建筑设计;

(2)建筑设计技术咨询;

(3)建筑物调查与鉴定;

(4)对本人主持设计的项目进行施工指导与监督;

(5)国务院建设行政主管部门规定的其他业务。

一级注册建筑师的建筑设计范围不受建筑规模和工程复杂程度的限制。二级注册建筑师的建筑设计范围只限于国家规定的民用建筑等级分级标准三级及以下项目。

注册建筑师执行业务,应当加入建筑设计单位。注册建筑师的执业范围不得超越其所在建筑设计单位资质等级许可的范围。注册建筑师的执业范围与其所在建筑设计单位的业务范围不符时,个人执业范围服从单位的业务范围。

4. 注册建筑师的权利和义务

1)注册建筑师的主要权利

(1)注册建筑师有在其负责的设计图纸上的签字权。民用建筑特级、一级项目及国家重点工程项目实行一级注册建筑师签字制度。国家规定的一定跨度、跨径和高度的房屋建筑,应当由注册建筑师进行设计;

(2)注册建筑师按照国家规定执行注册建筑师业务,受国家法律保护,任何单位或个人不得无理阻挠其依法执行注册建筑师业务。

2)注册建筑师的主要义务

(1)遵守法律、法规和职业道德,维护社会公共利益;

(2)保证建筑设计质量,并在其负责的设计图纸上签字;

(3)保守在执业中知悉的单位和个人秘密;

(4)不得受聘于两个以上建筑设计单位执行业务;

(5)不得允许他人以本人名义执行业务。

【案例5-4】

注册建筑师准许他人以本人名义从事设计业务受处罚

注册建筑师张某在江西某大学住宅工程中,因准许他人以本人名义从事设计业务,而于2005年3月被有关部门给予停止执业1年的处罚。

【评析】

根据《中华人民共和国注册建筑师条例》规定,注册建筑师不得允许他人以本人名义执行业务。

案例

(三)注册工程师

注册工程师,是指依法取得中华人民共和国注册工程师执业资格证书,并经注册取得执业注册证书(以下简称注册证书)和执业印章,从事建设工程勘察、设计及有关业务活动的专业技术人员。注册工程师是按照行业来划分的,根据建设部的《勘察设计注册工程师管理规定》,目前我国暂将注册工程师划分为土木、结构、公用设备、电气、机械、化工、电子工程、航天航空、农业、冶金、矿业矿物、核工业、石油天然气、造船、军工、海洋、环保等17种。

注册工程师的执业范围包括:

(1)工程勘察或本专业工程设计;

(2)本专业工程技术咨询;

(3)本专业工程招标、采购咨询;

(4)本专业工程的项目管理;

(5)对工程勘察或本专业工程设计项目的施工进行指导和监督;

(6)国务院有关部门规定的其他业务。

本书以注册结构工程师为例来介绍一下注册工程师的管理规定。

1. 注册结构工程师的概念

注册结构工程师,是指依法取得中华人民共和国注册结构工程师执业资格证书和注册证书,从事房屋结构、桥梁结构及塔架结构等工程设计及相关业务的专业技术人员。

注册结构工程师分为一级注册结构工程师和二级注册结构工程师。

2. 注册结构工程师的注册

根据1997年9月1日建设部、人事部联合发布的《注册结构工程师执业资格制度暂行规定》,有下列情形之一的,不予注册:

(1)不具备完全民事行为能力的;

(2)因受刑事处罚,自处罚完毕之日起至申请注册之日止不满5年的;

(3)因在结构工程设计或相关业务中犯有错误受到行政处罚或者撤职以上行政处分,自处罚、处分决定之日起至申请注册之日止不满2年的;

(4)受吊销注册结构工程师注册证书处罚,自处罚决定之日起至申请注册之日止不满5年的;

(5)建设部和国务院有关部门规定不予注册的其他情形。

对准予注册的申请人,分别由全国注册结构工程师管理委员和省、自治区、直辖市注册结构工程师管理委员核发中华人民共和国一级注册结构工程师证书和中华人民共和国二级注册结构工程师证书。

注册结构工程师注册有效期为2年,有效期届满需要继续注册的,应当在期满前30日内办理注册手续。

3. 注册结构工程师的执业

注册结构工程师的执业范围包括:

(1)结构工程设计;

(2)结构工程设计技术咨询;

(3)建筑物、构筑物、工程设施等的调查和鉴定;

(4)对本人主持设计的项目进行施工指导和监督;

(5)建设部和国务院有关部门规定的其他业务。

一级注册结构工程师的执业范围不受工程规模和工程复杂程度的限制,二级注册结构工程师的执业范围另行规定。

注册结构工程师执行业务,应当加入一个勘察设计单位,由勘察设计单位统一接受业务并统一收费。

因结构设计质量造成的经济损失,由勘察设计单位承担赔偿责任;勘察设计单位有权向签字的注册结构工程师追偿。

4. 注册结构工程师的权利和义务

1)注册结构工程师的主要权利有

(1)名称专有权

注册结构工程师有权以注册结构工程师的名义执行注册结构工程师业务，非注册结构工程师不得以注册结构工程师的名义执行注册结构工程师业务；

(2)结构工程设计主持权

国家规定的一定跨度、高度等以上的结构工程设计，应当由注册结构工程师主持设计；

(3)独立设计权

任何单位或个人修改注册结构工程师的设计图纸，应当征得该注册结构工程师同意，但是因特殊情况不能征得该注册结构工程师同意的除外。

2)注册结构工程师的主要义务有

(1)遵守法律、法规和职业道德，维护社会公共利益；

(2)保证工程设计质量，并在其负责的设计图纸上签字盖章；

(3)保守在执业中知悉的单位和个人秘密；

(4)不得同时受聘于两个以上勘察设计单位执行业务；

(5)不得允许他人以本人名义执行业务；

(6)按规定接受必要的继续教育，定期进行业务和法律培训。

(四)注册景观设计师

注册景观设计师主要从事风景园林设计、城市及小区景观设计和广场设计。注册景观设计师执业制度目前尚处于论证阶段，待条件成熟时。参照注册建筑师的模式和管理办法，以及全国《注册景观设计师执业资格制度暂行规定》，有下列情形之一的，不予注册：

(1)不具备完全民事行为能力的；

(2)因受刑事处罚，自处罚完毕之日起至申请注册之日止不满5年的；

(3)因在结构工程设计或相关业务中犯有错误受到行政处罚或者撤职以上行政处分，自处罚、处分决定之日起至申请注册之日止不满2年的；

(4)受吊销注册结构工程师注册证书处罚，自处罚决定之日起至申请注册之日止不满5年的；

(5)建设部和国务院有关部门规定不予注册的其他情形。

第三节　工程勘察设计市场经营管理

一、工程勘察设计单位的经营资格

(一)勘察设计收费资格

勘察设计单位若仅有资质证书，而未取得收费资格，则只能承担本单位内部的勘察设计工作，不得进入市场进行勘察设计经营活动。

勘察设计收费资格证书，是收取勘察设计费的法定凭证。它的领取，是由勘察设计单位提出申请，由各部、各地勘察设计主管部门提出审查意见，分别报送国家或地方发证部门审批。

勘察设计单位申请收费资格证书必须具备下列条件：

(1)持有国家规定发证部门发给的全国统一印制的"工程勘察证书"或"工程设计证书"；

(2)依法实行了技术经济责任制，经济上独立核算，自负盈亏或自收自支的勘察设计单位；

(3)原为事业单位性质的，其事业费已由财政部门转作建设项目前期工作费，不再享有国家事业费的勘察设计单位；

(4)依照财政、税务部门的规定依法纳税者。

(二)企业法人营业执照

依法取得勘察设计资质证书和收费资格证书的单位，还需到工商行政管理机关登记注册，领取"企业法人营业执照"后，方可开展经营活动。未经工商行政管理机关登记注册的勘察设计单位不得开展经营活动。

勘察设计单位申请企业法人登记应具备下列条件：

(1)经国家规定的机构、编制审批部门批准成立，并持有相应的文件；

(2)持有国家规定发证机关发给的"工程勘察证书"或"工程设计证书"和"工程勘察收费资格证书"或"工程设计收费资格证书"；

(3)有国家授予经营管理的财产或自有财产，并能够以其财产独立承担民事责任；

(4)有健全的财会制度，能够实行独立核算，自负盈亏或自收自支，独立编制奖金平衡表或者资产负债表；

(5)有与经营范围相适应的注册资金、经营场地和技术人员，其中从事工程项目建设总承包的勘察设计单位，其注册资金不得少于500万元，其他工程勘察设计单位的注册资金不得少于20万元；

(6)法律、法规规定的其他条件。

二、工程勘察设计单位的经营权限

勘察设计单位的经营范围包括：工程勘察、工程设计、工程项目建设总承包、岩土工程、工程监理、技术服务、咨询服务、其他兼营业务等。勘察设计单位承担勘察设计任务时，应当严格按照所持有的资格证书的等级和行业分类，对照由国务院有关部门颁布的该行业勘察设计资格分级标准的具体规定，承担相应的勘察设计任务。

持有国家有关部门依法颁布的工程勘察、设计证书的单位，不论何种级别，均可到全国各地参与竞争，承担与证书规定等级、范围相适应的勘察设计任务。各部门、各地区不得对其他地区、部门的勘察设计单位重新进行资格审查、认定，或乱收费，或利用验证登记备案等来封锁、分割勘察设计市场。

甲、乙级勘察设计单位可以将部分勘察设计任务依法分包给持相应行业资格证书的单位，允许其聘用非持证单位的工程技术人员从事勘察设计工作(如聘用在职人员，须与该单位签订合同)，由发包人或用人单位对整个勘察设计项目的技术、经济、质量负责。丙、丁级勘察设计单位可以与高资格等级的单位联合进行勘察设计，但必须依法签订合同，并由持有该项目相应资格证书的单位与建设单位签订勘察设计合同、盖章出图和承担相应的技术和法律责任。

案例

【案例 5－5】

违规设计导致事故，甲级设计院被处罚

2002 年，中央电视台曝光了某市“山水居”项目，对该项目中存在的系列违法违规行为进行了披露：建设单位深圳市正瑞投资有限公司，未取得商品房预售许可证擅自委托不具备销售代理资格的个人进行商品房销售，违反《建设工程规划许可证》的规定超面积建设，未取得施工许可证擅自开工建设，未通过备案核准和项目竣工综合验收擅自交付使用，违规发布房地产广告进行虚假宣传，施工补充合同未按规定报送备案，逃避政府税费等。销售代理人不具备中介执业资格及销售代理资格，以个人名义与开发商签订销售承包合同，非法从事市场策划、销售代理等业务。设计单位中国航空工业第三设计研究院（甲级）深圳分院，在申报规划方案时，设计图纸实际建筑面积与标注面积严重不符；擅自修改经批准的规划设计方案，为违规加层出具施工图。2000 年 6 月，深圳市有关主管部门对该工程建设中出现的违法违规情况进行了处理。深圳市规划国土局对未取得施工许可证，擅自开工建设的开发建设单位和施工单位分别进行了罚款。建设部调查组建议按《建筑法》第 73 条的规定，认定因设计单位原因，造成工程质量事故，处以中国航空工业第三设计研究院停止 6 个月承接勘察设计业务，并处以 3 万元罚款。对“山水居”项目设计责任人，建议依据《注册建筑师条例》第 32 条规定，吊销“山水居”项目设计责任人注册建筑师证书。

【评析】

本案是关于设计院违法设计过程中的违法行为导致质量事故应当承担责任的问题。设计人员应当对设计承担责任，因此本案对设计院和注册建筑师的违法行为，根据《建筑法》和《注册建筑师条例》给予的行政处罚是妥当的。

本章小结

勘查设计是工程建设过程中的关键环节，勘查是设计的基础和依据，设计是整个工程建设的灵魂，工程勘察设计法则为规范勘察设计活动提供了保障。工程勘察设计法既包括《建设工程勘察设计管理条例》、《建设工程勘察设计合同条例》等勘察设计专门法，又包括其他法律法规中有关勘查设计方面的法律法规。

工程勘察设计资质管理包括两个方面：单位的资质管理和人员的资质管理。从事工程勘察、设计活动的单位，应当按照其拥有的注册资本、专业技术人员、技术装备和勘察设计业绩等条件申请资质，经审查合格，取得建设工程勘察、设计资质证书后，方可在资质等级许可的范围内从事建设工程勘察、设计活动；从事勘查设计活动的专业技术人员，则实行职业资格注册管理制度。目前，我国勘察设计行业执业注册资格分为三大类，即：注册建筑师、注册工程师、注册景观设计师。

从事勘查设计活动不仅需要资质，还应取得收费资格、营业执照、税务登记等，否则只能承担本单位内部的勘查设计工作，不能进入市场进行勘查设计经营活动。

小知识

国家注册建筑师考试制度

国家对一级注册建筑师的考试实行注册建筑师全国统一考试制度。条件符合下列条件之一的,可以申请参加一级注册建筑师考试:

(1)取得建筑学硕士以上学位或者相近专业工学博士学位,并从事建筑设计或相关业务2年以上的;

(2)取得建筑学学士学位或相近专业工学硕士学位,并从事建筑设计或相关业务3年以上的;

(3)具有建筑专业大学本科毕业学历并从事建筑设计或相关业务5年以上的,或者具有建筑学相近专业大学本科毕业学历并从事建筑设计或相关业务7年以上的;

(4)取得高级工程师技术职称并从事建筑设计或相关业务3年以上的,或者取得工程师技术职称并从事建筑设计或相关业务5年以上的;

(5)不具有前4项规定条件,但设计成绩突出,经全国注册建筑师管理委员会认定达到前4项规定的专业水平。

单元练习

一、思考题

1. 何谓工程勘察设计?勘查设计的基本原则是什么?
2. 简述工程勘察设计的资质等级和标准。
3. 简述我国的注册建筑师及注册结构工程师制度。

二、综合练习题

案例

【案例1】

2002年4月16日,上海市某建筑行政主管部门(以下简称建委)收到一建筑公司举报,称其正在进行施工的建筑施工图纸存在严重质量问题,希望建委对该图纸的设计单位进行查处。建委经调查后发现,该工程施工图纸是由宋某组织无证设计人员,私自安排刻制并使用应当是由市建委统一管理发放的施工图出图专用章,且以蚌埠某建筑设计院上海分院的名义设计。据此,建委于2002年11月25日对宋某作出了"责令停止建筑活动,并处5万元罚款"的行政处罚;同时,上述工程的开发单位在未验明设计单位资质的情况下,将工程设计发包给事实上是个人的宋某,并将无证人员设计的施工图纸交给施工单位使用,建委因此对该工程的开发单位也作出了"责令改正,并处3万元罚款"等的行政处罚。但处罚决定书下达后,宋某及开发单位均不服上述行政处罚,遂于2003年2月6日向上海市徐汇区人民法院提起行政诉讼,要求撤销被告的上述行政处罚。

【问题】

(1)宋某以蚌埠某建筑设计院上海分院的名义设计图纸是否合法？为什么？

(2)该工程的开发单位有无过错？建委对其的行政处罚是否合适？

【案例2】

某工厂新建一车间,分别与某设计单位和某建筑公司签订了设计合同和施工合同。工程竣工后厂房北侧墙壁发生裂缝,为此该厂向法院起诉建筑公司。经勘查,裂缝是由于地基不均匀沉降导致,结论是设计图纸所依据的地质勘测资料不准。于是,该厂又起诉设计院。设计院答辩称:设计院是根据该厂提供的地质勘测资料设计的,对事故不应承担责任。后经法院查证:该厂误将其他地方的地质勘测资料作为新建车间的资料提供给了设计院,但设计院对此情况并不知晓。

【问题】

(1)事故的责任应由谁负?

(2)该厂所发生的诉讼费用应由谁来承担?

第六章　工程建设施工准备及相关法规

【本章职业能力目标】

在实际工程中，能依法取得施工许可证，依据法律程序进行施工准备，确保工程的顺利进行，同时也具备考取有关执业资格证书的能力。

【知识目标】

1. 了解《税法》与工程建设相关的法律规定；

2. 熟悉水防治、固体污染防治、环境噪音污染防治与工程建设相关的法律规定、《劳动法》的基本规定；

3. 掌握建设工程许可制度、建筑工程一切险和安装工程一切险内容、环境保护的“三同时”制度、建筑工程的消防安全规定。

本章重点：建设工程许可制度、建筑工程一切险和安装工程一切险内容、环境保护的“三同时”制度、建筑工程的消防安全规定。

本章难点：《劳动合同法》与《劳动法》的区别与联系和劳动争议处理解决的方法。

第一节　建设工程许可制度

一、建筑工程施工许可制度

（一）建筑工程施工许可的规范

建设单位必须在建设工程立项批准后，工程发包前，向建设行政主管部门或其授权的部门办理工程报建登记手续。未办理报建登记手续的工程，不得发包，不得签订工程合同。新建、扩建、改建的建筑工程，建设单位必须在开工前向建设行政主管部门或其授权的部门申请领取建筑工程施工许可证。未领取施工许可证的，不得开工。已经开工的，必须立即停止施工，办理施工许可证手续。否则，由此引起的经济损失由建设单位承担责任，并视违法情节，对建设单位做出相应处罚。

《建筑法》第 7 条规定：“建筑工程开工前，建设单位应当按照国家有关规定向工程所在地县级以上人民政府建设行政主管部门申请领取施工许可证；但是，国务院建设行政主管部门确定的限额以下的小型工程除外。”

在中华人民共和国境内从事各类房屋建设及其附属设施的建造、装修装饰和与其配套的线路、管道、设备的安装，以及城镇市政基础设施工程的施工，建设单位在开工前应当依照《建筑法》和《建筑工程施工许可管理办法》（1999 年 10 月 15 日建设部令第 71 号发布，并于 2001 年 7 月 4 日重新修订）的规定，向工程所在地的县级以上人民政府建设行政主管部门（以下简称发证机关)申请领取施工许可证。建筑工程施工许可证,是指建筑工程开始施工前建设单位向建筑行政管理部门申请的可以施工的证明。

工程投资额在30万元以下或者建筑面积在300m^2以下的建筑工程,可以不申请办理施工许可证。省、自治区、直辖市人民政府建设行政主管部门可以根据当地的实际情况,对限额进行调整,并报国务院建设行政主管部门备案。按照国务院规定的权限和程序批准开工报告的建筑工程,不再领取施工许可证。规定必须申请领取施工许可证的建筑工程未取得施工许可证的,一律不得开工。任何单位和个人不得将应该申请领取施工许可证的工程项目分解为若干限额以下的工程项目,规避申请领取施工许可证。

建筑工程施工许可证由国务院建设行政主管部门制定格式,由各省、自治区、直辖市人民政府建设行政主管部门统一印制。施工许可证分为正本和副本,正本和副本具有同等法律效力。复印的施工许可证无效。

(二)申请建筑工程施工许可证的条件和程序

1. 申请建筑工程施工许可证的条件

1)《建筑法》第8条规定,申请领取建筑工程施工许可证应具备下列条件:

(1)已经办理该建筑工程用地批准手续;

(2)在城市规划区的建筑工程,已经取得规划许可证;

(3)需要拆迁的,其拆迁进度符合施工要求;

(4)已经确定建筑施工企业;

(5)有满足施工需要的施工图纸及技术资料;

(6)有保证工程质量和安全的具体措施;

(7)建设资金已经落实;

(8)法律、行政法规规定的其他条件。

2)《建筑工程施工许可管理办法》(2001年7月4日修订)明确规定,必须具备下述条件,并提交相应的证明文件,才可以领取施工许可证:

(1)已经办理该建筑工程用地批准手续;

(2)在城市规划区的建筑工程,已经取得建设工程规划许可证;

(3)施工场地已经基本具备施工条件,需要拆迁的,其拆迁进度符合施工要求;

(4)已经确定施工企业,按照规定应该招标的工程没有招标,应该公开招标的工程没有公开招标,或者肢解发包工程,以及将工程发包给不具备相应资质条件的,所确定的施工企业无效;

(5)有满足施工需要的施工图纸及技术资料,施工图设计文件已经按规定进行了审查;

(6)有保证工程质量和安全的具体措施;施工企业编制的施工组织设计中有根据建筑工程特点制定的相应质量、安全技术措施,专业性较强的工程项目编制了专项质量、安全施工组织设计,并按照规定办理了工程质量、安全监督手续;

(7)按照规定应该委托监理的工程已委托监理;

(8)建设资金已经落实;建设工期不足1年的,到位资金原则上不得少于工程合同价的50%,建设工期超过1年的,到位资金原则上不得少于工程合同价的30%;建设单位应当提供银行出具的到位资金证明,有条件的可以实行银行付款保函或者其他第三方担保;

(9)法律、行政法规规定的其他条件。

2. 申请建筑工程施工许可证的程序

(1)建设单位向发证机关领取《建筑工程施工许可证申请表》;

(2)建设单位持加盖单位及法定代表人印鉴的《建筑工程施工许可证申请表》,并附《建筑工程施工许可管理办法》第4条规定的证明文件,向发证机关提出申请;

(3)发证机关在收到建设单位报送的《建筑工程施工许可证申请表》和所附证明文件后,对于符合条件的,应当自收到申请之日起15日内颁发施工许可证;对于证明文件不齐或者失效的,应当限期要求建设单位补正,审批时间可以自证明文件补正齐全后作相应顺延;对于不符合条件的,应当自收到申请之日起15日内书面通知建设单位,说明理由。

建筑工程在施工过程中,建设单位或者施工单位发生变更的,应当重新申请领取施工许可证。

(三)申请建筑工程施工许可证的法律后果

(1)建设单位应当自领取施工许可证之日起3个月内开工。因故不能按期开工的,应当在期满前向发证机关申请延期,并说明理由;延期以两次为限,每次不超过3个月。既不开工又不申请延期或者超过延期次数、时限的,施工许可证自行废止。

(2)在建的建筑工程因故中止施工的,建设单位应当自中止施工之日起2个月内向发证机关报告,并按照规定做好建筑工程的维护管理工作。建筑工程恢复施工时,应当向发证机关报告;中止施工满1年的工程恢复施工前,建设单位应当报发证机关核验施工许可证。

(3)按照国务院有关规定批准开工报告的建筑工程,因故不能按期开工或者中止施工的,应当及时向批准机关报告情况,因故不能按期开工超过6个月的,应当重新办理开工报告的批准手续。

(四)违反施工许可证管理规定的法律责任

(1)对于未取得施工许可证或者为规避办理施工许可证将工程项目分解后擅自施工的,由有管辖权的发证机关责令改正,对于不符合开工条件的责令停止施工,并对建设单位和施工单位分别处以罚款。

(2)对于采用虚假证明文件骗取施工许可证的,由原发证机关收回施工许可证,责令停止施工,并对责任单位处以罚款;构成犯罪的,依法追究其刑事责任。

(3)对于伪造施工许可证的,该施工许可证无效,由发证机关责令停止施工,并对责任单位处以罚款;构成犯罪的,依法追究刑事责任。

(4)对于涂改施工许可证的,由原发证机关责令改正,并对责任单位处以罚款;构成犯罪的,依法追究刑事责任。

(5)发证机关及其工作人员对不符合施工条件的建筑工程颁发施工许可证的,由其上级机关责令改正,对责任人员给予行政处分;徇私舞弊、滥用职权的,不得继续从事施工许可管理工作;构成犯罪的,依法追究其刑事责任。

二、建筑工程从业资格制度

(一)国家对建筑工程从业者实行资格管理

建筑工程种类很多,不同的建筑工程,其建设规模和技术要求的复杂程度也存在较大的差异。而从事建筑活动的施工企业、勘察单位、设计单位和工程监理单位的技术和实力情况也各不相同。为此,我国在对建筑活动的监督管理中,把从事建筑活动的单位按照其具有的不同经济、技术条件,划分为不同的资质等级,并且对不同的资质等级单位所能从事的建筑活动范围作出了明确的规定。

案例

【案例 6-1】

发证机关违规颁发施工许可证

2007 年 4 月 26 日,某市建委对某代理公司申报的"营业厅装修工程"办理了直接发包备案手续,未要求某代理公司提供相应的文件和设计图纸等,仅根据其口头承诺,在明知其已开工的情况下,未责令其停止施工,于 4 月 28 日向该代理公司颁发了"建筑工程施工许可证"。某某等 19 人起诉要求撤销该市建委的行为。

【评析】

某市建委作为装修装饰工程的国家建设行政主管部门,具有颁发建筑工程施工许可证的法定职权。根据《建筑法》第 7 条的规定,建筑工程开工前,建设单位应当到该市建委申领"建筑工程施工许可证",该市建委应当按照《建筑工程施工许可管理办法》第 4、5 条等的规定,要求代理公司提供相应的文件和技术图纸并进行审核、颁证。本案中,该市建委颁发"建筑工程施工许可证"行为显然违反了法定程序。

我国《建筑法》在法律上确定了建筑从业资格许可制度。《建筑法》第 13 条规定:"从事建筑活动的建筑施工企业、勘察单位、设计单位和工程监理单位,按照其拥有的注册资本、专业技术人员、技术装备和已完成的建筑工程业绩等资质条件,划分不同的资质等级,经资质审查合格,取得相应等级的资质证书后,方可在其资质等级许可的范围内从事建筑活动。"实践证明,从业资格制度是建立和维护建筑市场的正常秩序,保证建筑工程质量的一项有效措施。

同时,在涉及国家、人民生命财产安全的专业技术工作领域,实行专业技术人员职业资格制度,包括:注册建筑师、注册结构工程师、注册监理工程师、注册造价工程师、注册估价师和注册建造师等。

(二)国家规范的建筑工程从业者

1. 建筑工程从业的经济组织

建筑工程从业的经济组织主要包括建筑工程总承包企业,建筑工程勘察、设计单位,建筑施工企业,建筑工程监理单位,法律、法规规定的其他企业或者单位(如工程招标代理机构、工程造价咨询机构等)。以上组织应该具备:

1)资质条件

(1)有符合国家规定的注册资本;

(2)有与其从事的建筑活动相适应的具有法定职业资格的专业技术人员;

(3)有从事相关建筑活动所应有的技术设备;

(4)法律、行政法规规定的其他条件。

2)从业资格

在取得的资质证书的资质等级许可范围内从事建筑活动。

3)建筑行业企业的资质证书

从事建筑活动的企业,须经建设主管部门对其“注册资金、专业技术人员、技术装备、工程业绩、管理水平等”进行审查;由此核发以确定其“可承担任务的范围”的资质证书。

4)施工企业资质

(1)施工总承包(特级、一级、二级、三级);

(2)专业承包(一级、二级、三级);

(3)劳务分包 。

2. 建筑工程的从业人员

从事建筑工程活动的人员,要通过国家任职资格考试、考核,由建设行政主管部门注册并颁发资格证书。建筑工程的从业人员,主要包括:注册建筑师、注册结构工程师、注册监理工程师、注册造价工程师、注册建造师及法律、法规规定的其他人员。

严禁出卖、转让、出借、涂改、伪造建筑工程从业者资格证件。违反上述规定的,将视具体情节,追究法律责任。建筑工程从业者资格的具体管理办法,由国务院建设行政主管部门另行规定。

下面重点以建造师为例,介绍其从业资格。

(三)建造师的从业资格

1. 建造师的执业要求

1)建造师执业前提

建造师经注册后,方有资格以建造师名义担任建设工程项目施工的项目经理及从事其他施工活动的管理。取得建造师执业资格,未经注册的,不得以建造师名义从事建设工程施工项目的管理工作。

2)建造师执业基本要求

建造师在工作中,必须严格遵守法律、法规和行业管理的各项规定,恪守职业道德。

3)建造师执业分类

建造师执业划分为14个专业:房屋建筑工程、公路工程、铁路工程、民航机场工程、港口与航道工程、水利水电工程、电力工程、矿山工程、冶炼工程、石油化工工程、市政公用与城市轨道工程、通信与广电工程、机电安装工程、装饰装修工程。注册建造师应在相应的岗位上执业,同时鼓励和提倡注册建造师“一师多岗”,从事国家规定的其他业务。

2. 建造师的基本条件

1)一级建造师应具备的执业技术能力

(1)具有一定的工程技术、工程管理理论和相关经济理论水平,并具有丰富的施工管理专业知识;

(2)能够熟练掌握和运用与施工管理业务相关的法律、法规、工程建设强制性标准和行业管理的各项规定;

(3)具有丰富的施工管理实践经验和资历,有较强的施工组织能力,能保证工程质量和安全生产;

(4)有一定的外语水平。

2)二级建造师应具备的执业技术能力

(1)了解工程建设的法律、法规、工程建设强制性标准及有关行业管理的规定;

(2)具有一定的施工管理专业知识;

(3)具有一定的施工管理实践经验和资历,有一定的施工组织能力,能保证工程质量和安全生产;

(4)建造师必须接受继续教育,更新知识,不断提高业务水平。

3. 建造师的执业范围

(1)担任建设工程项目施工的项目经理;

(2)从事其他施工活动的管理工作;

(3)法律、行政法规或国务院建设行政主管部门规定的其他业务。

案例

【案例6-2】

由于主体资格的欠缺导致合同无效

2000年9月,甲与乙、丙、丁三名个体建筑工匠口头协商,由甲提供图纸和原材料,乙、丙、丁三人承建甲的4间两层临街门面住宅楼,工价为8400元。双方协商后,乙、丙、丁三人按期施工。在一层前墙承重垛施工过程中,由于甲提供的水源不足,乙、丙、丁三人用未经湿润的干砖进行砌筑。2000年10月27日,乙、丙、丁三人在一层前墙承重垛上掏脚手架孔时,该承重垛受到振动,在上部巨大压力作用下倒塌,造成整座房屋上层严重前倾变形,并致使一层前墙另外两个承重垛砌体严重开裂,失去承载能力。司法技术鉴定认为,甲房屋设计不合理,乙、丙、丁三人在施工时用干砖砌筑,降低了砌体强度等级,造成事故隐患。乙、丙、丁三人在承重垛上横向施工打孔是造成事故的主要诱因,该行为振动砌体,减少砌体断面面积,降低承载能力,造成前墙承重垛超承载限度而破坏,致整房坍陷变形。甲起诉,要求乙、丙、丁三人赔偿直接损失2.4万元和预期房屋出租收入损失6700元。

【评析】

本案的焦点问题是合同的效力和责任的承担。在本案中,甲与乙等3人之间的关系为合同关系。由于作为承建者的三个人并没有取得建筑资格,直接导致了这一合同的无效。

具体到本案,乙等3名个体建筑工匠,没有取得建筑资质证却承揽他人的建筑工程,其行为违反了《建筑法》关于建筑资格的规定。因此,其与甲之间的建设合同由于主体资格的欠缺而归于无效。乙等3人明知自己没有规定的建筑资质证而承揽工程,其行为违反了法律的强制性规定,对合同的无效具有较大的过错;由于明知对方没有建筑资质证而与之订立合同,甲对合同的无效也有一定的责任。

第二节 《中华人民共和国保险法》与工程建设相关的主要规定

一、工程建设保险的概述

（一）工程建设保险的概念

保险是一种受法律保护的分散危险、消化损失的经济制度。危险可分为财产危险、人身危险和法律责任危险三种。财产危险，是指财产因意外事故或自然灾害而遭受毁损或灭失的危险；人身危险，是指人们因意外事故和失业等原因而遭致人身损失的危险；法律责任危险，是指对他人的财产、人身实施违法侵害，依法应负赔偿责任的危险。

1995 年 6 月 30 日第八届全国人民代表大会常务委员会第十四次会议通过了《中华人民共和国保险法》（简称《保险法》），并于 1995 年 10 月 1 日开始实施。该法第 2 条规定："本法所称保险，是指投保人根据合同约定，向保险人支付保险费，保险人对于合同约定的可能发生的事故因其发生所造成的财产损失承担赔偿保险金责任，或者当被保险人死亡、伤残、疾病或者达到合同约定的年龄、期限时承担给付保险金责任的商业保险行为。"

工程建设保险，是指业主或承包商为了工程建设项目顺利完成而对工程建设中可能产生的人身伤害或财产损失，向保险公司投保以化解风险的行为。

（二）工程建设保险的种类

（1）意外伤害险；

（2）建筑工程一切险及安装工程一切险；

（3）职业责任险；

（4）信用保险。

二、建筑工程一切险

（一）建筑工程一切险的概念

建筑工程一切险承保各类民用、工业和公用事业建筑工程项目，包括道路、水坝、桥梁、港埠等，在建造过程中因自然灾害或意外事故而引起的一切损失。

建筑工程一切险往往还加保第三者责任险，即保险人在承保某建筑工程的同时，还对该工程在保险期限内因发生意外事故造成的依法应由被保险人负责的工地及邻近的地区第三者的人身伤亡、疾病或财产损失，以及被保险人因此而支付的诉讼费用和事先经保险人书面同意支付的其他费用，负赔偿责任。

（二）被保险人

在工程保险中，保险公司可以在一张保险单上对所有参加该项工程的有关各方都给予所需的保险。即：凡在工程进行期间，对这项工程承担一定风险的有关各方，均可作为被保险人。

建筑工程一切险的被保险人包括：

（1）业主；

(2)承包商或分包商；

(3)技术顾问。包括业主聘用的建筑师、工程师及其他专业顾问。

由于被保险人不止一个，而且每个被保险人各有其本身的权益和责任，为了避免有关各方相互之间追偿责任，大部分保险单还加贴共保交叉责任条款。根据这一条款，每一个被保险人如同各自有一张单独的保单，其应负的那部分"责任"发生问题，财产遭受损失，就可以从保险人那里获得相应的赔偿。如果各个被保险人之间发生相互的责任事故，每一个负有责任的被保险人都可以在保单项下得到保障。即：这些责任事故造成的损失，都可由保险人负责赔偿，无须根据各自的责任相互进行追偿。

（三）承保的财产

建筑工程一切险可承保的财产为：

(1)合同规定的建筑工程，包括永久工程、临时工程及在工地的物料；

(2)建筑用机器、工具、设备和临时工房及其屋内存放的物件，均属履行工程合同所需要的，是被保险人所有的或为被保险人所负责的物件；

(3)业主或承包商在工地的原有财产；

(4)安装工程项目；

(5)场地清理费；

(6)工地内的现成建筑物；

(7)业主或承包商在工地上的其他财产。

（四）承保的危险

保险人对以下危险承担赔偿责任：

(1)洪水、潮水、水灾、地震、海啸、暴雨、风暴、雪崩、地崩、山崩、冻灾、冰雹及其他自然灾害；

(2)雷电、火灾、爆炸；

(3)飞机坠毁，飞机部件或物件坠落；

(4)盗窃；

(5)工人、技术人员因缺乏经验、疏忽、过失、恶意行为等造成的事故；

(6)原材料缺陷或工艺不善所引起的事故；

(7)除外责任以外的其他不可预料的自然灾害或意外事故。

案例

【案例 6－3】

因自然灾害致使第三者财产损失，保险公司负责赔偿

某工地建造一栋大厦，业主投保了建筑工程一切险。因该地区河流密集，浅层土质不均匀，使基坑多次坍塌，造成近百根桩基游离，直接经济损失上百万元，业主向保险公司索赔。

【评析】

经保险公司查勘，认定事故由自然因素造成，属于保险责任范围内，因此及时进行了赔偿。

（五）除外责任

建筑工程一切险的除外责任为：

(1)被保险人的故意行为引起的损失；

(2)战争、罢工、核污染的损失；

(3)自然磨损；

(4)停工；

(5)错误设计引起的损失、费用或责任；

(6)换置、修理或矫正标的本身原材料缺陷或工艺不善所支付的费用；

(7)非外力引起的机构或电器装置的损坏或建筑用机器、设备、装置失灵；

(8)领有公用运输用执照的车辆、船舶、飞机的损失；

(9)文件、账簿、票据、现金、有价证券、图表资料的损失。

（六）保险责任的起讫

保险单一般规定，保险责任自投保工程开工日起或自承保项目所用材料至工地时起开始。保险责任的终止，则按以下规定办理，以先发生者为准：

(1)保险单规定的保险终止日期；

(2)工程建筑或安装完毕，移交给工程的业主，或签发完证明时终止（如部分移交，则该移交部分的保险即行终止）；

(3)业主开始使用工程时（如部分使用，则该使用部分的保险责任即行终止）；

(4)如果加保保证期（缺陷责任期、保修期）的保险责任，即在工程完毕后，工程移交证书已签发，工程已移交给业主之后，对工程质量还有一个保证期，则保险期限可延长至保证期，但需加缴一定的保险费。

（七）制定费率应考虑的因素

由于工程保险的个性很强，每个具体工程的费率往往都不相同，在制定建筑工程一切险费率时应考虑如下因素：

1. 承保责任范围的大小

双方如对承保范围作出特殊约定，则此范围大小对费率会有直接影响。如果承保地震、洪水等灾害，还应考虑以往发生这些灾害的频率及损失大小。

另外，工程保险往往有免赔额和赔偿限额的规定。这是对被保险人自己应负责任的规定。如果免赔额高、赔偿限额低，则意味着被保险人承担的责任大，则保险费率就应相应降低；如果免赔额低、赔偿限额高，则保险费率应相应提高。

2. 承保工程本身的危险程度

承保工程本身的危险程度由以下因素决定：

(1)施工种类、工程性质；

(2)施工方法；

(3)工地和邻近地区的自然地理条件；

(4)设备类型；

(5)工地现场的管理情况。

3. 承包商的资信情况

包括承包商以往承包工程的情况，以及对工程的经营管理水平、经验等。承包商的资信条件好，则可降低保险费率；反之，则应提高保险费率。

4. 保险人承保同类工程的以往损失记录

它是保险人在制定保险费率时应考虑的重要因素。以往有较大损失记录的，则保险费率应相应提高。

5. 最大危险责任

保险人应当估计所保工程可能承担的最大危险责任的数额，作为制定费率的参考因素。

案例

【案例6-4】

建筑工程一切险的免赔额度

某工程投保了建筑工程一切险，规定免赔额为损失金额的10%，但最低为人民币5万元整，两者以高者为准。该工种发生了保险责任范围的损失40万元，保险人应赔付多少？

【评析】

按损失金额的10%计算免赔额为4万元，但因规定的免赔额最低为5万元，则该事故中免赔额不能以4万元计，而要以5万元作为此事故的免赔额。因此，这次事故中被保险人要自己负担5万元，保险人赔付35万元。

【案例6-5】

由于施工人员不慎引起火灾的保险理赔

2002年11月21日，某保险公司承保某建筑工程一切险，扩展"有限责任保证期条款"，保险金额1.5亿元。建筑期从2002年11月21日至2004年12月31日。保证期12个月，从2005年1月1日至2005年12月31日。2005年1月16日下午，施工人员在进行土建电器切割钢筋时，不慎将火星溅落到竹篱笆上引发火灾，造成工程重大损失。后经分析，确认起火原因是施工人员在第14层楼气焊切割螺纹钢筋头时，产生的高温金属熔珠飞溅到第10层楼墙外排水架可燃物上，引燃竹片后火势蔓延成灾，属意外火灾事故。2005年2月21日，被保险人就受火灾损失的玻璃幕墙工程向保险公司提出索赔。但经调查：核定最终净损失额1100万元，事故发生时实际工程造价2.6亿元。

请分析，本案应该如何赔付，并说明原因。

【评析】

赔偿1100万元。因为这属于财产险，不能在赔付上让被保险人或者受益人得到额外的收益。不管造价是多少，都只在保险金额的范围内，以实际损失额赔付。如果实际损失超过保险金额的，超出部分保险公司不负责赔偿。但是，事故发生后，被保险人为了减少损失而支付的必要的、合理的费用，保险公司也要承担。

三、安装工程一切险

由于建设工程一切险有许多与安装工程一切险相似之处,因此对安装工程一切险只作简单介绍。

(一)安装工程一切险的概述

安装工程一切险承保安装各种工厂用的机器、设备、储油罐、钢结构工程、起重机、吊车,以及包含机械工程因素的任何建设工程因自然灾害或意外事故而引起的一切损失。

由于目前机电设备价格日趋高昂、工艺和构造日趋复杂,这使安装工程的风险越来越高。因此,在国际保险市场上,安装工程一切险已发展成为一种保障比较广泛、专业性很强的综合性险种。

安装工程一切险的投保人可以是业主,也可以是承包商或卖方(供货商或制造商)。在合同中,有关利益方,如所有人、承包人、供货人、制造人、技术顾问等其他有关方,都可被列为被保险人。

安装工程一切险也可以根据投保人的要求附加第三者责任险。在安装工程建设过程中因发生任何意外事故,造成在工地及邻近地区的第三者人身伤亡、致残或财产损失,依法应由被保险人承担赔偿责任时,保险人将负责赔偿并包括被保险人因此而支付的诉讼费用或事先经保险人同意支付的其他费用。

(二)保险期限

安装工程一切险的保险期限,通常应以整个工期为保险期限。一般是从被保险项目被卸至施工地点时起生效到工程预计竣工验收交付使用之日止。如验收完毕先于保险单列明的终止日,则验收完毕时保险期亦即终止。若工期延长,被保险人应及时以书面通知保险人申请延长保险期,并按规定增缴保险费。

安装工程第三者责任保险作为安装工程一切险的附加险,其保险期限应当与安装工程一切险相同。

(三)保险标的

安装工程一切险的保险标的有:

(1)安装的机器及安装费,包括安装工程合同内要安装的机器、设备、装置、物料、基础工程(如地基、座基等),以及为安装工程所需的各种临时设施(如水电、照明、通信设备等)等;

(2)为安装工程使用的承包人的机器、设备;

(3)附带投保的土木建筑工程项目,其保额不得超过整个工程项目保额的20%;

(4)场地清理费用;

(5)业主或承包商在工地上的其他财产。

(四)制定费率时考虑的因素

在制定安装工程一切险的费率时,应注意安装工程的特点。其主要有:

(1)保险标的从安装开始就存在于工地上,风险一开始就比较集中;

(2)试车考核期内任何潜在因素都可能造成损失，且试车期的损失率占整个安装期风险的50%以上；

(3)人为因素造成的损失较多。

总的来讲，安装工程一切险的费率要高于建筑工程一切险。

第三节 《中华人民共和国劳动法》与工程建设相关的主要规定

一、劳动合同基本内容

(一)《中华人民共和国劳动法》与《中华人民共和国劳动合同法》概述

《中华人民共和国劳动法》(简称《劳动法》)是于1995年出台的，是劳动领域里的基本法，它不会被《中华人民共和国劳动合同法》(简称《劳动合同法》)所取代，而且这部法律到目前为止，也没有做任何修改，故不存在新的《劳动法》(简称《劳动法》)。2008年1月1日实施的《劳动合同法》是《劳动法》的一个子法。

劳动者与用人单位之间在实际劳动过程中发生的社会关系劳动法的规定比较原则，各个地区相应制定了实施细则，劳动部也发布过实施办法。但没有一部统一的法律，各个地方的规定又有不同，所以也很混乱。因此，国家于2008年1月1日新制定出台了一部专门调整这一关系的法律，就是《劳动合同法》，地方性的规定都将被废止。主要调整：

(1)因管理劳动力而发生的社会关系；

(2)因执行社会保障而发生的社会关系；

(3)因组织工会和工会活动而发生的社会关系；

(4)因处理劳动争议而发生的关系；

(5)因监督劳动法律、法规的执行而发生的社会关系。

(二)《劳动合同法》的特点

《劳动合同法》是《劳动法》的一个分支，《劳动法》的内容相当广。《劳动合同法》是对《劳动法》的完善和补充。具有如下特点：

1. 扩大了使用范围

为适应当前劳动用工形式多样化的现实要求，一是在原有《劳动法》规定“中华人民共和国境内的企业、个体经济组织”的基础上增加了“民办非企业单位等组织”；二是明确“事业单位与实行聘用制的工作人员”也应订立劳动合同，以及“国家机关、事业单位、社会团体和与其建立劳动关系的劳动者”都要依照《劳动合同法》执行。

2. 强化书面劳动合同形式

《劳动合同法》规定“用人单位自用工之日起即与劳动者建立劳动关系”，也就是说，即使用人单位没有与劳动者订立劳动合同，只要存在用工行为，该用人单位与劳动者之间的劳动关系即建立，与用人单位存在事实劳动关系的劳动者即享有劳动法律规定的权利。而且，为了更好地保护劳动者的合法权益，《劳动合同法》明确规定：“建立劳动关系，应当订立书面劳动合同。”

3. 规范了试用期的规定

《劳动合同法》要求试用期时间需要根据合同期限确定，同一用人单位与同一劳动者只能约定一次试用期，并对试用期的工资水平和试用期解除劳动合同作出了限制性规定。

4. 限制了约定劳动者的违约责任

《劳动合同法》规定，只有在两种情况下，用人单位可以约定由劳动者承担违约金：

(1)在培训服务约定中约定违约金；

(2)在竞争限制约定中约定违约金。

除以上两种情况外，用人单位不得与劳动者约定由劳动者承担的违约金，或者以赔偿金、违约赔偿金、违约责任金等其他名义约定由劳动者承担违约责任。

5. 完善了解除、终止劳动合同的法律规范

《劳动合同法》补充了劳动者可以立即解除劳动合同的情形；修改了劳动者可以随时通知解除劳动合同的情形；补充规定了用人单位可以随时通知劳动者接触劳动合同的情形；增加了用人单位提前30日以书面形式通知劳动者接触劳动合同的替代方式；修改了用人单位裁减人员的规定；增加了用人单位提前30日以书面形式通知劳动者解除劳动合同及裁减人员的限制情形。

(三)劳动合同的订立

订立劳动合同，应当遵循合法、公平、平等自愿、协商一致、诚实信用的原则。用人单位自用工之日起即与劳动者建立劳动关系。订立劳动合同，应当具备以下条件：

(1)用人单位的名称、住所和法定代表人或者主要负责人；

(2)劳动者的姓名、住址和居民身份证或者其他有效身份证件号码；

(3)劳动合同期限：劳动合同期限3个月以上不满1年的，试用期不得超过1个月；劳动合同期限1年以上不满3年的，试用期不得超过2个月；3年以上固定期限和无固定期限的劳动合同，试用期不得超过6个月；

(4)工作内容和工作地点；

(5)工作时间和休息、休假；

(6)劳动报酬；

(7)社会保险；

(8)劳动保护、劳动条件和职业危害防护；

(9)法律、法规规定应当纳入劳动合同的其他事项。

(四)劳动合同的效力

1. 劳动合同的履行和变更

劳动合同双方应该按照合同约定，全面履行各自的义务。用人单位应按合同约定和国家规定，向劳动者及时足额支付劳动报酬。不得强迫或者变相强迫劳动者加班，若安排加班，支付加班费。

2. 劳动合同的解除和终止

1)《劳动合同法》第38条规定，用人单位有下列情形之一的，劳动者可以解除劳动合同：

(1)未按照劳动合同约定提供劳动保护或者劳动条件的；

(2)未及时足额支付劳动报酬的；

(3)未依法为劳动者缴纳社会保险费的；

(4)用人单位的规章制度违反法律、法规的规定，损害劳动者权益的；

(5)因本法第26条第1款规定的情形致使劳动合同无效的；

(6)法律、行政法规规定劳动者可以解除劳动合同的其他情形。

2)《劳动合同法》第44条规定，有下列情形之一的，劳动合同终止：

(1)劳动合同期满的；

(2)劳动者开始依法享受基本养老保险待遇的；

(3)劳动者死亡，或者被人民法院宣告死亡或者宣告失踪的；

(4)用人单位被依法宣告破产的；

(5)用人单位被吊销营业执照、责令关闭、撤销或者用人单位决定提前解散的；

(6)法律、行政法规规定的其他情形。

案例

【案例6-6】

用人单位不得随意终止合同

小张毕业后到某建筑公司担任预算员。双方签订的劳动合同中明确约定"公司实行业绩考核制度，业绩考核列末位的，单位可终止劳动合同"。到了年底，单位根据制定的《业绩考核末位淘汰办法》对全体员工的业绩进行了考核，小张的考评总分排在了最末位。尽管2年的合同期还没到，单位还是以"业绩考核末位"为由，向小张发出了《离职通知书》。小张认为，当初签劳动合同时，自己迫于求职压力，根本没有选择余地。单位约定"业绩考核末位的，单位可终止劳动合同"是不公平的。自己在工作期间业绩逐月上升，仅因考核列在末位就被辞退，令人心寒，而且自己的劳动合同尚未到期，单位单方面辞退，应支付解除劳动合同的经济补偿金。

【评析】

合同终止条件，单位不能随便定。我国2008年1月1日前实施的《劳动法》第23条规定："劳动合同期满或当事人约定的劳动合同终止条件出现，劳动合同即行终止。"本案中，双方签订的劳动合同中明确约定了"业绩考核末位的，单位可终止劳动合同"，而且单位的规章制度中也已明确了业绩考核和末位淘汰的具体办法。单位辞退小张，完全符合《劳动法》的相关规定，是劳动合同的终止，并非解除，因此不需要支付经济补偿金。

但是我国2008年1月1日实施的《劳动合同法》对此种情况的规定做了颠覆性的修改。在《劳动合同法》中已删去了"双方当事人可约定劳动合同的终止条件"这一条。用人单位终止劳动合同，只能依据新《劳动合同法》第44条的相关规定。另外，《劳动合同法》还规定，除非劳动者真的不愿意续签，固定期限劳动合同终止，用人单位得支付经济补偿。用人单位不得随意终止合同，法定终止也需补偿。

【案例6－7】

经济性裁员必须依法进行

王某等26名职工与某公司签订了劳动合同，在劳动合同履行中，该公司以工程亏损为由，于某年某月辞退王某等26名职工。王某等人遂向当地劳动保障局的劳动保障监察机构举报，请示纠正该公司的错误行为，维护自己的权益。劳动保障监察机构在接到王某等人的举报后，经多次深入调查取证，查明该公司不具备企业经济性裁减人员法定条件，又违反了企业经济性裁减人员法定程序，在此前提下，单方解除王某等26名职工的劳动合同，属违约行为，并责令该公司限期改正。该商场在劳动保障监察机构规定的期限内撤销了辞退王某等26名职工的决定，恢复了王某等人的工作，补发王某等人的工资并为其补缴了社会保险费。

【评析】

这是一起因用人单位违反经济性减员法律规定，擅自解除劳动合同的案件。《劳动法》第27条规定，用人单位濒临破产进行法定整顿期间或者生产状况发生严重困难，确需裁减人员的，应当提前30日向工会或全体职工说明情况，听取工会或者职工的意见，经向劳动行政部门报告后，可以裁减人员。某公司解除王某等26名职工劳动合同时不具备法定条件，也未履行法定程序，严重违反经济性裁员有关法律规定，侵害了王某等26名职工的合法权益。劳动保障监察机构依法对某商场作出责令限期改正的决定是完全正确的。

二、劳动安全卫生

劳动安全卫生规程和标准，是指关于消除、限制或预防劳动过程中的危险和有害因素，保护职工安全与健康、保障设备、生产正常运行而制定的统一规定。劳动安全卫生标准分三级，即国家标准、行业标准和地方标准。

（一）劳动安全卫生制度对用人单位的要求

（1）新建、改建、扩建工程的劳动安全卫生设施必须与主体工程同时设计、同时施工、同时投入生产和使用，并且符合国家规定。

（2）用人单位必须为劳动者提供符合国家规定的劳动安全卫生条件和必要的劳动防护用品，对从事有职业危害作业的劳动者应当定期进行健康检查。

（3）用人单位会同其他有关部门，应当依法对劳动者在劳动过程中发生的伤亡事故和劳动者的职业病状况，进行统计、报告和处理。

（二）劳动安全卫生制度对劳动者的要求

（1）从事特种作业的劳动者必须经过专门培训并取得特种作业资格。

（2）劳动者在劳动过程中必须严格遵守安全操作规程。

(3)劳动者对用人单位管理人员违章指挥、强令冒险作业,有权拒绝执行。

(4)对危害生命安全和身体健康的行为,有权提出批评、检举和控告。

三、对女职工和未成年职工的特殊保护

(一)对女职工的特殊保护

女职工劳动保护是根据妇女生理特点对其中的劳动者所采取的各项保护措施,也就是在劳动过程中的安全和卫生的特殊保护措施。

(1)禁止安排女职工从事矿山井下、国家规定的第四级体力劳动强度的劳动和其他禁忌从事的劳动。

(2)不得安排女职工在经期从事高处、低温、冷水作业和国家规定的第三级体力劳动强度的劳动。

(3)不得安排女职工在怀孕期间从事国家规定的第三级体力劳动强度的劳动和孕期禁忌从事的劳动。对怀孕7个月以上的女职工,不得安排其延长工作时间和夜班劳动。

(4)女职工生育享受不少于90天的产假。

(5)不得安排女职工在哺乳未满一周岁的婴儿期间从事国家规定的第三级体力劳动强度的劳动和哺乳期禁忌从事的其他劳动,不得安排其延长工作时间和夜班劳动。

案例

【案例6-8】

女职工产假期间工资发放问题

汤某是一家大型建筑企业的职工。结婚后不久怀孕,某年8月,汤某临近产期,向单位请产假90天,单位却只批准了56天,并且表示在产假期间,工资将按基本工资标准的60%发放。汤某找领导反映情况,领导解释说,《劳动保险条例》规定的产假就是56天,企业完全是依法办事。汤某知道自己的一个女友生育时休了90天产假,并且全额领到了工资,于是向有关机构咨询,希望了解单位的做法是否合法,法定产假到底是多少天,产假期间是否减发工资。

【评析】

汤某所在企业的做法是错误的,法定产假应该是90天,企业在职工休产假期间,可以停发奖金、伙食补贴等非基本工资部分,但是不得减发基本工资。另一种是实行了生育保险社会统筹,企业参加了当地劳动保障部门建立的生育保险,并且按时足额缴纳生育保险费的,女职工产假期间,企业可停发其工资,改由社会保险经办机构发给生育津贴,生育津贴的标准是本企业上年度职工月平均工资,生育津贴由生育保险基金支付。本案中,汤某所在企业仍然沿用《劳动保险条例》规定,只批准汤某56天产假,明显违反了《女职工劳动保护规定》的规定。该企业若没有参加生育保险,就应该承担向汤某支付产假工资的义务,但是企业却减发了汤某的工资,违反了《女职工劳动保护规定》的规定。

（二）对未成年工的特殊保护

未成年工是指年满16周岁，未满18周岁的劳动者。未成年工的特殊保护是针对未成年工处于生长发育期的特点，以及接受义务教育的需要，采取的特殊劳动保护措施。

禁止未成年工从事的劳动范围主要是：矿山井下、有毒、有害、国家规定的第四级体力劳动强度的劳动，以及其他禁忌从事的劳动包括：森林伐木、归楞及流放作业，凡在坠落高度基准面5m以上（含5m）有可能坠落高度进行作业，作业场所放射性物质超过《放射防护规定》中规定剂量的作业，其他对未成年工的发育成长有影响的作业，而且用人单位应当对未成年工定期进行健康检查。

四、劳动争议的处理

（一）劳动争议的处理原则

解决劳动争议，应当根据合法、公正、及时处理的原则，依法维护劳动争议当事人的合法权益。

（二）劳动争议的处理解决途径

劳动争议发生后，当事人应当协商解决；不愿协商或者协商不成的，可以向本企业劳动争议调解委员会申请调解，调解不成的，可以向劳动争议仲裁委员会申请仲裁。当事人也可以直接向劳动争议仲裁委员会申请仲裁。对仲裁裁决不服的，可以向人民法院起诉。根据《劳动法》规定，劳动争议当事人可以有4条途径解决其争议。

1. 协商程序

劳动争议双方当事人在发生劳动争议后，应当首先协商，找出解决的方法。

2. 调解程序

企业调解委员会对本单位发生的劳动争议进行调解。通过调解解决劳动争议当属首选步骤。

3. 仲裁程序

当事人从知道或应当知道其权利被侵害之日起60日内，以书面形式向仲裁委员会申请仲裁。仲裁委员会应当自收到申请书之日起7日内作出受理或者不予受理的决定。仲裁庭处理劳动争议应当自组成仲裁庭之日起60日内结束。案情复杂需要延期的，经报仲裁委员会批准，可以适当延期，但是延长的期限不得超过30日。

4. 诉讼程序

当事人如对仲裁决定不服，可以自收到仲裁决定书15日之内向人民法院起诉，人民法院民事审判庭根据《中华人民共和国民事诉讼法》（以下简称《民事诉讼法》，的规定，受理和审理劳动争议案件。审限为6个月，特别复杂的案件经审判委员会批准可以延长。当事人对人民法院一审判决不服，可以再提起上诉，二审判决是生效的判决，当事人必须执行。需强调的是，劳动争议当事人未经仲裁程序不得直接向法院起诉，否则人民法院不予受理。

关于处理因签订或履行集体合同发生的争议，《劳动法》作了特殊的程序规定，即因签订集体合同发生争议，当事人协商解决不成的，当地人民政府劳动行政部门可以组织有关各方协调处理；因履行集体合同发生争议，当事人协商解决不成的，可以向劳动争议仲裁委员会申请仲裁。对仲裁裁决不服的，可以向人民法院提起诉讼。

【案例 6 – 9】

协议解除劳动合同的经济责任

林先生在 A 建筑公司工作 6 年多了,月工资为 1500 元。因为公司改变了经营范围,有几个岗位均不适合林先生工作,林先生在公司没有具体事情干,就打杂,哪里需要人手就去帮忙。公司出钱对林先生进行业务培训,可是林先生仍然不能适应工作的需要。赵经理找到林先生谈心。公司认真协商之后,要求与林先生协商解除劳动合同,林先生认为公司的提议有道理,故而同意与公司协议解除劳动合同。赵经理认为林先生是个好人,对公司有过贡献,觉得解除合同后有些过意不去,决定给林先生 2000 元作为慰问金,林先生表示感谢公司的厚爱,非常满意地离开了公司。后来,林先生听朋友说根据国家的有关规定,可以得到公司补助 3 个月的工资 4500 元,林先生就去找赵经理协商不成,便一纸诉状将公司告上了劳动仲裁委员会。林先生的申请能否得到法律的支持呢?

【评析】

林先生可以要求其所在的公司给予经济补偿。经劳动合同当事人协商一致,由用人单位解除劳动合同的,用人单位应当根据劳动者在该单位的工作年限,每满 1 年发给相当于 1 个月工资的经济补偿金,但最多不超过 12 个月。工作时间不满 1 年的,按照 1 年的标准对劳动者发给经济补偿。

【案例 6 – 10】

"劳动转派遣"非法

近两三年来,一些派遣机构已将触角延伸至正规劳工,甚至发生将正式劳工解雇再重新派遣的现象。比如,A 派遣公司跟客户签订了派遣合同。客户在 C 地需要 A 派遣公司派遣员工小王,但是 A 公司在 C 地没有设立自有分支机构,没有招工权也不能为员工缴纳社会保险,于是 A 劳务派遣公司通过 B 劳务派遣公司招用小王派到 A 派遣公司,再由 A 派遣公司派遣到用工单位。可见,劳动转派遣就是一些不负责任的派遣机构为了获得经济利润昧着良心将劳动者在不同的派遣机构间转来转去,非但不能帮助劳动者获取利益,还将派遣(机构)公司、要派企业、受派员工三方关系更加复杂化,侵犯了劳动者的合法权益,也让用人单位承担着潜在的巨大风险。

【评析】

《劳动合同法》严格禁止劳动派遣市场中的"转派遣"行为,该法第 62 条第 2 款明确规定:"用工单位不得将被派遣劳动者再派遣到其他用人单位"。这也就意味着劳动转派遣定性为"不合法",从而为铲除"劳动转派遣"提供了法律武器。

而《劳动合同法》颁布之后,仍有派遣公司在为自己狡辩,声称"派遣公司不属于用工单位,派遣公司之间的转派遣也不在《劳动合同法》禁止之列","派遣公司间可以通过合作协议进行劳动转派遣"等。

第四节 《中华人民共和国环境保护法》与工程建设相关的主要规定

一、环保的概述

随着经济和社会的发展,世界各国都十分重视环境的保护。所谓环境保护,是指保护和改善生活环境和生态环境,防治污染和其他公害,使之更适合人类的生存和发展。环境保护已成为我国的一项基本国策。环境保护工作对我们国家的经济建设、社会发展和人民健康具有全局性、长期性的决定性影响。国家依据下列基本原则制定了《中华人民共和国环境保护法》:

(1)经济建设与环境保护协调发展的原则;

(2)预防为主,防治结合的原则;

(3)污染者付费的原则;

(4)政府对环境质量负责的原则;

(5)依靠群众保护环境的原则。

为了保护和改善环境,我国实行了建设项目环境影响评价制度,就开发建设项目对周围地区的环境影响进行调查、预测和评价。环境影响评价制度要求建设单位及其主管部门,在基本建设项目可行性研究的基础上,在编制基本建设项目计划任务书之前,编制环境影响报告书,报送环境保护部门审批。环境影响报告书是开发建设项目的重要文件。

二、《中华人民共和国水污染防治法》关于对地表水和地下水污染的规定

(一)地表水污染防治

(1)禁止在生活饮用水地表水源二级保护区内新建、扩建向水体排放污染物的建设项目。在生活饮用水地表水源二级保护区内改建项目,必须削减污染物排放量。

(2)利用工业废水和城市污水进行灌溉的,县级以上地方人民政府农业行政主管部门应当组织对用于灌溉的水质及灌溉后的土壤、农产品进行定期监测,并采取相应措施,防止污染土壤、地下水和农产品。

(3)在内河航行的船舶,应当配置符合国家规定的防污设备,并持有船舶检验部门签发的合格证书。

(4)在内河航行的船舶,必须持有海事管理机构规定的防污文书或者记录文书。

(5)港口或者码头应当配备含油污水和垃圾的接收与处理设施。

(6)船舶在港口或者码头装卸油类及其他有毒有害、腐蚀性、放射性货物时,船方和作业单位必须采取预防措施,防止污染水体。

(7)造船、修船、拆船、打捞船舶的单位,必须配备防污设备和器材;进行作业时,应当采取预防措施,防止油类、油性混合物和其他废弃物污染水体。

(二)防止地下水污染

(1)生活饮用水地下水源保护区,由县级以上地方人民政府环境保护部门会同同级水利、

国土资源、卫生、建设等有关行政主管部门,根据饮用水水源地所处的地理位置、水文地质条件、供水量、开采方式和污染源的分布提出划定方案、报本级人民政府批准。

(2)禁止在生活饮用水地下水源保护区内从事污水灌溉;利用含有毒污染物的污泥作肥料;使用剧毒和高残留农药;利用储水层孔隙、裂隙、溶洞及废弃矿坑储存石油、放射性物质、有毒化学品、农药等活动。

(3)开采多层地下水时,对半咸水、咸水、卤水层,已受到污染的含水层,含有毒有害元素并超过生活饮用水卫生标准的水层,有医疗价值和特殊经济价值的地下热水、温泉水和矿泉水,含水层应当分层开采、不得混合开采。

(4)揭露和穿透含水层的勘探工程必须按照有关规范要求,严格做好分层止水和封孔工作。

(5)矿井、矿坑排放有毒有害废水、应当在矿床外围设置集水工程,并采取有效措施,防止污染地下水。

(6)人工回灌补给地下饮用水的水质,应当符合生活饮用水水源的水质标准,并经县级以上地方人民政府卫生行政主管部门批准。

三、《中华人民共和国固体废物环境防治法》关于固体废物排放的规定

(1)产生固体废物的任何单位和个人,应当采取措施防止或者减少固体废物对环境的污染。

(2)固体废物在收集、储存、运输、利用、处置的过程中,必须采取防扬散、防流失、防渗漏或者其他防止污染环境的措施。不得在运输过程中沿途丢弃、遗撒固体废物。

(3)产品应当采用易回收利用、易处置或者在环境中易消纳的包装物。

(4)使用农用薄膜的单位个人,应当采取回收利用等措施,防止或者减少农用薄膜对环境的污染。

(5)对收集、储存、运输、处置固体废物的设施、设备和场所,应当加强管理和维护,保证其正常运行和使用。

(6)禁止擅自关闭、闲置或者拆除工业固体废物污染环境防治设施、场所。

(7)对造成固体废物严重污染环境的企业事业单位,限期治理,限期完成。

(8)在自然保护区、风景名胜区、生活饮用水源地和其他需要特别保护的区域内,禁止建设工业固体废物集中储存、处置设施、场所和生活垃圾填埋场。

(9)转移固体废物储存、处置的,应当向固体废物移出地的省级人民政府环境保护行政主管部门报告,并经固体废物接受地的省级人民政府环境保护行政主管部门许可。

(10)禁止中国境外的固体废物进境倾倒、堆放、处置;禁止进口不能用作原料的固体废物;限制进口可以用做原料的固体废物。

四、《中华人民共和国环境噪声污染防治法》关于与建筑施工噪音污染防治规定

(1)在城市范围内向周围生活环境排入工业与建筑施工噪声的,应当符合国家规定的工业企业厂界和建筑施工场界环境噪声排放标准。

(2)产生环境噪声污染的工业企业,应当采取有效措施,减轻噪声对周围生活的影响。

(3)在城市市区范围内,建筑施工过程可能产生噪声污染,施工单位须在开工 15 天以前

向所在地县以上环境行政主管部门申报该工程采取的环境噪声污染防治情况。

(4)在城市市区噪声敏感区域内，禁止夜间进行产生噪声污染的施工作业，但个别情况除外者，必须公告附近居民。

五、建设项目环境影响评价制度

环境影响评价，是指对规划和建设项目实施后可能造成的环境影响进行分析、预测和评估，提出预防或者减轻不良环境影响的对策和措施，进行跟踪监测的方法与制度。2002 年 12 月 28 日，全国人民代表大会常务委员会发布了《中华人民共和国环境影响评价法》，以法律的形式确立了规划和建设项目的环境影响评价制度。关于建设项目的环境影响评价制度，该法主要规定了如下内容。

(一)对建设项目的环境影响评价实行分类管理

建设单位应当按照下列规定组织编制环境影响报告书、环境影响报告表或者填报环境影响登记表(以下统称环境影响评价文件)：

(1)可能造成重大环境影响的，应当编制环境影响报告书，对产生的环境影响进行全面评价；

(2)可能造成轻度环境影响的，应当编制环境影响报告表，对产生的环境影响进行分析或者专项评价；

(3)对环境影响很小、不需要进行环境影响评价的，应当填报环境影响登记表。

(二)环境影响报告书的基本内容

(1)建设项目概况；

(2)建设项目周围环境现状；

(3)建设项目对环境可能造成影响的分析、预测和评估；

(4)建设项目环境保护措施及其技术、经济论证；

(5)建设项目对环境影响的经济损益分析；

(6)对建设项目实施环境监测的建议；

(7)环境影响评价的结论。

涉及水土保持的建设项目，还必须经由水土行政主管部门审查同意的水土保持方案。

(三)建设项目环境影响评价机构

(1)接受委托为建设项目环境影响评价提供技术服务的机构，应当经国务院环境保护行政主管部门考核审查合格后，颁发资质证书，按照资质证书规定的等级和评价范围，从事环境影响评价服务，并对评价结论负责。为建设项目环境影响评价提供技术服务的机构的资质条件和管理办法，由国务院环境保护行政主管部门制定。

(2)国务院环境保护行政主管部门对已取得资质证书的为建设项目环境影响评价提供技术服务的机构的名单，应当予以公布。

(3)为建设项目环境影响评价提供技术服务的机构，不得与负责审批建设项目环境影响评价文件的环境保护行政主管部门或者其他有关审批部门存在任何利益关系。

(4)环境影响评价文件中的环境影响报告书或者环境影响报告表，应当由具有相应环境影响评价资质的机构编制。

(5)任何单位和个人不得为建设单位指定对其建设项目进行环境影响评价的机构。

(四)建设项目环境影响评价文件的审批管理

建设项目的环境影响评价文件,由建设单位按照国务院的规定报有审批权的环境保护行政主管部门审批;建设项目有行业主管部门的,其环境影响报告书或者环境影响报告表应当经行业主管部门预审后,报有审批权的环境保护行政主管部门审批。

审批部门应当自收到环境影响报告书之日起60日内,收到环境影响报告表之日起30日内,收到环境影响登记表之日起15日内,分别作出审批决定并书面通知建设单位。

建设项目的环境影响评价文件经批准后,建设项目的性质、规模、地点、采用的生产工艺或者防治污染、防止生态破坏的措施发生重大变动的,建设单位应当重新报批建设项目的环境影响评价文件。

建设项目的环境影响评价文件自批准之日起超过5年方决定该项目开工建设的,其环境影响评价文件应当报原审批部门重新审核;原审批部门应当自收到建设项目环境影响评价文件之日起10日内,将审核意见书面通知建设单位。

建设项目的环境影响评价文件未经法律规定的审批部门审查或者审查后未予批准的,该项目审批部门不得批准其建设,建设单位不得开工建设。建设项目建设过程中,建设单位应当同时实施环境影响报告书、环境影响报告表及环境影响评价文件审批部门审批意见中提出的环境保护对策措施。

(五)环境影响的后评价和跟踪管理

在项目建设、运行过程中产生不符合经影响评价文件审批部门也可以责成建设单位进行环境影响的后评价,采取改进措施审批的环境影响评价文件的情形的,建设单位应当组织环境影响的后评价,采取改进措施,并报原环境影响评价文件审批部门和建设项目审批部门备案;原环境影响评价文件审批部门也可以责成建设单位进行环境影响的后评价,采取改进措施。

环境保护行政主管部门应当对建设项目投入生产或者使用后所产生的环境影响进行跟踪检查,对造成严重环境污染或者生态破坏的,应当查清原因、查明责任。对属于为建设项目环境影响评价提供技术服务的机构编制不实的环境影响评价文件的,或者属于审批部门工作人员失职、渎职,对依法不应批准的建设项目环境影响评价文件予以批准的,依法追究其法律责任。

案例

【案例6-11】

创办合营企业应充分重视环境保护问题

某年某月,中国某化学厂与英国A化学厂签订了一份共同举办中外合资经营企业合同。合同规定,中、英双方共同出资创办合营企业某化学厂,从事新型化学制剂的生产。合营企业投资总额为1800万美元,注册资本为400万美元,其余为合营企业借入资金。中方投资250万美元,英方投资150万美元。除注册资本以外的其他资金,由中方负责筹措。中英双方按出资比例分享合营企业收益。合营企业合营期限为30年。合同还规定,英方承诺其提供的技术是先进的,并且依此技术制造新型化学制剂,对环境的污染是在中国政策法规许可的限度内。合同签订后不久,双方订立了合营企业章程，就合营企业的组织原则和经营管理等事项作出了明确规定。鉴于环境污染较严重，为避免不获批准还编制了假的环境影响报告书并报有关环保机关审核。环保机关作了详细审查，确定该合营项目将造成极大的环境污染，其污染程度已超过中国政策法规所许可的限度。同时，该合营企业投资总额和注册资本之间比例严重失衡，于是作出不予批准的决定。

【评析】

本案中，合资的中外双方在签订合资经营企业合同时，英方明确承诺："其提供的技术是先进的，并且依此技术制造新型化学制剂，对环境的污染是在中国政策法律许可的限度内。"但事实证明，该项目将造成极大的环境污染，其污染程序已超过中国政策法规所许可的限度。幸亏中国的环保机构及时审核，对该合同未予批准，避免了损失的发生。

【案例 6-12】

项目的选址，是否考虑到环境问题和长远利益

20 世纪 90 年代初期，某城市供电紧张，市政府招商准备建设 1 座 5 万 kW 的燃油发电厂，作为城市电源补充。当时，可供选址的用地经过比较，只有靠近市区边缘的一处准备搬迁的工厂较合适。但该工厂周边是职工宿舍区，如果发电厂建设上马，势必会给邻近的居住小区造成很大的污染。市政府为此召开多次会议，最后采纳了专家的意见，决定暂缓发电厂建设。2 年过后，该市通过省电网提供了足够的电量，彻底解决该市长期电力不足的问题。

【评析】

按我国有关的法律规定，在城市建设项目选址上，首先应严格按照城市总体规划统一安排；其次应处理好近期利益与城市可持续发展的关系，只有多方面比较，经过合法程序，采用科学方法，项目选址才会合理可靠；再有必须考虑环境污染的问题。该项目选址，市政府考虑到了城市长期发展的需要，判断有严重污染的项目，即使近期有上马的必要，也还需要重点考虑项目的环境保护措施，如果措施不当或措施不配套，污染项目将会给城市带来长期严重的危害。因此，市政府采纳了专家的意见，决定暂缓该项目的建设，从而避免了环境的污染和今后的拆迁与重复建设问题。

六、建设工程施工场地环境保护

(1)施工现场的市容环卫工作实行责任区制度。

(2)施工单位在施工前设置施工现场的围墙或围挡、临时环卫设施、硬质路面、洗刷设施等。

(3)施工现场应当设置施工标志牌，设立标注施工现场平面图和安全生产、环境保护、文明施工等内容的制度牌。

(4)在施工现场不得擅自倾倒、堆放或处置建筑垃圾、工程渣土。运出施工现场的建筑垃圾、工程渣土应当按照市城市管理行政主管部门规定的路线、时间和处置场所进行密封运输并处置。

(5)施工作业应当在批准的施工场地内进行,不得在施工场地范围外堆放物料、机具等。

(6)施工现场的工棚和临时厕所等临时设施不得建在临街一侧,不得改变使用性质。

(7)施工单位未经批准不得占用城市绿化用地,不得损坏绿化及其设施。对施工现场范围内的古树名木应加强养护,未经批准不得擅自迁移、砍伐。

(8)施工现场的建筑垃圾、工程渣土应当有专人负责管理,配备洒水设备,定期洒水、清扫。

(9)施工现场内的施工道路应当用礁渣、细石或者混凝土等材料进行硬化处理。

(10)禁止施工运输机动车车轮带泥行驶,禁止超载,沿途不得抛撒、泄漏。

七、环境保护"三同时"的有关规定

所谓"三同时"制度,是指建设项目需要配套建设的环境保护设施,必须与主体工程同时设计、同时施工、同时投产使用。《建设项目环境保护管理条例》在第三章环境保护设施建设中,对"三同时"制度进行了规定。

(1)建设项目的初步设计,应当按照环境保护设计规范的要求,编制环境保护篇章,并依据经批准的建设项目环境影响报告书或者环境影响报告表,在环境保护篇章中落实防治环境污染和生态破坏的措施及环境保护设施投资概算。

(2)建设项目的主体工程完工后,需要进行试生产的,其配套建设的环境保护设施必须与主体工程同时投入试运行。

(3)建设项目试生产期间,建设单位应当对环境保护设施运行情况和建设项目对环境的影响进行监测。

(4)建设项目竣工后,建设单位应当向审批该建设项目环境影响报告书、环境影响报告表或者环境影响登记表的环境保护行政主管部门,申请该建设项目需要配套建设的环境保护设施竣工验收。

(5)环境保护设施竣工验收,应当与主体工程竣工验收同时进行。需要进行试生产的建设项目,建设单位应当自建设项目投入试生产之日起 3 个月内,向审批该建设项目环境影响报告书、环境影响报告表或者环境影响登记表的环境保护行政主管部门,申请该建设项目需要配套建设的环境保护设施竣工验收。

(6)分期建设、分期投入生产或者使用的建设项目,其相应的环境保护设施应当分期验收。

(7)环境保护行政主管部门应当自收到环境保护设施竣工验收申请之日起 30 日内,完成验收。

(8)建设项目需要配套建设的环境保护设施经验收合格,该建设项目方可正式投入生产或者使用。

案例

【案例 6－13】

违反"三同时"制度,应依法承担法律责任

2003 年 1 月 2 日,某省环保局接到举报,反映位于该省某县的水泥公司违法生产,造成了严重污染,对周围居民造成了不良影响。同日,省环境监理总队了解情况后派人会同该县环保局共同前往现场检查。

在检查过程中查明:该公司是当地的招商企业,由经理许某等人投资 250 万元兴建的,2002年5月3日动工,10月23日投产,截止到2003年1月2日未办理任何环保审批手续,也没有领取工商营业执照。县环保局曾经于2002年5月18日对该公司下达了停建通知书。

该公司从事水泥半成品加工,污染防治措施只有一套简易的布袋除尘装置。省环境监理总队建议责令该公司停止生产,按照规定限期补充办理环保手续。

省环保局认为水泥公司的行为,违反了《大气污染防治法》第11条的规定。根据《大气污染防治法》第47条规定,对水泥公司作出如下处罚:

(1)责令立即停止生产;

(2)罚款20000元。

【评析】

该公司违反了"三同时"制度。《建设项目环境保护管理条例》在第三章环境保护设施建设中,对"三同时"制度进行了规定。所谓"三同时"制度,是指建设项目需要配套建设的环境保护设施,必须与主体工程同时设计、同时施工、同时投产使用。

而本案中,该公司没有贯彻"三同时"制度,所以应该承担相应的法律责任。

【案例6-14】

环境污染造成危害应依法承担责任

刘某的居室西侧与某公司经营场所的东侧相邻,中间间隔一条宽15m左右的公共通道。某公司为给该经营场所东面展厅的外部环境照明,在展厅围墙边安装了三盏双头照明路灯,每晚7时至次日晨5时开启。这些位于甲居室西南一侧的路灯,高度与甲居室的阳台持平,最近处离甲居室20m左右,期间没有任何物件遮挡。这些路灯开启后,灯光除能照亮某公司的经营场所外,还能散射到甲居室及周围住宅的外墙上,并通过窗户对居室内造成明显影响。在刘某居室的阳台上,目视夜间开启后的路灯灯光,亮度达到刺眼的程度。刘某为此于2004年9月1日提起诉讼后,某公司已于同年9月3日暂停使用涉案路灯。

法院于2004年11月1日判决:

(1)被告某公司应停止使用其经营场所东面展厅围墙边的三盏双头照明路灯,排除对原告甲造成的光污染侵害。

(2)原告刘某的其余诉讼请求,不予支持。

一审宣判后,双方当事人均未提出上诉,一审判决已发生法律效力。

【评析】

本案的焦点问题是:该公司安装的路灯是否构成环境污染中的光污染从而影响了刘某的权利并为此承担责任。

《中华人民共和国民法通则》第124条规定:"违反国家保护环境防止污染的规定,污染环境造成他人损害的,应当依法承担民事责任。"《中华人民共和国环境保护法》第41条规定:"造成环境污染危害的,有责任排除危害,并对直接受到损害的单位或者个人赔偿损失。"被告某公司开启的涉案路灯灯光,已对原告刘某的正常居住环境和健康生活造成了损害,构成环境污染。某公司不能举证证明该侵害行为具有合理的免责事由,所以法院认定某公司应承担排除危害的法律责任。

第五节 《中华人民共和国消防法》与工程建设相关的主要规定

一、《中华人民共和国消防法》概述

为了预防火灾和减少火灾危害，保护公民人身、公共财产和公民财产的安全，维护公共安全，保障社会主义现代化建设的顺利进行，制定中华人民共和国消防法。

消防工作贯彻预防为主、防消结合的方针，坚持专门机关与群众相结合的原则，实行防火安全责任制。

二、建设工程的消防规定

(1)按照国家《工程建筑消防技术标准》要求进行消防设计的建筑工程，设计单位应当按照《工程建筑消防技术标准》进行设计，建设单位应当将建筑工程的消防设计图纸及有关资料报送公安消防机构审核；未经审核或者经审核不合格的，建设行政主管部门不得发给其施工许可证，建设单位不得施工。

(2)经公安消防机构审核的建筑工程消防设计需要变更的，应当报经原审核的公安消防机构核准；未经核准的，任何单位、个人不得变更。

(3)按照国家工程建筑消防技术标准进行消防设计的建筑工程竣工时，必须经公安消防机构进行消防验收；未经验收或者经验收不合格的，不得投入使用。

(4)建筑构件和建筑材料的防火性能必须符合国家标准或者行业标准。公共场所室内装修、装饰根据国家工程建筑消防技术标准的规定，应当使用不燃、难燃材料的，必须选用依照产品质量法的规定确定的检验机构检验合格的材料。

三、工程建设中的消防安全措施

(一)机关、团体、企业、事业单位应当履行的消防安全职责

(1)制定消防安全制度、消防安全操作规程；

(2)实行防火安全责任制，确定本单位和所属各部门、岗位的消防安全责任人；

(3)针对本单位的特点对职工进行消防宣传教育；

(4)组织防火检查，及时消除火灾隐患；

(5)按照国家有关规定配置消防设施和器材、设置消防安全标志，并定期组织检验、维修，确保消防设施和器材完好、有效；

(6)保障疏散通道、安全出口畅通，并设置符合国家规定的消防安全疏散标志；

(7)居民住宅区的管理单位，应当依照前款有关规定，履行消防安全职责，做好住宅区的消防安全工作。

(二)在设有车间或者仓库的建筑物内，不得设置员工集体宿舍

在设有车间或者仓库的建筑物内，已经设置员工集体宿舍的，应当限期加以解决。对于暂时确有困难的，应当采取必要的消防安全措施，经公安消防机构批准后，可以继续使用。

（三）生产、储存、运输、销售或者使用、销毁易燃易爆危险物品的单位、个人，必须执行国家有关消防安全的规定

(1)生产易燃易爆危险物品的单位,对产品应当附有燃点、闪点、爆炸极限等数据的说明书,并且注明防火防爆注意事项。对独立包装的易燃易爆危险物品应当贴附危险品标签。

(2)进入生产、储存易燃易爆危险物品的场所,必须执行国家有关消防安全的规定,禁止携带火种进入生产、储存易燃易爆危险物品的场所。禁止非法携带易燃易爆危险物品进入公共场所或者乘坐公共交通工具。

(3)储存可燃物资仓库的管理,必须执行国家有关消防安全的规定。

（四）禁止在具有火灾、爆炸危险的场所使用明火

因特殊情况需要使用明火作业的,应当按照规定事先办理审批手续。作业人员应当遵守消防安全规定,并采取相应的消防安全措施。

进行电焊、气焊等具有火灾危险的作业人员和自动消防系统的操作人员,必须持证上岗,并严格遵守消防安全操作规程。

【案例 6-15】

案例

衡州大厦消防安全不到位引发特大建筑火灾坍塌事故

2003 年 11 月 3 日凌晨 5 时许,湖南省衡阳市一商住楼因底层经商户用硫黄熏烤“八角”,致使“八角”起火而蔓延整栋大楼,在消防官兵奋力抢险中,大楼第 3、4 两个单元突然坍塌,将部分消防官兵压在废墟下,虽经全力抢救,仍造成 20 名消防官兵壮烈牺牲的重大伤亡事故。经济损失及在人们心灵深处的创伤则不可估量。这是新中国成立以来消防官兵扑救火灾伤亡最惨重的一次,震惊全国。

【评析】

事故发生后,在中央联合调查组织指挥下,经过专家一个多月的调查、取证、检测、分析,确定衡州大厦为特大建筑火灾坍塌事故,认定坍塌的根本原因是位于大厦西北部位的 5 根柱子在大量的乙烯燃烧后承载力下降,在重载下倒塌,其主要存在的隐患因素为:

(1)建筑单位资质证明不全。无建筑工程管理局的资质证明、无工程施工许可证、无监督和安全监督;

(2)擅改规划设计和一楼使用性质。开发商私自更改规划设计平面布置图,将原来 3 栋平行建筑楼改为“回”字形的四合院,并将原设计的 7 层楼增至 8 层,局部增至 9 层,增大了下部房柱的承载力,擅自改变楼房的使用性质,将一楼的商业网点改为仓库,增大了火灾荷载;

(3)消防设施不配套。大厦与四周建筑物间距太小,消防车道不能畅通,局部车道仅为 3m 宽,偌大一个住宅区仅配套 5 只消火栓且不是上锁就是没水压,迫使消防车不得不到远处装水,一去一来耽误了灭火的时间,加速了火焰对建筑物的破坏;

(4)安全教育不到位。经调查,物业管理员及各经商户安全意识淡薄,物业管理人员任由经商者私自在仓库内生火,尤其在无人管理的情况下深夜熏烤“八角”,严重地违反动火规定。

【案例 6-16】

操作违章失火,水源不足酿成大事故

某隧道工地雷管储存室混制引火头工房当天混制秒延期雷管用引火药,筛药工蒙某将秤好的铅丹和硅盛入塑料盒内,手持橡胶板在盒内混药。药混好后,用 140 孔/寸的筛子在防护板内过筛,每筛约 150g。当筛到第 3 筛时,突然起火,并发出低沉的爆炸声,蒙某被冲击波击倒在地,因蒙某双手戴胶皮手套并有防护板隔离操作,因而未受伤。此次事故烧毁 $147m^2$ 工房,直接经济损失 3.5 万元。

【评析】

经过调查分析和进行模拟试验,认为静电导致着火的可能性较大,18 日工房内相对湿度为 50%。铅丹又刚从烘干室内取出,湿度较高,筛药工内穿涤纶衣裤,脚穿橡胶鞋,地面、作业台上均铺橡胶板,走动时易积聚电荷,另据筛药工回忆,以前筛药时曾多次发现药粉有“站立”现象。事故原因及教训:

(1)工人违章操作,规程规定每次混药量不得超过 200g,实际混药量为 2000g,扩大了事故后果;

(2)消防水源不足,着火后不能及时扑灭;

(3)对静电认识不够,防治不力,导致静电积聚,引起火灾;

(4)要教育工人,严格执行工艺规程;

(5)配备足够的消防水源,一旦发生着火能及时扑灭;

(6)对静电要有足够的认识,禁止工人穿化纤衣服,必要时配备导静电服装和采取其他导静电措施。

第六节 《中华人民共和国税法》与工程建设相关的主要规定

一、税法概述

税收是国家为了实现其职能的需要,凭借政治权利,依照法律规定的程序对满足法定课税要件的人所征收的货币或者实物。税法就是调整税收关系的法律规范的总称。

税法由税收征纳实体法和税收征纳程序法等子部门法构成。下面我们将从与工程建设相关的税收征纳程序法和违反税法的法律责任角度做简单介绍。

二、纳税程序

(一)税款征收

税务机关依照法律、行政法规的规定征收税款,不得违反法律、行政法规的规定开征、停征、多征或者少征税款。

1. 代扣、代收税款

扣缴义务人应依照法律、行政法规的规定履行代扣、代收税款的义务。税务机关按照规定付给扣缴义务人代扣、代收手续费。

2. 税款征收的期限

纳税人、扣缴义务人按照法律、行政法规规定或者税务机关依照法律、行政法规的规定确定的期限，缴纳或者解缴税款。纳税人因有特殊困难，不能按期缴纳税款的，经省、自治区、直辖市国家税务局，地方税务局批准，可以延期缴纳税款，但最长不得超过 3 个月。

纳税人未按照前款规定期限缴纳税款的，扣缴义务人未按照前款规定期限解缴税款的，税务机关除责令限期缴纳外，从滞纳税款之日起，按日加收滞纳税款万分之五的滞纳金。

3. 税款征收的减免

纳税人可以依照法律、行政法规的规定向税务机关书面申请减税、免税。

4. 税款征收的凭证

税务机关征收税款和扣缴义务人代扣、代收税款时，必须给纳税人开具完税凭证。

(二)税收保全

税务机关有根据认为从事生产、经营的纳税人有逃避纳税义务行为的，可以在规定的纳税期之前，责令限期缴纳应纳税款；在限期内发现纳税人有明显的转移、隐匿其应纳税的商品、货物及其他财产或者应纳税的收入的迹象的，税务机关可以责成纳税人提供纳税担保。如果纳税人不能提供纳税担保，经县级以上税务局(分局)局长批准，税务机关可以采取下列税收保全措施：

(1)书面通知纳税人开户银行或者其他金融机构暂停支付纳税人的金额相当于应纳税款的存款；

(2)扣押、查封纳税人的价值相当于应纳税款的商品、货物或者其他财产。纳税人在前款规定的限期内缴纳税款的，税务机关必须立即解除税收保全措施；限期期满仍未缴纳税款的，经县级以上税务局(分局)局长批准，税务机关可以书面通知纳税人开户银行或者其他金融机构从其暂停支付的存款中扣缴税款，或者拍卖所扣押、查封的商品、货物或者其他财产，以拍卖所得抵缴税款。采取税收保全措施不当，或者纳税人在限期内已缴纳税款，税务机关未立即解除税收保全措施，使纳税人的合法利益遭受损失的，税务机关应当承担赔偿责任。

(三)纳税的强制执行

从事生产、经营的纳税人、扣缴义务人未按照规定的期限缴纳或者解缴税款，纳税担保人未按照规定的期限缴纳所担保的税款，由税务机关责令限期缴纳，逾期仍未缴纳的，经县级以上税务局(分局)局长批准，税务机关可以采取下列强制执行措施：

(1)书面通知其开户银行或者其他金融机构从其存款中扣缴税款；

(2)扣押、查封、拍卖其价值相当于应纳税款的商品、货物或者其他财产，以拍卖所得抵缴税款。税务机关采取强制执行措施时，对前款所列纳税人、扣缴义务人、纳税担保人未缴纳的滞纳金同时强制执行。

三、违反税法的责任

(一)法律责任的形式

1. 经济责任

主要包括加收滞纳金和赔偿损失。

2. 行政责任

主要包括行政处罚和行政处分。前者主要是针对纳税人和扣缴义务人的，主要包括：责令限期改正，责令缴纳税款；采取税收保全措施和税收强制执行措施；罚款；吊销税务登记证，收回税务机关发给的票证，吊销营业执照等。行政处分是针对税务机关的工作人员的，主要包括警告、记过、记大过、降级、撤职和开除。

3. 刑事责任

主要包括罚金、拘役、有期徒刑、无期徒刑。

（二）主要违法行为的法律责任

1）纳税人未按照规定期限缴纳税款的，扣缴义务人未按照规定期限解缴税款的，税务机关除责令限期缴纳外，从滞纳税款之日起，按日加收滞纳税款万分之五的滞纳金。

2）纳税人有下列行为之一的，由税务机关责令限期改正，可以处2000元以下的罚款；情节严重的，处2000元以上1万元以下的罚款：

（1）未按照规定的期限申报办理税务登记、变更或者注销登记的；

（2）未按照规定设置、保管账簿或者保管记账凭证和有关资料的；

（3）未按照规定将财务、会计制度或者财务、会计处理办法和会计核算软件报送税务机关备查的；

（4）未按照规定将其全部银行账号向税务机关报告的；

（5）未按照规定安装、使用税控装置，或者损毁或擅自改动税控装置的。

案例

【案例6－17】

未按照规定的期限申报办理税务登记，税务机关有权对其处罚

2000年2月，税务机关在进行税务检查时发现，某企业上年未向税务机关申报企业所得税，当问及其原因时，该企业负责人讲是由于上年度亏损了10万元。税务机关对其处以2000元罚款。该企业负责人表示不理解，认为企业没有实现利润为什么还要进行纳税申报，并就此向上级税务机关提出税务行政复议。

【评析】

本案问题焦点：

（1）亏损企业是否需要进行纳税申报；

（2）纳税人没有进行纳税申报，税务机关应该如何处罚。

纳税人不论是盈是亏都应在法律规定申报期限内到主管税务机关办理纳税申报。《税收征收管理法》第39条规定："纳税人未按照规定的期限办理纳税申报的，或者扣缴义务人未按照规定的期限向税务机关报送代扣代缴、代收代缴税款报告表的，由税务机关责令限期改正，可以处以2000元以下的罚款；逾期不改正的可以处以2000元以上10000元以下的罚款。"根据此条规定，该案中税务机关对该企业处罚是正确的。

3）对纳税人偷税的，由税务机关追缴其不缴或者少缴的税款、滞纳金，并处不缴或者少缴的税款50%以上5倍以下的罚款；偷税数额占应纳税额的10%以上不满30%并且偷税数额在1万元以上不满10万元的，或者因偷税被税务机关给予二次行政处罚又偷税的，处3年以下有期徒刑或者拘役，并处偷税数额1倍以上5倍以下罚金；偷税数额占应纳税额的30%以上并且偷税数额在10万元以上的，处3年以上7年以下有期徒刑，并处偷税数额1倍以上5倍以下罚金。

【案例6－18】

案例

纳税人偷税，税务机关有权对其处罚

某省A有限公司，属于增值税一般纳税人，以经营黄沙购销业务为主。该公司一般从长江中下游有沙江面购进黄沙，在上海等地进行销售。2000年4月，某县国税局对其1999年缴纳增值税情况进行检查时发现，该企业虚开了4张重量为3.5万t的运输发票，非法抵扣了6万元的税款。另外，还发现该公司对一笔13万元的销售收入采用挂账方式而未作销售处理，少缴税款为1.1万元。该纳税人总计少纳税7.1万元，占其应纳税额的12.5%。

【评析】

根据《税收征收管理法》和全国人民代表大会常务委员会制定的《关于惩治偷税抗税犯罪的补充规定》的规定："纳税人采取伪造、变造、隐匿、擅自销毁账簿、记账凭证，或者在账簿上多列支出或者不列、或少列收入或者经税务机关通知申报而拒不申报或者进行虚假的纳税申报，不缴或者少缴应纳税款的，是偷税。"该案中，纳税人已构成偷税罪。某县国税局应依法追缴少缴税款7.1万元、滞纳金4050元，并将此案移交司法机关，由司法机关追究其负责人及直接责任人员的法律责任。

4）纳税人欠缴应纳税款，采取转移或者隐匿财产的手段，妨碍税务机关追缴欠缴的税款的，由税务机关追缴欠缴的税款、滞纳金，并处欠缴税款50%以上5倍以下的罚款；欠缴税款数额在1万元以上不满10万元的，处3年以下有期徒刑或者拘役，并处或者单处欠缴税款1倍以上5倍以下罚金；数额在10万元以上的，处3年以上7年以下有期徒刑，并处欠缴税款1倍以上5倍以下罚金。以暴力、威胁方法拒不缴纳税款的，除由税务机关追缴其拒缴的税款、滞纳金外，处3年以下有期徒刑或者拘役，并处拒缴税款1倍以上5倍以下罚金；情节严重的，处3年以上7年以下有期徒刑，并处拒缴税款1倍以上5倍以下罚金。情节轻微，未构成犯罪的，由税务机关追缴其拒缴的税款、滞纳金，并处拒缴税款1倍以上5倍以下罚款。

【案例6－19】

案例

逃避追缴欠税及其法律责任

某私营电器商店业主A欠缴增值税税款5万元。税务机关催缴两次，A都置之不理。当地税务机关向其下达了《催缴税款通知书》，限其10天之内补缴，李某仍未缴纳。税务机关经税务局长批准，依法对其实施强制执行措施。查核其开户行账号，确认没有资金，于是决定查封其商店相应的商品。当税务人员到商店执行时，发现商店主管却是B。B讲A前几天将商店转让给自己,并向税务人员出示了转让合同。税务人员找到A向其追缴所欠税款时,A称已将转让商店的钱用于购买一批电脑,无钱纳税。

【评析】

逃避追缴欠税行为构成要件主要有以下三点:

(1)在法律、法规规定的纳税申报期限内未缴或者未缴足税款,即欠税;

(2)主观上故意采取转移或者隐匿财产的手段;

(3)客观上导致税务机关无法追缴欠缴税款。

该案中A首先欠税,其次在限期内不纳税,反而故意转移其应税财产,致使税务机关无法追缴所欠税款,明显构成逃避追缴欠税行为,并因其所欠税款数额较大,构成了逃避追缴欠税罪。税务机关应将其移送司法机关处理。

5)纳税人、扣缴义务人的开户银行或者其他金融机构拒绝接受税务机关依法检查纳税人、扣缴义务人存款账户,或者拒绝执行税务机关做出的冻结存款或者扣缴税款的决定,或者在接到税务机关的书面通知后帮助纳税人、扣缴义务人转移存款,造成税款流失的,由税务机关处10万元以上50万元以下的罚款,对直接负责的主管人员和其他直接责任人员处1000元以上1万元以下的罚款。

6)税务机关违反规定擅自改变税收征收管理范围和税款入库预算级次的,责令限期改正,对直接负责的主管人员和其他直接责任人员依法给予降级或者撤职的行政处分。

7)未经税务机关依法委托征收税款的,责令退还收取的财物,依法给予行政处分或行政处罚;致使他人合法权益受到损失的,依法承担赔偿责任;构成犯罪的,依法追究刑事责任。

税务人员利用职务的便利,收受或索取纳税人、扣缴义务人财物或者谋取其他不正当利益,构成犯罪的,依法追究刑事责任;不构成犯罪的,依法给予行政处分。

8)税务人员徇私舞弊或者玩忽职守,不征或者少征应征税款,致使国家税收遭受重大损失,构成犯罪的,依法追究刑事责任;尚不构成犯罪的,依法给予行政处分。

9)违反法律、行政法规的规定,擅自做出的开征、停征或者减税、免税、退税、补税及其他同税收法律、行政法规相抵触的决定的,除依照本法规定撤销其擅自作出的决定外,补征应征未征税款,退还不应征收而征收的税款,并由上级机关追究直接负责的主管人员和其他直接责任人员的行政责任。构成犯罪的,依法追究刑事责任。

(三)追究法律责任的主体和期限

追究法律责任的主体主要包括征税机关和人民法院。行政处罚,罚款额在2000元以下的,可以由税务所决定。违反税收法律、行政法规应当给予行政处罚,在5年内未被发现的,不再给予行政处罚。

本章小结

根据《建筑法》的规定,建筑许可包括三种制度,即:建筑工程施工许可制度、从事建筑活动单位资质制度、个人资格制度。根据《建筑法》第7条规定，工程开工前，建设单位应当按照国家有关规定向工程所在地县级以上人民政府建设行政主管部门申请领取施工许可证。但是，国务院建设行政主管部门确定的限额以下的小型工程除外。

工程建设保险，是指业主或承包商为了工程建设项目顺利完成而对工程建设中可能产生的人身伤害或财产损失，向保险公司投保以化解风险的行为。工程建设保险主要包括建筑工程一切险和安装工程一切险。建筑工程一切险，是指以各种建筑工程及在建筑施工过程中的物料、机器设备和第三者的经济赔偿责任为保险标的保险。安装工程一切险的目的在于为各种机器安装及钢结构工程的实施提供尽可能全面的专门保险。

施工企业要按照《劳动法》和《劳动合同法》的要求与劳动者确立劳动关系、明确双方权利和义务的协议。订立劳动合同，应当遵循平等自愿、协商一致的原则，不得违反法律、行政法规的规定。建筑施工企业应做好劳动安全卫生工作，对女职工和未成年工的使用应遵守有关的规定。劳动争议解决的方式有调解、仲裁和诉讼。

我国《环境保护法》中的"三同时"制度是建设项目中环境保护设施必须与主体工程同步设计、同时施工、同时投产使用的制度，其适用范围包括新建、改建、扩建项目和技术改造项目，以及可能对环境造成污染和破坏的工程项目。环境影响评价是对规划和建设项目实施后可能造成的环境影响进行分析、预测和评估，提出预防或者减轻不良环境影响的对策和措施，进行跟踪监测的方法与制度。

建设工程由于工期长，业务复杂的原因，消防隐患随时存在。所以，在建设期间严格遵守和贯彻《消防法》的相关规定显得尤为重要。设计阶段要进行消防设计审核，工程建设中应采取的消防安全措施，工程结束要进行消防验收。

税法就是调整税收关系的法律规范的总称。税法由税收征纳实体法和税收征纳程序法等子部门法构成。纳税程序包括：税款征收、税收保全、纳税的强制执行，违反税法的责任介绍了法律责任的形式、主要违法行为的法律责任、追究法律责任的主体和期限。

小知识

"末位淘汰制"没有法律依据

很多单位和企业采用的"末位淘汰制"是没有法律依据的，《劳动合同法》中企业解除合同的情形中没有包括"末位淘汰制"。专家在《劳动合同法》专题论坛时作上述表示，他说，考核不合格与不胜任工作是两回事，因为考核末位，用人单位单方面解除劳动合同关系是不合理的。因为可能有100个人参与考核，结果大家都超过了80分，都完成一定的工作任务，这时就不能借口员工不胜任工作而将其解雇。现在不少企业乐于采用"末位淘汰制"。在《劳动合同法》中已删去了"双方当事人可约定劳动合同的终止条件"这一条。用人单位终止劳动合同，只能依据《劳动合同法》第四章列举的情形，其中并无"末位淘汰"一项。当然，如果员工完成不了考核，企业将其调换工作岗位，或者进行培训再上岗是可以的。

能否胜任工作应该以能否完成企业规定的劳动标准为依据，但同样的岗位在不同的企业其劳动标准是不同的，因此企业应该制订出相应岗位的劳动标准。当然，这个标准应该是企业与劳动者共同商讨制订出来的，不能是企业说了算，把标准制订得很高，故意让员工完不成。

单元练习

一、思考题

1. 自2008年1月1日起实施的《劳动合同法》与原来的《劳动法》有什么联系与区别?
2. 建筑工程施工前,施工许可证是如何申领的?
3. 建筑工程施工场地如何处理?
4. 建筑工程施工的同时要进行环境保护,什么是环境保护的“三同时”?
5. 建筑工程保险如何进行理赔?
6. 劳动争议的解决原则和处理途径是什么?
7. 建筑工程项目如何进行环境影响评价?
8. 《劳动法》对女职工和未成年职工的保护有哪些特殊要求?
9. 建筑工程建设中应采取哪些消防措施?
10. 税务机关在纳税的强制执行方面可采取哪些措施?

二、综合练习题

案例

【案例1】

2006年7月,刘某从某测绘学校毕业后,被某建筑企业录用,并签订了5年期劳动合同。劳动合同中约定,刘某负责指导一线施工放线工作,企业提供必要的劳动保护条件,工资待遇与企业管理人员相同。刘某工作后,企业为刘某提供了半年的培训,然后按劳动合同约定安排到一线工作,但一直没有提供相应的劳动保护设备。刘某找到企业负责人,答复说刘某是按管理人员对待的,不是真正的一线工人,不能像一线工人那样领取劳动保护设备,由于工作需要,也无法享受企业机关科室人员的工作环境。刘某认为,企业的这种做法违反了劳动合同中关于劳动条件的约定,提出解除劳动合同。企业则提出,如果刘某擅自解除劳动合同,应赔偿企业录用和培训费用。刘某不服,到当地劳动争议仲裁委员会申诉。

【问题】

劳动争议仲裁委员会审理后会怎样裁定的?

第七章 工程建设施工法规

【本章职业能力目标】

在工程建设实施过程中，具备依据工程建设质量管理法律、规范组织生产，确保工程质量的能力；具备进行安全生产的监督与管理及责任事故处理能力；具备依据工程监理制度有关内容、监理的工作任务配合监理工作的能力。

【知识目标】

1. 了解工程建设管理法规的概念及调整对象，建设工程监理制度；
2. 熟悉工程建设质量管理的基本制度、监督管理，安全生产管理的基本制度；
3. 掌握工程建设各方的质量责任义务、安全生产管理的主要责任和义务，安全生产责任事故的处理。

本章重点：工程建设安全生产管理。

本章难点：工程建设各方的质量责任义务。

第一节 工程建设管理法规概述

一、工程建设管理法规的概念及调整对象

工程建设管理法规，是指由国家制定或认可，并由国家强制力保证实施的，旨在调整工程建设中发生的建设行政管理关系及建设协作关系的法律规范的总称。其中，建设行政管理关系及建设协作关系就是工程建设管理法规的调整对象。根据我国的实际情况，它所调整的内容主要是建设行政管理关系和工程建设中平等主体的协作关系。

（一）建设行政管理关系

建设行政管理关系非常广泛，反映在工程建设过程中，主要是指国家及其建设行政主管部门对建设活动的立项、计划、筹资、设计、施工、监理与验收等工作进行监督管理时与建设单位、设计单位、施工单位、监理单位、中介组织之间发生的管理与被管理的关系。国家通过有关法规具体规范了工程项目的建设程序，并对有关工程项目的立项与审批、工程发包与承包、工程质量监督、建筑安全生产管理、建设监理及建设工程合同管理等，作出了一系列明确的法律规定，既是行政管理的依据，同时又是工程建设有关各方在工程建设中必须遵循的行为准则。除此之外，国家还通过财政、金融、审计、会计、统计、价格、税收等有关法规来规范工程建设活动。

（二）工程建设中平等主体的协作关系

工程建设中的平等主体，主要是指建设单位、勘察设计单位、建筑安装单位、建设监理单位

及建筑制品、建筑材料的生产供应单位、建筑机械设备租赁单位等。这些平等主体之间协作关系的核心是当事人之间的权利义务关系，主要体现在建设工程及其有关合同的签订与履行之中。具体包括：建设单位与勘察设计单位、建筑安装单位、建设监理单位的合同关系；建设单位或建筑安装企业与建筑制品、建筑材料生产供应单位的合同关系；建筑安装单位与建筑机械设备租赁单位发生的业务往来的合同关系，以及建设单位、勘察设计单位、监理单位、建筑安装企业之间在工程建设中的相互协作关系等。此外，在涉及信贷、劳务、技术成果转让时，还包括有关单位之间的信贷合同、劳务合同、技术转让合同等多项业务往来关系，亦属工程建设管理法规调整的对象。

从上述工程建设的内容和工程建设法规调整的对象来看，工程建设管理法规的内容十分广泛，种类繁多且具有很强的专业性。因此，建立和完善工程建设管理法规是一项非常重要而又十分复杂的系统工程。

二、工程建设管理法规的立法现状

工程建设管理法规不是指单一的工程建设管理法典，而是包括有关工程建设方面的法律、行政法规、部门规章、地方性法规、地方规章等多层次的法律规范的体系。

工程建设管理法规体系不仅应包括《中华人民共和国建筑法》、《中华人民共和国招标投标法》、《中华人民共和国合同法》、《中华人民共和国安全生产法》等法律，同时还应包括《建设工程质量管理条例》、《建设工程勘察设计管理条例》、《建设工程安全生产管理条例》、《建设项目环境保护管理条例》等法规，以及《实施工程建设强制性标准监督规定》、《工程建设项目施工招标投标办法》、《房屋建筑和市政基础设施工程施工招标投标管理办法》、《工程建设项目招标投标范围和规模标准规定》、《建设工程勘察设计企业资质管理规定》、《建筑业企业资质管理规定》、《工程监理企业资质管理规定》等部门规章，还要制定必要的关于工程建设管理的地方性法规与地方规章等与之配套，才能形成完整的工程建设管理法规体系。

经过多年的努力，我国工程建设管理法规体系已经初步建立，基本做到有法可依，对于加强我国工程建设管理、规范工程建设程序、建立并维护建筑市场秩序、促进技术进步、确保工程质量与安全等，起到了极其重要的作用。但是，由于种种原因，一方面，我们的立法还跟不上经济建设发展的要求，不够配套；另一方面，有的法律法规（如《建筑法》）还需要修订完善。特别是有法不依、执法不严的现象依然存在，甚至在某些方面还比较严重。因此，在必须加快立法进程的同时，还要严格执法，依法行政，才能早日实现工程建设管理的法制化、规范化。

由于本教材是按工程项目建设程序来编写的，本章主要介绍在工程建设实施过程中的质量管理、安全生产管理及工程建设监理等三方面的内容。

第二节　《建设工程质量管理条例》主要规定

一、建设工程质量的概念及影响因素

（一）建设工程质量的概念

建设工程质量有广义和狭义之分。从狭义上说，建设工程质量仅指工程实体质量，它是指

在国家现行的有关法律、法规、技术标准、设计文件和合同中，对工程的安全、适用、经济、美观等特性的综合要求。广义上的建设工程质量还包括工程建设参与者的服务质量和工作质量，它反映在他们的服务是否及时、主动，态度是否诚恳、守信，管理水平是否先进，工作效率是否很高等方面。它又可分为思想政治工作质量、管理工作质量、技术工作质量和后勤工作质量等。应该说，工程实体质量的好坏是决策、计划、勘察、设计、施工等单位各方面各环节工作质量的综合反映。现在，国内外都趋向于从广义上来理解建设工程质量，但本书中的建设工程质量主要还是指工程本身的质量，即狭义上的建设工程质量。

（二）建设工程质量的影响因素

影响建设工程质量的因素很多，如决策、设计、材料、机械、地形、地质、水文、气象、施工工艺、操作方法、技术措施、人员素质、管理制度等等，但归纳起来，可分为五大方面，即通常所说的“4M1E”：人（Man）、材料（Material）、机械（Machine）、方法（Method）和环境（Environment）。在工程建设全过程中严格控制好这五大因素，是保证建设工程质量的关键。

二、建设工程质量的管理体系

建设工程质量的优劣直接关系国民经济的发展和人民生命财产的安全，因此，加强建设工程质量的管理是一个十分重要的问题。根据有关法规规定，我国建立起了对建设工程质量进行管理的体系，它包括纵向管理和横向管理两个方面。

纵向管理是国家对建设工程质量所进行的监督管理，它具体由建设行政主管部门及其授权机构实施，这种管理贯穿在工程建设的全过程和各个环节之中，它既对工程建设从计划、规划、土地管理、环保、消防等方面进行监督管理，又对工程建设的主体从资质认定和审查，成果质量检测、验证和奖惩等方面进行监督管理，还对工程建设中各种活动如工程建设招投标、工程施工、验收、维修等进行监督管理。

横向管理包括以下两个方面：

（1）工程承包单位，如勘察单位、设计单位、施工单位自己对所承担工作的质量管理。它们要按要求建立专门质检机构：配备相应的质检人员，建立相应的质量保证制度，如审核校对制、培训上岗制、质量抽检制、各级质量责任制和部门领导质量责任制等；

（2）建设单位对所建工程质量的管理，它可成立相应的机构和人员，对所建工程的质量进行监督管理，也可委托社会监理单位对工程建设的质量进行监理。现在，世界上大多数国家都推行监理制，我国也正在推行和完善这一制度。

三、工程建设各方的质量责任与义务

（一）建设单位的质量责任和义务

（1）建设单位应当将工程发包给具有相应资质等级的单位，不得将建设工程肢解发包。

（2）建设单位应当依法对工程建设项目的勘察、设计、施工、监理及与工程建设有关的重要设备、材料等的采购进行招标。

（3）建设单位必须向有关的勘察、设计、施工、工程监理等单位提供与建设工程有关的原始资料。原始资料必须真实、准确、齐全。

（4）建设工程发包单位不得迫使承包方以低于成本的价格竞标，不得任意压缩合理工期。

建设单位不得明示或暗示设计单位或施工单位违反工程建设强制性标准,降低建设工程质量。

(5)建设单位应当将施工图设计文件报县级以上人民政府建设行政主管部门或者其他有关部门审查。施工图设计文件未经审查批准的,不得使用。

案例

【案例7-1】

建设单位不依法办理施工图文件审查手续受查处

某市某集团开发有限公司在其投资建设的某商住楼工程中,因主楼加层部分及附楼不依法办理施工图文件审查和不依法办理竣工验收备案手续,而被建设行政主管部门依法查处。

【评析】

本案中,建设单位没有将施工图设计文件报县级以上人民政府建设行政主管部门或者其他有关部门审查而擅自使用,应当承担相应的法律责任。根据《建设工程质量管理条例》第56条之规定,对建设单位的该种违法行为,除责令改正外,还可以处20万元以上50万元以下的罚款。

(6)实行监理的建设工程,建设单位应当委托具有相应资质等级的工程监理单位进行监理,也可以委托具有工程监理相应资质等级并与监理工程的施工承包单位没有隶属关系或者其他利害关系的该工程的设计单位进行监理。

(7)建设单位在领取施工许可证或者开工报告前,应当按照国家有关规定办理工程质量监督手续。

(8)按照合同约定,由建设单位采购建筑材料、建筑构配件和设备的,建设单位应当保证建筑材料、建筑构配件和设备符合设计文件和合同要求。建设单位不得明示或者暗示施工单位使用不合格的建筑材料、建筑构配件和设备。

(9)涉及建筑主体和承重结构变动的装修工程,建设单位应当在施工前委托原设计单位或者具有相应资质等级的设计单位提出设计方案,没有设计方案的,不得施工。房屋建筑使用者在装修过程中,不得擅自变动房屋建筑主体和承重结构。

案例

【案例7-2】

房屋装修变动房屋承重结构,房主应承担赔偿责任

张某在进行房屋装修时,指使装修工将其房屋的一面墙挖出一个大洞,用以装修壁柜。施工期间,该墙体上方变形,造成楼上住户的墙面和地板开裂。楼上住户要求张某停止施工并赔偿损失,因协商未果,楼上住户诉至法院。

【评析】

经法院审理查明,张某挖空的那面墙为该房屋的承重墙,从而改变了房屋的承重结构,造成楼上住户房屋墙体和地板开裂,其行为违反了《建设工程质量管理条例》第15条第2款的规定,给他人造成损害,应当承担赔偿责任。

(10)建设单位收到建设工程竣工报告后,应当组织设计、施工、工程监理等有关单位进行

竣工验收。

(11)建设单位应当严格按照国家有关档案管理的规定,及时收集、整理建设项目各环节的文件资料,建立、健全建设项目档案,并在建设工程竣工验收后,及时向建设行政主管部门或者其他有关部门移交建设项目档案。

(二)勘察设计单位的质量责任和义务

从事建设工程勘察、设计的单位应当依法取得相应等级的资质证书,并在其资质等级许可的范围内承揽工程。

(1)勘察、设计单位必须按照工程建设强制性标准进行勘察、设计、并对勘察、设计的质量负责。注册建筑师、注册结构工程师等注册执业人员应当在文件上签字,对设计文件负责。

(2)勘察单位提供的地质、测量、水文等勘察成果必须真实、准确。

(3)设计单位应当根据勘察成果文件进行建设工程设计。设计文件应当符合国家规定的设计深度要求,注明工程合理使用年限。

(4)设计单位在设计文件中选用的建筑材料、建筑构配件和设备,应当注明规格、型号、性能等技术指标,其质量要求必须符合国家规定的标准。除有特殊要求的建筑材料、专用设备、工艺生产线等外,设计单位不得指定生产厂、供应商。

(5)设计单位应当就审查合格的施工图设计文件向施工单位作出详细说明。

(6)设计单位应当参与建设工程质量事故分析,并对因设计造成的质量事故,提出相应的技术处理方案。

【案例7-3】

案例

勘察资料不准确,造成房屋地基开裂、倾斜

某市某商品房建成7年后拆除重建,造成400多万元损失的重大建筑事故。经调查,事故原因有如下几个方面:

(1)设计前未进行详细的地质勘探,仅采用N10轻便触探,而深度有限的轻便触探资料不能反应地基的详细情况,设计人员仅按当时的一般技术措施,即垫层法设计基础,而未对软弱下卧层变形进行计算。软弱下卧层厚度变化过大,是该楼不均匀沉降的根本原因。

(2)对建筑物基础设计时,东西二端片筏基础翼板外挑过宽,加大了东、西单元与中单元的沉降差,对建筑物产生不利影响。

(3)建筑物的重心偏向后方,而满堂基础未作相应调整,是造成该建筑物向后倾斜的又一个原因。

【评析】

由本案可见,勘察、设计工作是保证建筑工程质量的基础和前提,勘察、设计不符合质量要求,整个建筑物工程的质量就难以保证。因此,勘察、设计单位必须切实履行自己的质量责任和义务,否则就有可能酿成惨剧,给国家和人民的生命、财产造成巨大损失。

(三)施工单位的质量责任和义务

施工单位应当依法取得相应等级的资质证书,并在其资质等级许可的范围内承揽工程。

(1)施工单位不得转包或者违法分包工程。

(2)施工单位对建设工程的施工质量负责。施工单位应当建立质量责任制,确定工程项目的项目经理、技术负责人和施工管理负责人。

(3)建设工程实行总承包的,总承包单位应当对全部建设工程质量负责;建设工程勘察、设计、施工、设备采购的一项或者多项实行总承包的,总承包单位应当对其承包的建设工程或者采购的设备的质量负责。

(4)总承包单位依法将建设工程分发给其他单位的,分包单位应当按照合同的约定对其分包工程的质量承担连带责任。

(5)施工单位必须按照工程设计图纸和施工技术标准施工,不得擅自修改工程设计,不得偷工减料。施工单位在施工过程中发现设计文件和图纸有差错的,应当及时提出意见和建议。

案例

【案例 7-4】

施工企业擅自修改工程设计导致的工程事故

某中学兴修一栋教学楼,竣工验收时,该教学楼墙体即出现裂缝,教学楼东头出现明显倾斜。经查,事故原因是施工企业在施工时擅自修改工程设计,致基础工程达不到设计要求。经鉴定,该教学楼为危房,只能推倒重建。

【评析】

根据《建筑法》第 56 条规定,工程设计质量要由设计单位承担全部责任,建筑施工企业无权擅自修改设计。如果施工企业在施工过程中认为工程设计有质量问题,或者施工技术条件无法实现设计要求,以及有其他修改设计的正当理由的,应当向建设单位或者设计单位提出,如确属需要修改设计的,应经建设单位同意后,由原设计单位进行必要的修改。本案施工企业擅自修改工程设计,违反了《建筑法》的相关规定,对由此造成的工程事故应当承担责任。

(6)施工单位必须按照工程设计要求、施工技术标准和合同约定的,对建筑材料、建筑构配件、设备和商品混凝土进行检验,检验应当有书面记录和专人签字;未经检验和检验产不合格的,不得使用 。

(7)施工单位必须建立、健全施工质量的检验制度,严格工序管理,作好隐蔽工程的质量检查和记录。隐蔽工程在隐蔽前,施工单位应当通知建设单位和建设工程质量监督机构。

(8)施工人员对涉及结构安全的试块、试件及有关材料,应当在建设单位或者工程监理单位监督下现场取样,并送具有相应资质等级的质量检测单位进行检测。

(9)施工人员对施工出现质量问题的建设工程或者竣工验收不合格的建设工程,应当负责返修。

【案例7-5】

工程质量不符合约定,施工单位应承担返修责任

2004年,某集团与某建筑公司签订一份建筑工程施工承包合同。合同约定,建筑公司为集团建造一栋8层营业、办公两用楼,承包方式为包工包料,开工时间为2004年5月10日,竣工时间为2004年12月30日。经双方和质量部门验收合格后交付使用。2004年12月25日工程竣工,但经双方和质量部门检验,大楼部分非关键性地方不符合合同的约定,但不影响大楼的整体使用。此时,建筑公司因另一工程急需马上开工,于是便提出少收部分工程款作为补偿,建筑公司不再返工重建不符合合同规定的地方。随后,建筑公司将施工队伍全部调往他地。商业总公司不同意,要求建筑公司返工重建。

【评析】

国务院于2000年1月10日颁布的《建设工程质量管理条例》第32条规定:"施工单位对施工中出现质量问题的建设工程或者竣工验收不合格的建设工程,应当负责返修。"根据此规定,某集团有权要求某建筑公司返修。某建筑公司应承担由于工程施工质量不符合合同约定的返修义务。另外,某建筑公司还应承担相应的违约责任。

(10)施工单位应当建立、健全教育培训制度,加强对职工的教育培训;未经教育培训或者考核不合格的人员,不得上岗作业。

(四)工程监督单位的质量责任和义务

工程监理单位应当依法取得相应等级的资质证书,并在其资质等级许可的范围内承担工程监理业务。

(1)工程监理单位不得转让工程监理业务。

(2)工程监理单位与被监理工程的施工承包单位及建筑材料、建筑构配件和设备供应单位有隶属关系或者其他利害关系的,不得承担该项建设工程的监理业务。

(3)工程监理单位应当依照法律、法规及有关技术标准、设计文件和建设工程承包合同,代表建设单位对施工质量实施监理,并对施工质量承担监理责任。

(4)工程监理单位应当选派具有相应资格的总监理工程师进驻施工现场。未经监理工程师签字,建筑材料、建筑物构件、设备不得在工程上使用或者安装,施工单位不得进行下一道工序的施工,未经总监理工程师签字,建设单位不得拨付工程款,不得进行竣工验收。

(5)监理工程师应当按照工程监理规范的,采取旁站、巡视和平行检验等形式,对建设工程实施监理。

【案例7-6】

监理单位怠于履行职责应承担工程质量责任

业主聘请某市城轨建设的施工监理,施工单位为某城轨公司。在工程完工以后,业主起诉监理公司,指控其明知城轨公司在施工中使用了许多劣质材料,却掩盖了这一事实并签发了工程的接收证书。

【评析】

法院判决监理公司因欺诈性掩盖事实真相而承担返修责任。本案中,监理公司怠于履行职责是导致承包人能够弄虚作假得逞的主要原因。正是由于监理工程师违规的签字行为,才使得不合格的产品投入到工程中使用,正是由于监理工程师默认承包人的违法行为不予纠正,才使得工程得以验收并交付使用。因此,监理工程师在本案中的责任是造成工程质量责任的重要原因。

(五)材料、设备供应单位的质量责任与义务

1)建筑材料、构配件生产及设备供应单位对其生产或供应的产品质量负责。

2)建筑材料、构配件生产及设备的供需双方均应签订购销合同,并按合同条款进行质量验收。

3)建筑材料、构配件生产及设备供应单位必须具备相应的生产条件、技术装备和质量保证体系,具备必要的检测人员和设备,把好产品看样、订货、储存、运输和核验的质量关。

4)建筑材料、构配件及设备质量应当符合下列要求:

(1)符合国家或行业现行有关技术标准规定的合格标准和设计要求;

(2)符合在建筑材料、构配件及设备或其包装上注明采用的标准,符合以建筑材料、构配件及设备说明、实物样品等方式表明的质量状况。

5)建筑材料、构配件及设备或者其包装上的标志应当符合下列要求:

(1)有产品质量检验合格证明;

(2)有中文标明的产品名称、生产厂厂名和厂址;

(3)产品包装和商标样式符合国家有关规定和标准要求;

(4)设备应有产品详细的使用说明书,电气设备还应附有线路图;

(5)实施生产许可证或使用产品质量认证标志的产品,应有许可证或质量认证的编号、批准日期和有效期限。

第三节 工程建设安全生产管理

一、安全生产概述

(一)《中华人民共和国安全生产法》简介

《中华人民共和国安全生产法》(以下简称《安全生产法》)于 2002 年 6 月 29 日颁布,自 2002 年 11 月 1 日施行。《安全生产法》的立法目的是为了加强安全生产监督管理,防止和减少生产安全事故,保障人民群众生命和财产安全,促进经济发展。生产必须安全,安全为了生产。如果说质量是企业的生命,那么,安全就是职工的生命,也是企业的效益。因此,《安全生产法》规定:安全生产管理,坚持安全第一、预防为主的方针。凡是在中华人民共和国领域内从事生产经营活动的单位的安全生产,都必须遵守《安全生产法》。由此可见,在中华人民共和国领域内从事建筑生产经营活动的单位的安全生产属于《安全生产法》的调整范围。

（二）工程建设安全生产的概念

工程建设安全生产，是指建筑生产过程中要避免人员、财产的损失及对周围环境的破坏。它包括建筑生产过程中施工现场的人身安全，财产设备安全，施工现场及附近的道路、管线和房屋的安全，施工现场和周围环境的保护及工程建成后的使用安全等方面的内容。生产与安全是既相互促进，又相互制约的统一体。保证安全会增加生产成本，加大生产难度，但是安全得到保证以后又会促进生产，增长经济效益。

由于建筑生产具有产品固定、人员流动、多为露天作业、高处作业等特点，造成施工条件差、不安全因素多，这些因素随工程的进展不断变化，导致生产规律性差、事故隐患多，使建筑业成为事故多发行业。但是，根据调查统计显示，生产过程中人的不安全行为是造成安全事故最主要、也是最直接的原因。因此，建立完善的安全生产管理制度，加强对建筑生产活动的监督管理，是避免建筑生产事故、保护人身财产安全的最基本保证。

（三）工程建设安全生产的立法现状

工程建设的安全生产是工程建设管理的一项重要内容。“管建设必须管安全”是工程建设管理的一项重要原则。国务院及有关主管部门多次发出通知，强调要大力加强工程建设中的安全生产管理。国务院建设行政主管部门制定了一系列的工程建设安全生产法规的规范性文件。特别是国务院根据《中华人民共和国建筑法》、《中华人民共和国安全生产法》于2003年11月24日专门针对工程建设的安全生产管理发布了《建设工程安全生产管理条例》，并于2004年2月1日起施行。从而使我国的工程建设安全生产管理形成较为完备的法规体系，具有了最高权威的法律依据。

这里需要说明的是，对工程建设安全生产的管理，下面将主要根据《建设工程安全生产管理条例》，着重从工程建设安全生产管理的基本制度、工程建设各方安全生产管理的主要责任和义务、安全生产的监督管理与责任事故处理三个方面进行介绍。

二、工程建设安全生产管理基本制度

（一）安全生产责任制度

安全生产责任制度是建筑生产中最基本的安全管理制度，是所有安全规章制度的核心。安全生产责任制度，是指将各种不同的安全责任落实到负有安全管理责任的人员和具体岗位人员身上的一种制度。这一制度是“安全第一、预防为主”方针的具体体现，是建筑安全生产的基本制度。安全责任制的主要内容包括：

（1）从事建筑活动主体的负责人的责任制。例如，施工单位的法定代表人要对本企业的安全负主要的安全责任；

（2）从事建筑活动主体的职能机构或职能处室负责人及其工作人员的安全生产责任制。例如，施工单位根据需要设置的安全处室或者专职安全人员要对安全负责；

（3）岗位人员的安全生产责任制。岗位人员必须对安全负责。从事特种作业的安全人员必须进行培训，经过考试合格后方能上岗作业。

(二)群防群治制度

群防群治制度是职工群众进行预防和治理安全的一种制度。这一制度也是"安全第一、预防为主"的具体体现,同时也是群众路线在安全工作中的具体体现,是企业进行民主管理的重要内容。这一制度要求建筑企业职工在施工中应当遵守有关生产的法律、法规和建筑行业安全规章、规程,不得违章作业;对于危及生命安全和身体健康的行为有权提出批评、检举和控告。

(三)安全生产教育培训制度

安全生产教育培训制度是对广大建筑干部职工进行安全教育培训,提高安全意识,增加安全知识和技能的制度。"安全生产,人人有责",只有通过对广大职工进行安全教育、培训,才能使广大职工真正认识到安全生产的重要性、必要性,才能使广大职工掌握更多更有效的安全生产的科学技术知识,牢固树立安全第一的思想,自觉遵守各项安全生产和规章制度。分析许多建筑安全事故,一个重要的原因就是有关人员安全意识不强,安全技能不够,这些都是没有搞好安全教育培训工作的后果。

(四)安全生产检查制度

安全生产检查制度是上级管理部门或企业自身对安全生产状况进行定期或不定期检查的制度。通过检查可以发现问题,查出隐患,从而采取有效措施;堵塞漏洞,把事故消灭在发生之前。做到防患于未然,是"预防为主"的具体体现。通过检查,还可总结出好的经验加以推广,为进一步搞好安全工作打下基础。安全检查制度是安全生产的保障。

(五)伤亡事故处理报告制度

伤亡事故处理报告制度是施工中发生事故时,建筑企业应当采取紧急措施减少人员伤亡和事故损失,并按照国家有关规定及时向有关部门报告的制度。事故处理必须遵循一定的程序,做到"三不放过",即事故原因不清不放过、事故责任者和群众没有受到教育不放过、没有防范措施不放过。通过对事故的严格处理,可以总结出教训,为制定规程、规章提供第一手素材,做到亡羊补牢。

案例

【案例7-7】

施工中发生事故,施工单位和建设单位应当及时向有关部门报告

某县房地产开发公司开发的住宅小区施工工地发生了一起斜坡土石滑坡导致在斜坡下垒筑斜坡护墙的5名施工人员被埋的事故。事故发生后,施工单位负责人及时向县建设局和县人民政府办公室报告,并请求有关部门的组织力量对被埋人员进行抢救。县建设局接到报告后,一面向市建设局报告,一面请求市人民医院组织医护人员到现场准备救护受伤人员。县人民政府接到报告后,立即通知120急救中心和县人民医院派救护车和医护人员赶到现场随时准备救护受伤人员,又请求驻本县武警部队和驻军派人员和挖掘设备到现场参加抢救,并及时将事故情况及抢救工作布置和组织情况向上级人民政府作出汇报。由于抢救及时,措施得力,使得5名被埋职工中有4名得以生还。

【评析】

本案中，施工单位和有关部门都表现出了对人民生命财产安全高度负责的精神，及时履行了各项报告义务。这样，在事故已发生的情况下，为最大限度降低事故损失创造了条件。

（六）安全责任追究制度

在法律责任中，规定建设单位、设计单位、施工单位、监理单位，由于没有履行职责造成人员伤亡和事故损失的，视情节给予相应处理；情节严重的，责令停业整顿，降低资质等级或吊销资质证书；构成犯罪的，将依法追究刑事责任。

（七）意外伤害保险制度

对从事危险作业的职工强制进行意外伤害保险制度。意外伤害保险是社会保险的一种，本身具有强制性，它是以人的生命或身体为保险标的，在被保险人因意外事故而致残疾、死亡或丧失工作能力，保险公司依约向被保险人或受益人给付医疗费或保险金的保险。

【案例7-8】

案例

建筑施工企业不能以企业困难为由拒绝
为从事危险作业的职工办理意外伤害保险

某建筑有限公司由于在体制上和经营上的原因，企业效益明显下降。为减少支出，保证企业的竞争力，该公司决策层作出决定，公司不再为本公司职工办理工伤社会保险，也不为从事危险作业的职工办理工伤社会保险。该企业职工不同意公司的决定，双方发生争议，企业职工向市劳动仲裁机构申请仲裁。

【评析】

该建筑公司的行为违反了《建筑法》第48条和《安全生产法》的43条的相关规定，应予纠正，并为企业职工补办上述两项保险。

三、工程建设各方安全生产管理的主要责任和义务

（一）建设单位安全生产管理的主要责任和义务

1）建设单位应当向施工单位提供有关资料

根据《建设工程安全生产管理条例》第6条规定，建设单位应当向施工单位提供施工现场及毗邻区域内供水、排水、供电、供气、供热、通信、广播电视等地下管线资料，气象和水文观测资料、相邻建筑物和构筑物、地下工程的有关资料，并保证资料的真实、准确、完整。

建设单位因建设工程需要，向有关部门或者单位查询前款规定的资料时，有关部门或者单位应当及时提供。

2）不得向有关单位提出影响安全生产的违法要求

根据《建设工程安全生产管理条例》第 7 条规定，建设单位不得对勘察、设计、施工、工程监理等单位提出不符合建设工程安全生产法律、法规和强制性标准规定的要求，不得压缩合同约定的工期。

案例

【案例 7－9】

建设单位向施工单位提出不符合安全生产的要求而导致的生产安全事故案

某选矿厂是由林某和范某共同投资的一家私营企业。为了获得建厂的批准，投资者聘请了正规的设计单位严格按照国家有关规定对有关建设工程，尤其是尾矿库的安全设施进行设计，有的设计甚至还高于国家标准，因而很快获得有关部门的批准。但是，投资者为了节约资金，要求施工单位不需完全按照批准的安全设施设计施工。

结果，施工单位利用一条山谷构筑尾矿库，其基础坝则用石头砌筑成一道不透水坝，坝顶宽 5m，地上部分高 4m，埋入地下约 2m。后期坝采用冲积法筑坝。施工完毕，投资者通过熟人流通关系，使选矿厂尾矿库未经严格验收就投入使用。某日，突下大雨，由于尾矿库积水过多，导致尾矿库后期坝中部底层突然垮塌，随之整个后期堆积坝也跟着垮塌，共冲出水和尾砂 15820m^3，同时冲垮 43 间民工简易工棚和 57 间铜坑矿基建队房屋，致使 28 人死亡，56 人重伤。

【评析】

经调查认定，该事故发生的直接原因是由于施工单位在建设单位的压力下，没有按照批准的安全设施设计施工，致使建成的基础坝不透水，在基础坝与后期堆积坝之间形成一个抗剪能力极低的滑动面，同时由于尾矿库突然蓄水过多，而干滩长度不够，坝体终因承受不住巨大压力而沿基础坝与后期堆积坝之间的滑动面垮塌。在此过程中，验收部门和验收人员对尾矿库的验收严重不负责任也是造成本次事故的重要原因之一。

3）建设单位应当保证安全生产投入

根据《建设工程安全生产管理条例》第 8 条规定，建设单位在编制工程概算时，应当确定建设工程安全作业环境及安全施工措施所需费用。

4）不得明示或暗示施工单位使用不符合安全施工要求的物资

根据《建设工程安全生产管理条例》第 9 条规定，建设单位不得明示或者暗示施工单位购买、租赁、使用不符合安全施工要求的安全防护用具、机械设备、施工机具及配件、消防设施和器材。

5）办理施工许可证或开工报告时应当报送安全施工措施

根据《建设工程安全生产管理条例》第 10 条规定，建设单位在申请领取施工许可证时，应当提供建设工程有关安全施工措施的资料。

依法批准开工报告的建设工程，建设单位应当自开工报告批准之日起 15 日内，将保证安全施工的措施报送建设工程所在地的县级以上人民政府建设行政主管部门或者其他有关部门备案。

6）应当将拆除工程发包给具有相应资质的施工单位

根据《建设工程安全生产管理条例》第 11 条规定，建设单位应当将拆除工程发包给具有相应资质等级的施工单位。

建设单位应当在拆除工程施工 15 日前，将下列资料报送建设工程所在地的县级以上地方人民政府主管部门或者其他有关部门备案：

(1)施工单位资质等级证明；

(2)拟拆除建筑物、构筑物及可能危及毗邻建筑的说明；

(3)拆除施工组织方案；

(4)堆放、清除废弃物的措施。

需要指出，实施爆破作业的，还应当遵守国家有关民用爆炸物品管理的规定。根据《民用爆炸物品管理条例》第 27 条规定，使用爆破器材的建设单位，必须经上级主管部门审查同意，并持说明使用爆破器材的地点、品名、数量、用途、四邻距离的文件和安全操作规程，向所在地县、市公安局申请领取“爆炸物品使用许可证”，方准使用。根据《民用爆炸物品管理条例》第 30 条规定，进行大型爆破作业，或在城镇与其他居民聚居的地方、风景名胜区和重要工程设施附近进行控制爆破作业，施工单位必须事先将爆破作业方案，报县、市以上主管部门批准，并征得所在地县、市公安局同意，方准爆破作业。

【案例 7－10】

案例

违规爆破施工，造成伤害赔偿

2006 年，梁山道路桥梁建筑工程公司承包了一段省道建设工程任务。在建设过程中需要对道路进行拓宽，开山辟路是工程中一项很重要的内容。在道路通过赵家庄村路段时，在开山爆破时，导致在农田作业的村民赵某受到飞石的伤害，腰被砸伤，赵某为治疗伤情花费医药费 8000 元，赵某伤后多次找施工公司协商解决，遭到施工单位的拒绝。原因就是，在爆破时施工工人已经告知了施工现场周围的人员，履行了告知义务，赵某不及时躲避而受到伤害，责任应当自负。

【评析】

本案中，被告没有办理爆破的审批手续，仅按照当地人的习惯进行了口头警告，并不能免除其在施工过程中对周围人和物造成伤害的民事责任，在本案中原告没有任何过错。因此，被告必须对造成原告损害所引起的一切责任负责。

(二)勘察、设计单位安全生产管理的主要责任和义务

1. 勘察单位的安全责任

根据《建设工程安全生产管理条例》第 12 条的规定，勘察单位的安全责任包括：

(1)勘察单位应当按照法律、法规和工程建设强制性标准进行勘察，提供的勘察文件应当真实、准确，满足建设工程安全生产的需要；

(2)勘察单位在勘察作业时，应当严格按照操作规程，采取措施保证各类管线、设施和周边建筑物、构筑物的安全。

2. 设计单位的安全责任

主要包括以下四个方面：

(1)设计单位应当按照法律、法规和工程建设强制性标准进行设计，防止因设计不合理导致安全生产事故的发生；

(2)设计单位应当考虑施工安全操作和防护的需要，对涉及施工安全的重点部位和环节在设计文件中注明，并对防范安全生产事故提出指导意见；

(3)采用新结构、新材料、新工艺的建设工程和特殊结构的建设工程，设计单位应当在设计中提出保障施工作业人员安全和预防生产安全事故的措施建议；

(4)设计单位和注册建筑师、注册结构师等注册执业人员应当对其设计负责。

(三)施工单位安全生产管理的主要责任和义务

1. 施工单位应当具备的安全生产资质条件

根据《建设工程安全生产管理条例》第20条规定，施工单位从事建设工程的新建、扩建和拆除等活动，应当具备国家规定的注册资本、专业人员、技术装备和安全生产等条件，依法取得相应等级的资质证书，并在其资质等级许可的范围内承揽工程。

2. 施工总承包单位与分包单位安全责任的划分

根据《建设工程安全生产管理条例》第24条规定，建设工程实行施工总承包的，由总承包单位对施工现场的安全生产负总责；总承包单位应当自行完成建设工程主体结构的施工；总承包单位依法将建设工程分包给其他单位的，分包合同中应当明确各自的安全生产方面的权利、义务，总承包单位和分包单位对分包工程的安全生产承担连带责任；分包单位应当接受总承包单位的安全生产管理，分包单位不服从管理导致生产安全事故的由分包单位承担主要责任。

3. 施工单位安全生产责任制度

根据《建设工程安全生产管理条例》第21条规定，施工单位主要负责人依法对本单位的安全生产工作全面负责。施工单位应当建立健全安全生产责任制度和安全生产教育培训制度，制定安全生产规章制度和操作规程，保证本单位安全生产所需资金的投入，对所承担建设工程进行定期和专项安全检查，并做好安全检查记录。

施工单位的项目负责人应当由取得相应执业资格的人员担任，对建设工程项目的安全施工负责，落实安全生产责任制度、安全生产规章制度和操作规程，确保安全生产费用的有效使用，并根据工程的特点组织制定安全施工措施，消除安全事故隐患，及时、如实报告生产安全事故。

4. 施工单位安全生产基本保障措施

根据《建设工程安全生产管理条例》第22、23、26～35及38条规定，施工单位安全生产基本保障措施包括：安全生产费用应当专款专用；设立安全生产管理机构并配备专职人员；编制安全生产技术措施及专项施工方案；要对安全施工技术要求交底；危险部位要设置安全警示标志；施工现场生活区、作业环境应当符合安全性要求；必须采取环境污染防护措施；建立消防安全保障措施；加强劳动安全管理；加强安全防护用具及机械设备、施工机具的安全管理等10个方面。

5. 安全教育培训制度

主要包括三个方面：

(1)特种作业人员培训和持证上岗

根据《建设工程安全生产管理条例》第25条规定，垂直运输机械作业人员、安装拆卸工、爆破作业人员、起重信号工、登高架设作业人员等特种作业人员，必须按照国家有关规定经过专门的安全作业培训，并取得特种作业操作资格证书后，方可上岗作业。

(2)安全管理人员和作业人员的安全教育培训和考核

根据《建设工程安全生产管理条例》第36条规定，施工单位的主要负责人、项目负责人、专职安全生产管理人员应当经建设行政主管部门或者其他有关部门考核合格后方可任职。

施工单位应当对管理人员和作业人员每年至少进行一次安全生产教育培训，其教育培训情况记入个人工作档案。安全生产教育培训考核不合格的人员，不得上岗。

(3)作业人员进入新岗位、新工地或采用新技术时的上岗教育培训

根据《建设工程安全生产管理条例》第 37 条规定，作业人员进入新的岗位或者新的施工现场前，应当接受安全生产教育培训。未经教育培训或者教育培训考核不合格的人员，不得上岗作业。

施工单位在采用新技术、新工艺、新设备、新材料时，应当对作业人员进行相应的安全生产教育培训。

(四)建设工程监理单位安全生产管理的主要责任和义务

1. 安全技术措施及专项施工方案审查义务

根据《建设工程安全生产管理条例》第 14 条第 1 款规定，工程监理单位应当审查施工组织设计中的安全技术措施或者专项施工方案是否符合工程建设强制性标准。

2. 安全生产事故隐患报告义务

根据《建设工程安全生产管理条例》第 14 条第 2 款规定，工程监理单位在实施监理过程中，发现存在安全事故隐患的，应当要求施工单位整改；情况严重的，应当要求施工单位暂时停止施工，并及时报告建设单位。施工单位拒不整改或者不停止施工的，工程监理单位应当及时向有关主管部门报告。

3. 应当承担的监理责任

工程监理单位和监理工程师应当按照法律、法规和工程建设强制性标准实施监理，并对建设工程安全生产承担监理责任。

(五)建设工程相关单位安全生产管理的主要责任和义务

1. 机械设备和配件供应单位的安全责任

根据《建设工程安全生产管理条例》第 15 条规定，为建设工程提供机械设备和配件的单位，应当按照安全施工的要求配备齐全有效的保险、限位等安全设施和装置。

2. 机械设备、施工机具和配件出租单位的安全责任

根据《建设工程安全生产管理条例》第 16 条规定，出租的机械设备和施工工具及配件，应当具有生产(制造)许可证，产品合格证；出租单位应当对出租的机械设备和施工工具及备件安全性能进行检查，在签订租赁协议时，应当出具检查合格证明；禁止出租检测不合格的机械设备和施工工具及配件。

四、起重机械和自升式建设设施的安全管理

1)在施工现场安装、拆卸施工起重机械和整体提升脚手架、模板等自升式架设设施，必须有相当资质的单位承担；

2)安装、拆卸施工起重机械和整体提升脚手架、模板等自升式架设设施，应当编制拆装方案、制定安全施工措施，并由专业技术人员现场监督；

3)施工起重机械和整体提升脚手架、模板自升式架设设施安装完毕后，安装单位应当自检，出具自检合格证明，并向施工单位进行安全使用说明，办理验收手续并签字；

4)施工现场安装、拆卸施工起重机械和整体提升脚手架、模板等自升式架设设施的使用

达到国家规定的检验检测期限的，必须经具有专业资质的检验检测机构检测，经检测不合格的，不得继续使用；

5）检验检测机构对检测合格的施工起重机械和整体提升脚手架、模板等自升式架设设施，应当出具安全合格证明文件，并对检测结果负责。

五、安全生产的监督管理和责任事故处理

（一）安全生产的监督管理

1. 安全生产的监督方式，主要有以下四种

（1）工会民主监督，是指工会有权对建设项目的安全设施与主体工程同时设计、同时施工、同时投入生产和使用的情况进行监督，并提出意见；

（2）社会舆论监督，是指新闻、出版、广播、电影、电视等单位具有对违反安全生产法律、法规的行为进行舆论监督的权利；

（3）公众举报监督，是指任何单位或者个人对事故隐患或者安全生产违法行为均有权向负有安全生产监督管理职责的部门报告或者举报；

（4）社会报告监督，是指居民委员会、村民委员会若发现其所在区域内的生产经营单位存在事故隐患或者安全生产违法行为时，有权向当地人民政府或者有关部门报告。

2. 安全监督检查人员职权，主要有以下三项

（1）现场调查取证权，是指安全生产监督检查人员可以进入生产经营单位进行现场调查，单位不得拒绝，有权向被检查单位调阅有关资料，向有关人员（负责人、管理人员、技术人员）了解情况；

（2）现场处理权，只对安全生产违法作业有当场纠正权；对现场出的隐患，责令限期改正、停产停业或停止使用的职权；责令紧急避险权和依法行政处罚权；

（3）查封、扣押行政强制措施权，其实施对象是：安全设施、设备、器材、仪表等；其实施的依据是：不符合国家或行业安全标准；其实施的条件是：必须按程序办事、要有足够证据、经部门负责人批准、通知被查单位的负责人到场、登记记录等，并且必须在十五日内做出决定。

3. 安全监督检查人员义务，主要有以下五项

（1）禁止以审查、验收为名收取费用；

（2）禁止要求被审查、验收的单位购买制定的产品；

（3）必须忠于职守、坚持原则、秉公执法；

（4）监督检查时必须出示有效的监督执法证件；

（5）对于涉及被检查单位的技术秘密和业务秘密，应当为其保密。

（二）安全生产责任事故的处理

1. 建设工程伤亡事故的分类

重大安全事故，是指在工程建设过程中由于责任过失造成工程倒塌或报废、机械设备毁坏和安全设施失当，造成人身伤亡或者重大经济损失的事故。它共分为四级：死亡 30 人以上或直接经济损失 300 万元以上的为一级重大安全事故；死亡 10 人以上，29 人以下或直接经济损失 100 万元以上，不满 300 万元的为二级重大安全事故；死亡 3 人以上，9 人以下或重伤 20 人以上或直接经济损失 30 万元以上，不满 100 万元的为三级重大安全事故；死亡 2 人以下或重

伤 3 人以上,19 人以下或直接经济损失 10 万元以上,不满 30 万元的为四级重大安全事故。

2. 施工伤亡事故处理程序

对于特别重大事故,其报告、调查程序要执行国务院《特别重大事故调查暂行规定》。

1)事故报告

生产经营单位发生生产安全事故后,事故现场有关人员应当立即报告本单位负责人;负有安全生产监督管理职责的部门接到事故报告后,应当立即按照国家有关规定上报事故情况。负有安全生产监督管理职责的部门和有关地方人民政府对事故情况不得隐瞒不报、谎报或者拖延不报。特大事故发生单位所在地方人民政府接到报告后,应当立即通知公安部门、人民检察院和工会。特大事故发生后,省、自治区、直辖市人民政府应当按照国家有关规定迅速、如实发布事故信息。

2)迅速抢救伤员、保护事故现场

(1)建立安全生产责任事故的应急救援体系,主要有三个方面:县级以上地方各级人民政府应当组织有关部门制定本行政区域内特大生产安全事故应急救援预案,建立应急救援体系。危险物品的生产、经营、储存单位以及矿山、建筑施工单位应当建立应急救援组织;生产经营规模较小的,可以不建立应急救援组织的,应当指定兼职的应急救援人员。危险物品的生产、经营、储存单位以及矿山、建筑施工单位应当配备必要的应急救援器材、设备,并进行经常性维护、保养,保证正常运转。

(2)抢救行动的实施,主要有两方面:有关地方人民政府和负有安全生产监督管理职责部门的负责人接到发生重大生产安全事故的报告后,应当立即赶到事故现场,组织开展事故抢救工作。事故发生后,现场人员要有组织,统一指挥。首先是抢救伤员和排除险情,尽量制止事故蔓延扩大。同时注意,为了事故调查分析的需要,应保护好事故现场。

(3)安全生产责任事故的调查处理。对安全生产责任事故调查处理应当做到以下四点:

①事故调查处理应当按照实事求是、尊重科学的原则,及时、准确地查清事故的原因,查明事故的性质和责任,总结事故教训,提出切实可行的整改措施,并对事故责任者提出处理意见。事故调查和处理的具体办法由国务院制定;

②生产经营单位发生生产安全事故,经调查确定为责任事故的,除了应当查明事故单位的责任并依法予以追究外,还应当查明对安全生产的有关事项负有审查批准和监督职责的行政部门的责任,对有失职、渎职行为的,要追究其法律责任;

③任何单位和个人都不得阻挠和干涉对事故的依法调查和处理;

④县级以上地方各级人民政府负责安全生产监督管理的部门应当定期统计分析本行政区域内发生生产安全事故的情况,并定期向社会如实公布。

第四节　工程建设监理

一、工程建设监理的主要内容

(一)建筑工程监理的基本规定

建筑工程监理,是指具有相应资质的监理单位受工程项目业主的委托,依照国家法律、法规,经建设主管部门批准的工程项目建设文件,建设工程委托监理合同以及其他建设工程合同，对工程建设实施的专业化监督管理。

建筑工程监理制度是我国建设体制深化改革的一项重大举措，是适应市场经济和参照国际惯例的产物。我国《建筑法》第30条规定："国家推行建筑工程监理制度。"

国务院可以规定实行强制监理的建筑工程的范围。实行监理的建筑工程，由建设单位委托具有相应资质条件的工程监理企业监理。建设单位与其委托的工程监理企业应当订立书面委托监理合同。建筑工程监理应当依照法律、行政法规及有关的技术标准、设计文件和建筑工程承包合同，对承包单位在施工质量、建设工期和建设资金使用等方面，代表建设单位实施监督。工程监理人员认为工程施工不符合工程设计要求、施工技术标准和合同约定的，有权要求建筑施工企业改正。工程监理人员发现工程设计不符合建筑工程质量标准或者合同约定的质量要求的，应当报告建设单位，要求设计单位改正。

（二）我国实行强制监理的范围

我国《建设工程质量管理条例》第12条对必须实行监理的建设工程作出了原则规定。根据该条例，建设部于2001年1月17日颁布了《建设工程监理范围和规模标准规定》，明确必须实行监理的建设工程项目具体范围和规模标准。实行监理的建设工程项目主要有：

（1）国家重点建设工程；

（2）大中型公用事业工程；

（3）成片开发建设的住宅小区工程；

（4）利用外国政府或者国际组织贷款、援助资金的工程；

（5）国家规定必须实行监理的其他工程。

（三）工程建设监理的内容

工程建设监理的工作任务是"三控两管一协调"，即质量控制、投资控制、工期控制、合同管理、信息管理、组织协调。而"三控制"又是监理工作的中心任务，围绕这个任务，其监理的主要业务有以下内容。

1. 立项阶段

监理工作内容主要有：协助业主准备项目报建手续；项目可行性研究的咨询和（或）监理；技术经济论证；编制工程建设概算；组织设计任务书编制。

2. 设计阶段

监理工作内容主要有：结合工程项目的特点，收集设计所需要的技术经济资料；编写设计要求文件；组织工程项目设计方案竞赛或设计招标，协助业主选择勘察设计单位；拟订和商谈设计委托合同的内容；向设计单位提供设计所需的基础资料；配合设计单位开展技术经济分析，搞好设计方案的比选，优化设计；配合设计进度，协调设计部门与有关部门（如消防、环保、土地、人防、防汛、园林，以及供水、排水、供电、供气、供热、电信等）之间的工作；协调各设计单位之间的工作；参与主要设备、材料的选型；审核工程的估算和概算；审核主要设备、材料清单；审核工程项目的设计图纸；检查和控制设计进度；组织设计文件的报批。

3. 施工招标阶段

监理工作内容主要有：拟订工程项目施工招标的方案并征得业主同意；准备工程项目施工招标条件；办理施工招标申请；编写施工招标文件；编制标底，并经业主认可后，报送所在地建设行政主管部门审核；组织工程项目施工招标工作；组织现场踏勘与答疑会，回答投标人提出的问题；组织开标、评标及决标工作；协助业主与中标单位商签承包合同。

4. 材料物资采购供应

对于由业主负责采购供应的材料、设备等物资，监理工程师应负责进行制订计划、监督合同执行和供应工作。具体监理工作内容主要有：制定材料物资供应计划和相应的资金需求计划；通过质量、价格、供货期、售后服务等条件的分析和比选，确定材料、设备等物资的供应厂家；拟订并商签材料、设备的订货合同；监督合同的实施，确保材料设备的及时供应。

5. 施工阶段

目前，我国工程监理工作大多仍然只限于本阶段，其监理工作内容主要有：协助业主编写开工报告；确定承包商，选择分包单位；审批施工组织设计、施工技术方案和施工进度计划；审查承包商的材料、设备采购清单；检查工程中所使用的材料、构件和设备的规格与质量；检查施工技术措施和安全防护设施；检查工程进度和施工质量，验收分部分项工程，签署工程预付款、进度款；督促承包商严格履行工程承包合同，调解合同双方的争议，公正处理索赔事项；协商处理工程设计变更，并报业主决定；督促整理合同文件和技术档案资料；组织设计单位和施工单位进行工程竣工初步验收，提出竣工验收报告；审查工程结算。

6. 合同管理

拟订本工程项目的合同体系及合同管理制度，包括合同草案的拟订、会签、协商、修改、审批、签署、保管等工作制度及流程；协助业主拟订工程项目的各类合同条款，并参与各类合同的商谈；合同执行情况的分析和跟踪管理；协助业主处理与工程项目有关的索赔事宜及合同纠纷事宜。

需要指出，我国实行建设工程监理只有十多年的时间，目前还只是以施工阶段监理为主。从发展趋势看，要向全过程、全方位监理发展，即不仅要进行施工阶段质量、投资和进度控制，做好合同管理、信息管理和组织协调工作，而且要进行决策阶段和设计阶段的监理。当然，至于具体对建设工程什么阶段监理及具体的监理业务内容是哪些，则由建设单位的具体委托和授权来决定。

（四）工程建设监理的依据

工程建设监理的依据主要有以下几个：

(1)国家法律、行政法规、规章及国家现行的技术标准、技术规范；

(2)工程建设文件、设计文件和设计图纸；

(3)建设单位委托监理合同以及有关的建设工程合同。

（五）工程监理单位的资质许可制度

国家对工程监理单位实行资质许可制度。《建设工程质量管理条例》第 34 条第 1 款规定："工程监理单位应当依法取得相应等级的资质证书，并在其资质等级许可的范围内承担工程监理业务。"同时，该条还规定："禁止工程监理单位超越本单位资质等级许可的范围或者以其他工程监理单位的名义承担工程监理业务。禁止工程监理单位允许其他单位或者个人以本单位的名义承担工程监理业务。工程监理单位不得转让工程监理业务。"

根据《建筑法》、《建设工程质量管理条例》，建设部于 2001 年 8 月 29 日颁布了建设部令第 102 号《工程监理企业资质管理规定》，规定工程监理企业应当按照其拥有的注册资本、专业技术人员和工程监理业绩等资质条件申请资质，经审查合格，取得相应等级的资质证书后，方可在其资质等级许可的范围内从事工程监理活动。工程监理企业的资质等级分为甲级、乙级和丙级,并且按照工程性质和技术特点划分为若干工程类别。

二、监理单位的权利、义务和法律责任

(一)监理单位的权利

监理单位在建设单位委托的工程范围内,享有以下权利:

1)选择工程总承包人的建议权,选择工程分包人的认可权;

2)对工程建设有关事项包括工程规模、设计标准、规划设计、生产工艺设计和使用功能要求,向建设单位提出建议权;

3)对工程设计中的技术问题,按照安全和优化的原则,向设计单位提出建议;

4)审批工程施工组织设计和技术方案,按照保质量、保工期和降低成本的原则,向承包人提出建议,并向建设单位提出书面报告;

5)主持工程建设各有关协作单位的组织协调工作,重要协调事项应当事先向建设单位报告;

6)发布开工令、停工令、复工令,但应当事先向建设单位报告;

7)工程建设中使用的材料和施工质量的检验权,工程施工进度的检查、监督权,以及工程实际竣工日期提前或超过工程施工合同规定期限的签认权;

8)在工程施工合同约定的工程价格范围内,工程款支付的审核和签认权,以及工程结算确认权与否决权,未经总监理工程师签字确认,建设单位不支付工程款;

9)监理单位在建设单位授权下,可对任何承包人合同规定的义务提出变更;

10)在委托监理的工程范围内,建设单位或承包人对对方的任何意见和要求,必须首先向监理机构提出,由监理机构研究后提出处置意见,再同双方协商确定。

(二)监理单位的义务

1)按合同约定派出监理工作需要的监理机构及监理人员;向建设单位报送委派的总监理工程师及其监理机构主要成员名单和监理规划;完成监理合同专用条件中约定的监理工程的监理业务;按合同约定定期向建设单位报告监理工作;

2)应当认真、勤奋地工作,为建设单位提供与其水平相应的咨询意见,公正维护建设各方的合法权益;

3)使用建设单位提供的设施和物品,在监理工作完成或中止时,其设施和剩余的物品按合同约定的时间和方式移交给建设单位;

4)无论在合同期内还是在合同终止后,未征得有关方同意,不得泄露与本工程、本业务有关的保密资料。

(三)监理单位的法律责任

1)建设工程监理单位应当在其资质等级许可的监理范围内,承担工程监理业务;应当根据建设单位的委托,客观、公正地执行监理任务;

2)建设工程监理单位与被监理工程的承包单位,以及建筑材料、建筑构配件和设备供应单位不得有隶属关系或者其他利害关系;

3)建设工程监理单位不得转让工程监理业务;

4)建设工程监理单位不按照委托监理合同的约定履行监理义务,对应当监督检查的项目不检查或者不按规定检查,给建设单位造成损失的,应当承担相应的赔偿责任;

5)建设工程监理单位与承包单位串通,为承包单位牟取非法利益,给建设单位造成损失的,应当与承包单位承担连带赔偿责任。

【案例7-11】

案例

工程监理单位收受贿赂,导致重大质量事故应承担法律责任

某住宅楼位于某县城南经济开发区,由某县某房地产发展有限公司开发,某县建筑安装总公司设计事务所设计,某县第二建设工程公司承建,某县工程监理站负责工程监理。该住宅楼于1996年12月竣工,1997年6月验收合格,1997年6月28日出售并交付给县棉纺厂作职工宿舍。1997年7月12日9时30分左右整体倒塌,造成36人死亡,3人重伤的重大建筑事故。经调查,事故发生的主要原因在于工程监理失控。施工单位贿买监理单位,监理单位收受施工单位贿赂后,放任施工单位违法施工,对施工单位的基础工程、隐蔽工程没有进行任何监督检查,就核定该工程为合格工程,留下事故隐患,最终导致这起重大建筑事故的发生。

【评析】

本案中,工程监理单位收受施工单位的贿赂,严重渎职,没有对工程建设进行监理,放任施工单位违法施工,导致特大建筑事故的发生,严重损害建设单位的利益,其行为已构成犯罪。工程监理师和施工单位的直接主管人员及直接负责人员应承担相应法律责任。工程监理单位应当和施工单位对建设单位的损失承担连带赔偿责任。

本章小结

工程建设管理法规,是指由国家制定或认可,并由国家强制力保证实施的,旨在调整工程建设中发生的建设行政管理关系及建设协作关系的法律规范的总称。其调整对象是建设行政管理关系和建设协作关系。

我国建设工程质量管理体系包括两个方面:一是纵向管理,即国家对建设工程质量所进行的监督管理;二是横向管理,即建设单位对所建工程质量管理及工程承包单位对自身所承担工作的质量管理。建设工程质量实行政府监督管理,其管理的基本制度有:建设工程质量监督管理制度;建设工程主体的监督管理制度;建设工程质量的检测制度;建设工程质量事故报告制度;建设工程竣工验收备案制度;建设工程质量检举、控告、投诉制度。工程建设各方(建设单位、工程勘察设计单位、施工单位、监理单位、材料设备供应单位)分别对工程质量负有相应的责任和义务。我国工程质量的监督部门,包括建设行政主管部门及有关专业部门、国家发展和改革委员会、工程质量监督机构,分别对工程质量承担相应的监督管理职责。

《安全生产法》的立法目的是为了加强安全生产监督管理,防止和减少生产安全事故,保障人民群众生命和财产安全,促进经济发展。安全生产管理,坚持"安全第一、预防为主"的方

针。建筑生产的特点使建筑业成为事故多发行业,但其主要原因还是人为的。为此所制定的工程建设安全生产管理基本制度,包括:安全生产责任制度、群防群治制度、安全生产教育培训制度、安全生产检查制度、伤亡事故处理报告制度、安全生产追究制度。严格规定工程建设各方(建设单位、工程勘察设计单位、施工单位、监理单位及建设工程相关单位)对安全生产管理负有相应的责任和义务。此外,对安全生产责任事故的处理作出了明确规定。

工程建设监理,是指针对工程项目建设具有相应资质的工程监理单位,接受建设单位的委托和授权,根据国家批准的工程项目建设文件,有关工程建设的法律、法规和工程建设监理合同及其他工程建设合同,承担其项目管理工作,并代表建设单位对承建单位的建设行为进行监控的专业化的服务活动。它具有服务性、科学性、独立性和公正性的性质。其工作任务是"三控两管一协调"。国家建设行政主管部门按"分级管理、统分结合"的原则对监理单位及其从业人员实行资质管理,并规定了监理单位相应的权利、义务和法律责任。

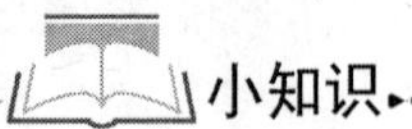
小知识

项目经理向建造师过渡平稳有序

建设部建设市场管理司副司长王早生在出席全国第一期《建设工程项目管理规范》宣传贯彻培训班开班式上透露,目前全国在项目经理岗位上执业的一级建造师已达12万人,预计通过今明两年两次考试后数量将达25万人,因此有望实现一级项目经理向一级建造师的平稳有序过渡。在做好建造师平稳有序过渡的同时,也要积极慎重研究可能出现的问题,使具有建造师执业资格的人员,同时符合注册条件的人员能够尽快注册,充实到一线项目经理执业的工作岗位上来。

企业十分关注的项目经理资质审批制度如何向建造师执业资格制度平稳过渡问题,王早生指出,实行建造师执业资格制度绝非取消项目经理,而是进一步提高项目经理队伍的整体素质和工程项目管理水平。因此,企业必须认真学习新修订颁发的《建设工程项目管理规范》。因为新规范的修订不仅借鉴了国际先进项目管理知识体系与通用做法,还全面总结了我国20年来推进建设工程项目管理体制改革主要经验。只有学习好新规范、宣传贯彻好新规范,项目管理的行为准则才能确立,项目管理科学化、规范化和法制化才能实现。在这方面,宣传贯彻工作一定要与项目经理向建造师"转型"有机结合起来。

目前二级建造师尚有一定缺口,需要继续发展。

单元练习

一、思考题

1. 什么是工程质量,影响工程质量的因素有哪些?
2. 建设工程质量管理条例对各方单位的责任和义务是如何规定的?
3. 工程建设安全生产管理基本制度有哪些?
4. 工程建设各方单位安全生产管理责任和义务有哪些?
5. 我国强行实行监理是如何进行的?
6. 工程建设监理的内容是什么?
7. 工程监理单位资质条件是什么?

二、综合练习题

【案例】

某建筑公司承建的一座高层建筑，采用框架——剪力墙结构，抗震设计为8度设防。建设单位已与监理公司签订了施工阶段的监理合同，与承包商签订了施工合同。该工程需在现场用后张法制作一批预应力构件。为确保预应力构件质量，必须保证可靠地建立预应力值，监理公司派监理人员对预应力构件的制作实施旁站监理。本工程目前正在施工，但是工程施工时发生了如下事件：在地下室工程施工阶段，施工单位把地下室内防水工程给一专业分包单位承包施工，该分包单位未经资质验证认可，即进场施工，并已进行了300m^3的防水工程。

【问题】

(1)如果在制作预应力构件过程中或者地下室施工过程中出现质量事故，如何处理？

(2)监理工程师对分包单位如何进行资格审核确认？

(3)针对本案例遇到的问题，监理工程师应如何分别处理？

第八章　建设工程纠纷处理

【本章职业能力目标】

在工程建设过程中，能避免或减少纠纷的发生，并能效解决纠纷；在纠纷发生时能正确的进行证据的收集、保全和应用。

【知识目标】

1. 了解建设工程纠纷的成因及防范措施；
2. 熟悉证据的种类、保全和应用；
3. 掌握建设工程纠纷处理的程序。

本章重点：建设工程纠纷的处理程序。

本章难点：证据的种类保全和应用。

第一节　建设工程纠纷处理的程序

一、建设工程纠纷概述

建设工程纠纷，是指建设工程中当事人之间对合同是否成立、生效及对合同履行情况和不履行的后果产生的争议，即对建设过程中的权利和义务产生了不同的理解，对合同是否成立，是否具有法律约束力，或者是否已按合同约定履行，或者对没有履行合同或没有完全履行合同的责任承担产生争议。从根本上说，建设工程纠纷，是指建设工程合同当事人之间围绕着合同的权利、义务而发生的争议。争议的原因是多方面的，但归纳起来可分为两大类型：一类是主观原因；另一类是客观原因。出现合同纠纷时，合同当事人应当及时、合法地予以解决，以避免造成更大的经济损失。

建设工程纠纷的发生和存在，不利于工程建设的顺利进行，有损于工程各方当事人的经济利益。同时，建筑工程纠纷的解决过程耗时、耗力、耗财，并且有损于当事人各方以后的合作。

所以，在工程建设过程中，解决纠纷合理预防才是最合理，最经济的方式。而要想合理预防纠纷的发生，前提必须熟悉纠纷，了解纠纷处理的程序。下面我们将根据建设工程纠纷处理的基本形式及特点来介绍建设工程纠纷处理的程序。

二、建设工程纠纷处理的基本形式及特点

根据《合同法》第128条规定，发生合同争议后，当事人处理和解决合同争议的方法有：和解、调解、仲裁和起诉四种方式。这几种方法没有先后顺序，除非合同当事人事先约定，合同当事人可以选择用何种方法解决合同纠纷。当事人之间发生合同纠纷时，可以先通过和解或者

调解的办法解决；若当事人不愿意通过和解、调解解决或者和解、调解不成的，可以依据合同中的仲裁条款或者事后达成的书面仲裁协议，向仲裁机构申请仲裁；当事人没有在合同中订立仲裁条款，事后又没有达成书面仲裁协议的，可以向人民法院起诉。

（一）和解

1. 和解的概念

所谓和解，是指建设工程纠纷合同当事人发生争议后，在没有第三方介入的情况下，在自愿互谅的基础上，就已经发生的争议进行谈判并达成协议，自行解决争议的一种方式。建设工程发生纠纷时，当事人应首先考虑通过和解解决纠纷。事实上，在工程建设过程中，绝大多数纠纷都可以通过和解解决。

2. 和解的特点

（1）简便易行，能经济、及时解决纠纷；

（2）纠纷的解决依靠当事人的妥协与让步，没有第三方的介入，有利于维护合同双方的友好合作关系，使合同更好地得到履行；

（3）和解协议不具备有强制执行效力，和解协议的执行依靠当事人的自觉履行。

由于和解解决争议具有这些特点，当事人应首先考虑通过和解解决纠纷。事实上，在工程建设过程中，绝大多数争议当事人往往愿意首先采用和解的方式解决争议。特别是互有诚意的双方，一般都首先进行协商以求和解，宁愿相互作出一些让步，分担一些损失，使争议得到解决。

但是，和解也有其局限性。和解所达成的协议能否得到切实自觉的遵守，完全取决于争议当事人的诚意和信誉。如果在双方达成协议之后，一方反悔或拒绝履行应尽的义务，协议就成为一纸空文；而且在实践中，当争议标的金额巨大或争议双方分歧严重时，要通过协商达成谅解是比较困难的。由于和解协议缺乏法律强制履行的效力，因而和解解决争议的方法存在自身的局限性。鉴于此，我国法律既重视和解解决争议的积极作用，同时又不把它作为唯一的方式，而是在允许争议当事人在进行和解解决无效之时，可以通过调解、仲裁或诉讼途径解决。

（二）调解

1. 调解的概念

所谓调解，是指建设工程合同当事人对法律规定或者合同约定的权利、义务发生纠纷后，在第三者的主持下，根据事实和法律，经过第三者的说服与劝解，使争议双方互谅互让，自愿达成协议，以求公平、合理地解决建设工程纠纷的一种方式。这里讲的调解是狭义的调解，不包括诉讼和仲裁程序中在审判庭和仲裁庭主持下的调解。

2. 建设工程纠纷调解解决具有的特点

（1）有第三者介入作为调解人，看问题可能客观、全面一些，有利于争议的公正解决。调解人的身份没有限制，但以双方都信任者为佳；

（2）有利于消除合同当事人的对立情绪，便于当事人双方较为冷静、理智地考虑问题，维护双方的长期合作关系；

（3）它节省时间和费用，能够较经济、较及时地解决纠纷；

（4）调解协议不具有强制执行的效力，调解协议的执行依靠当事人的自觉履行。

由于调解解决争议的上述特点，因而我国法律历来重视调解解决合同争议的积极作用。

（三）仲裁

1. 仲裁的概念

仲裁，又称为“公断”，是指当发生合同纠纷而协商不成时，仲裁机构根据当事人的申请，对其相互之间的合同争议，按照仲裁法律规范的要求进行仲裁并作出裁决，从而解决合同纠纷的一种方式。这种纠纷解决方式必须是自愿的，因此必须有仲裁协议。如果当事人之间有仲裁协议，纠纷发生后又无法通过和解和调解解决，则应及时将纠纷提交仲裁机构仲裁。根据我国《仲裁法》的规定，仲裁分为国内仲裁和涉外仲裁。

2. 建设工程纠纷仲裁解决具有的特点

1）仲裁是以双方当事人的自愿为前提

当事人双方是按照合同事先约定的或者事后达成一致的书面协议，在双方当事人自愿的基础上，向仲裁机构提起仲裁申请，这种申请仲裁机构才能受理。否则，仲裁机构不能受理当事人的申请。

2）专业性

由于各仲裁机构的仲裁员都是由各方面的专业人士组成，当事人完全可以选择熟悉纠纷领域的专业人士担任仲裁员。

3）保密性

保密和不公开审理是仲裁制度的重要特点，除当事人、代理人，以及需要时的证人和鉴定人外，其他人员不得出席和旁听仲裁开庭审理，仲裁庭和当事人不得向外界透露案件的任何实体及程序问题。

4）裁决的终局性

仲裁裁决作出后是终局的，对当事人具有约束力。当事人在得到仲裁裁决后，应当自觉地履行仲裁裁决中规定的义务。若一方当事人不履行自己的义务（即不执行裁决），则另一方当事人可以向法院申请执行。受理申请的法院应强制不履行义务的当事人执行裁决的内容。

5）执行的强制性

仲裁裁决具有强制执行的法律效力，当事人可以向人民法院申请强制执行。由于中国是《承认及执行外国仲裁裁决公约》的缔约国，中国的涉外仲裁裁决可以在世界上一百多个公约成员国得到承认和执行。

（四）诉讼

1. 诉讼的概念

所谓诉讼，是指建设工程合同纠纷的一方当事人诉诸人民法院对合同纠纷案件行使国家审判权，按照民事诉讼法规定的程序，进行审理。查清事实，分清是非，明确责任后，依法认定双方当事人的权利义务关系，解决其纠纷。合同双方当事人如果未约定仲裁协议，则只能以诉讼作为解决纠纷的最终方式。诉讼是解决合同纠纷最有效的手段和方法。在一般情况下，诉讼的合同案件是一些较为复杂、涉及范围广，对方当事人又是难以对付的案件；标的金额大、具有较大的利害关系且其结果是一些较难以执行的案件，适宜选择诉讼方式来解决纠纷。

2. 建设工程纠纷诉讼解决具有的特点

1）民事诉讼是在国家审判机关的主持下进行的

和解是由当事人自行协商解决，调解是由人民调解委员会或有关机构主持进行，仲裁是由来自民间组织的仲裁委员会的仲裁员主持，而只有民事诉讼是由审判员代表国家行使审判权来主持进行。

2）程序和实体判决严格依法

与其他解决纠纷的方式相比，诉讼的程序和实体判决都应当严格依法进行。诉讼的进行应当依严格的诉讼程序和诉讼制度，而以其他方式解决民事纠纷，则没有如此严格的程序和制度，即使是在有明确的程序和制度规定的仲裁活动中，仲裁参加者的自主程度要较民事诉讼高得多，行为的选择余地也较民事诉讼大。

3）当事人在诉讼中对抗的平等性

诉讼当事人在实体和程序上的地位平等。原告起诉，被告可以反诉；原告提出诉讼请求，被告可以反驳诉讼请求。

4）二审终审制

建设工程纠纷当事人如果不服第一审人民法院判决，可以上诉至第二审人民法院。建设工程纠纷经过两级人民法院审理，即告终结。

5）执行的强制性

诉讼判决具有强制执行的法律效力，当事人可以向人民法院申请强制执行。这一特点有以下两方面的表现：

（1）是否以该种方式来解决纠纷，不以双方合意为前提条件，只要争议的一方的起诉符合条件，另一方即使是不愿意参加民事诉讼，也得被强制参加，而和解、调解、仲裁等则是在双方当事人自愿参加的情况下才可进行；

（2）诉讼中法院所作出的生效裁判，具有法律约束力，当事人不履行义务时，法院可根据法律规定强制执行，而和解、调解的结果则不具强制执行力，制裁裁决的实现，多数是由当事人自愿履行裁决，少数则有赖于法院通过民事执行程序来提供保障。

三、仲裁程序

（一）仲裁的概念

仲裁是解决争议的一种重要方式。所谓仲裁，是指双方当事人在发生争议之前或者争议发生之后达成协议，自愿将争议交给第三方评判，并由第三方作出对争议各方均有约束力的裁决的一种解决纠纷的法律制度。

（二）仲裁的构成要素

1）双方当事人自愿协商通过仲裁方式解决争议；

2）解决争议的第三人是当事人自己选择的；

3）非司法机构的第三人为解决争议作出的裁决对双方当事人具有约束力。

（三）仲裁程序

1. 申请和受理

凡争议双方当事人订有仲裁协议的，任何一方都可将他们的争议提交仲裁协议中所选定的仲裁委员会仲裁。申诉人申请仲裁时，必须提交书面申请，申请书应包括下列内容：

（1）当事人的姓名、性别、年龄、职业、工作单位和住所，法人或者其他组织的名称、住所和法定代表人或者主要负责人的姓名、职务；

(2)仲裁请求和所根据的事实、理由；

(3)证据和证据来源、证人姓名和住所。仲裁委员会收到仲裁申请书之日起5日内,认为符合受理条件的,应当受理;认为不符合受理条件的,应当书面通知当事人不予受理,并说明理由。

2. 仲裁庭的组成

仲裁庭可以由三名仲裁员或者一名仲裁员组成。当事人约定由三名仲裁员组成仲裁庭的,应当各自选定或各自委托仲裁委员会主任指定一名仲裁员,由当事人共同选定或共同委托仲裁委员会主任指定第三名仲裁员,双方当事人共同选定的或共同委托仲裁委员会主任指定的第三名仲裁员为首席仲裁员。当事人约定由一名仲裁员成立仲裁庭的,应当由当事人共同选定或者共同委托仲裁委员会主任指定仲裁员。

当事人没有在规定期限内约定仲裁庭的组成方式或选定仲裁员,由仲裁委员会主任指定。

仲裁员审理案件时,独立、公正地工作,不代表任何一方当事人。如仲裁员有下列情形之一,必须回避,当事人有权提出回避申请：

(1)是本案当事人或当事人、代理人的直近亲属；

(2)与本案有利害关系；

(3)与本案当事人、代理人有其他关系,可能影响公正仲裁的；

(4)私自会见当事人、代理人,或接受当事人、代理人的请客送礼的。

仲裁员是否回避,由仲裁委员会主任决定。仲裁委员会主任担任仲裁员的,由仲裁委员会集体决定。

3. 开庭和裁决

仲裁一般都开庭但不公开进行,若当事人另有协议除外。仲裁庭在开庭前,应将开庭日期通知双方当事人。申请人无故不到庭或者中途擅自退庭的,视为撤回仲裁申请,被申请人无故不到庭或者擅自中途退庭,可作缺席裁决。

在开庭中,仲裁员应认真听取当事人的陈述和辩论,出示有关证据,然后依申请人、被申请人顺序征询双方最后意见。在作出裁决前,可以先行调解。调解达成协议,仲裁庭应当制作调解书或根据双方协议的结果,制作裁决书。调解未达成协议的,由仲裁庭按照多数仲裁员的意见作出裁决,仲裁庭不能形成多数意见时,裁决按首席仲裁员的意见作出。

调解书与裁决书具有同等法律效力。

调解书经双方当事人签收,裁决书自作出之日起发生法律效力。

4. 执行

调解书或裁决书依法生效后,当事人应当履行裁决。一方当事人不履行的,另一方当事人可依《中华人民共和国民事诉讼法》有关规定向有管辖权的人民法院申请强制执行。

案例

【案例8-1】

仲裁条款的效力

某建设单位(下称甲方)欲建某工程项目,遂于1998年4月与自称是某建设公司西安公司的乙方签订《建筑工程承包合同》,双方约定:经甲方代表同意,赶工费用按实际发生进入决算。1999年1月,甲乙双方又签订《终止合同协议》,该协议约定:"赶工费及工程返修费另行协商,如不能达成协议,此纠纷交由某市仲裁委员会仲裁"。

2001 年 5 月,乙方根据《终止合同协议》中的仲裁条款就赶工费问题向某市仲裁委员会申请仲裁。甲方则在仲裁庭首次开庭前向法院申请确认该仲裁条款无效。甲方认为:乙方在签订《建筑工程承包合同》及《终止合同协议》时并未依法注册成立,因此根本不具有签订仲裁条款的民事行为能力。乙方认为:1999 年 9 月,该建设公司申请成立了该公司西安分公司,2000 年 3 月又申请变更为该建设公司西安公司,且该建设公司出具了授权乙方于 1994 年至 1997 年在西安地区承揽工程的委托书,因此上述《建筑工程承包合同》及《终止合同协议》有效,仲裁条款当然有效。

【评析】

根据《中华人民共和国仲裁法》第 17 条的规定,无民事行为能力人或限制民事行为能力人订立的仲裁协议无效。依法办理工商登记是公司分支机构取得民事主体资格的必要条件,尽管某建筑集团曾为乙方出具授权委托书,但乙方与甲方签订仲裁条款时,尚未取得工商管理部门的工商登记,即乙方无缔约的民事行为能力,故乙方与甲方签订的仲裁条款应属无效。

四、诉讼程序

(一)诉讼的概念

民事诉讼,是指人民法院在所有诉讼参与人的参加下,按法定程序解决民事纠纷时所进行的活动。民事诉讼的基本内容是人民法院和诉讼参与人所进行的诉讼活动,以及在活动过程中产生的法律关系。

(二)诉讼的程序

1. 起诉和受理

如果当事人没有在合同中约定通过仲裁解决纠纷,则只能通过诉讼作为解决纠纷的最终方式。纠纷发生后,如需要通过诉讼解决纠纷,则首先应当向人民法院起诉。起诉必须符合下列条件:

(1)原告是与本案有直接利害关系的公民、法人和其他组织;

(2)有明确的被告;

(3)有具体的诉讼请求、事实和理由;

(4)属于人民法院受理民事诉讼的范围和受诉人民法院管辖。

人民法院对符合规定的起诉,必须受理当事人;认为不符合起诉条件的,应当在 7 日内裁定不予受理;原告对裁定不服的,可以提起上诉。人民法院受理起诉后,首先需要确定在第一审中适用普通程序还是简易程序。基层人民法院和它派出的法庭审理事实清楚、权利义务关系明确、争议不大的简单的民事案件,可以适用简易程序。

人民法院应当在立案之日起 5 日内将起诉状副本发送被告,被告在收到之日起 15 日内提出答辩状。被告提出答辩状的,人民法院应当在收到之日起 5 日内将答辩状副本发送原告。被告不提出答辩状的,不影响人民法院审理。

2. 第一审程序

第一审程序是人民法院审理第一审民事案件的诉讼程序。根据《中华人民共和国民事诉

讼法》(以下简称《民事诉讼法》)的规定,第一审程序主要包括以下几个主要阶段:

1)起诉和受理

起诉是因原告民事权益受到侵犯或发生争议,而向法院提出诉讼请求,请求法院行使审判权给予保护和确认的行为。原告起诉必须符合法定的起诉条件,即:

(1)原告与本案有直接利害关系;

(2)有明确的被告;

(3)有具体的诉讼请求和事实、理由;

(4)属于人民法院受理范围,属于受理人民法院管辖。起诉应向人民法院递交起诉状,并按被告人数提供副本。

人民法院收到原告的诉状后,经审查符合条件的应在 7 日内立案,并通知当事人。认为不符合起诉条件的应当在 7 日内裁定不予受理。原告对裁定不服的,可以提起上诉。起诉和受理的结合,引起法院审判程序开始。

2)审理前的准备

人民法院在受案后开庭审理前,为保证庭审活动的顺利进行,需要进行必要的准备工作。其主要任务是弄清当事人的诉讼请求和答辩所根据的事实,了解双方争执的焦点,收集必要的证据,试行调解等。

人民法院应在立案后 5 日内将起诉状副本送达被告,被告在收到之日 15 日内提出答辩状。人民法院在收到答辩状之日起 5 日内将答辩状副本发送原告。

法院立案后要确定合议庭组成人员。审判人员要认真审核诉讼材料,通过法定程序收集必要的证据。

3)开庭审理

(1)开庭审理的概述

开庭审理又称法庭审理,是指在审判人员主持下,在当事人和其他诉讼参与人的参加下,在法庭上对案件进行实体审理的诉讼活动。开庭审理是整个经济诉讼程序的中心环节。通过对案件的全面审理,明确当事人的经济权利和义务,为正确公正地裁决提供依据。

人民法院审理案件,应在开庭 3 日前通知当事人和其他诉讼参加人。除涉及国家机密、个人隐私或法律另有规定外,应当公开进行;涉及商业秘密的案件,当事人申请不公开审理的,可以不公开审理。

开庭审理前,书记员应当查明当事人和其他诉讼参与人员是否到庭,宣布法庭纪律。原告经传票传唤,无正当理由拒不到庭的,或未经法庭许可中途退庭的,按撤诉处理,被告反诉的可以缺席判决。被告经传票传唤,无正当理由拒不到庭的,或未经法庭许可中途退庭的,可以缺席判决。

在开庭审理时,当事人有权申请审判人员、书记员、翻译人员、鉴定人员回避。当事人申请审判人员回避的,由法院院长决定;院长担任审判长时,由审判委员会决定。其他人员的回避由审判长决定。

(2)开庭审理经过的阶段

①法庭调查。通过在法庭上对案件事实进行全面调查,从而对所有证据材料进行查实,全面揭示案情。法庭调查的顺序是:当事人陈述;告知证人的权利义务,证人作证,宣读未到庭证人证言;出示物证、书证和视听资料;宣读鉴定结论;宣读勘验笔录。当事人可以在法庭上提出新的证据,经法庭许可,可以向证人、鉴定人、勘验人发问。

②法庭辩论。由双方当事人对所争议的事实和法律问题进行辩论,通过双方辩论,进一步查证有争议的案情。法庭辩论的顺序是:原告及诉讼代理人发言;被告及诉讼代理人答辩;第三人或诉讼代理人发言或答辩;互相辩论。

③评议和宣判。法庭辩论终结后,对不进行调解或调解不成的,由合议庭评议,确定案件事实、认定及法律适用,依法作出裁决。可当庭宣判,也可定期判决时,必须告诉当事人上诉权利、上诉期限和上诉的法院。

(三)第二审程序

第二审程序,是指当事人不服地方各级人民法院第一审未生效的判决、裁定,向上一级人民法院提起上诉,上一级人民法院对案件进行再次审理所适用的程序。

通过再次审理,维持正确裁决,纠正错误裁决,确保人民法院审判活动的公正性,更好地维护当事人的合法权益。第二审程序并非每个案件的必经程序。

1. 上诉的提起

只有当事人依法提起上诉才是引起第二审程序发生的根据。有权提起上诉的人是在第一审程序中具有实体权利义务的当事人,包括原告、被告、共同诉讼人和具有独立请求权的第三人。

上诉的期限,判决为15天,裁定为10天,从判决书和裁定书送达之日起计算。上诉应递交上诉状。内容包括:当事人的姓名;法人名称、法定代表人姓名;原审法院名称,案件的编号和案由;上诉的理由和请求。上诉状通过原审人民法院提出,当事人直接向二审法院上诉的二审法院在5日内将上诉状移交原审人民法院。

2. 上诉的审理

第二审人民法院对上诉案件,应当组成合议庭,开庭审理。经过阅卷和调查、询问当事人,在事实核对清楚后,合议庭认为不需要直接开庭审理的,也可以直接进行判决、裁定。

3. 上诉的裁决

第二审法院对上诉案件,经过审理,按下列情形分别处理:

(1)原判决认定事实清楚,适用法律正确,判决驳回上诉,维持原判决;

(2)原判决适用法律错误的,依法改判;

(3)原判决认定事实错误,或原判决认定事实不清,证据不足,裁定撤销原判决,发回原审人民法院重审,或弄清事实后改判;

(4)原判决违反法定程序,可能影响案件正确判决的,裁定撤销原判,发回原审法院重审,当事人对重审案件的判决、裁定,可以上诉。

第二审法院的判决、裁定,是终审的判决、裁定。

【案例8-2】

案例

一审法院的受理范围

路西县第一建筑安装公司(以下简称"建筑公司")与孟文光签订建筑工程承包合同,由建筑公司为其建造私人住宅。合同签订后,经路西县工商行政管理局鉴证生效。工程开始后,双方对建筑裁量和工程质量发生争议,因未能及时解决,致使工程未按合同约定的期限完成。双方经协商,达成终止合同的协议,并对已经完成部分的工程款和因与其造成的损失作了解决。次日,双方又重新签订了合同,约定因合同发生的争议,通过仲裁方式解决。新合同仍经原鉴证机关作了鉴证。建筑公司按照新合同施工,工程进行到屋面封顶时,孟文光已向建筑公司支付工程款 25744.74 元。建筑公司在将屋面浇筑后,要求孟文光支付第三次款,孟文光以楼板浇筑后试压结果不符合合同规定的标准,以及按合同规定的付款方式,所付款已超出第三次应付款为由拒付。建筑公司立即停止施工,致使合同期满时工程未能竣工。孟文光遂以建筑公司违约及工程质量不符合要求为由,向仲裁委员会申请仲裁。在仲裁委员会的主持下,经调解,双方仅达成协议,双方同意终止合同;请建设银行审核工程完工部分,按照其审核数据,双方在一个月内进行工程款项的找补。仲裁委员会制作了建筑合同终止协议书,送达双方当事人。合同终止后,协议书未得到履行。此后,孟文光又重新找人对建筑公司未完成的工程继续进行施工,并对已完成工程中不符合质量的部分进行了返修。为此,孟文光支付了后期工程款 13500 元,返修工程 1582 元,加上支付给建筑公司的部分,共计 40826.74 元。因双方不能自行解决问题,孟文光向潞西县人民法院提起诉讼,要求建筑公司赔偿因工程质量造成的经济损失、因建筑公司中途停工造成的多付后期施工工程款及建筑公司违约应付的违约金。建筑公司辩称:工程质量不符合要求,是由于所购水泥质量达不到强度等级所致;中途停工是因为孟文光不按期支付工程款所致;本公司虽有过错,但并未给对方造成经济损失。

路西县人民法院以建筑工程合同质量纠纷立案后,经审理认为:双方当事人订立的建筑工程承包合同,是在原合同基础上充分协商达成的,是双方的真实意思表示,合同主体、内容均符合法律规定,并经过鉴证,合同有效。工程结算中的差价,应由孟文光进行必要的找补。建筑公司应承担因工程质量给孟文光造成经济损失的赔偿责任,以及不按期交付工程和单方终止合同的违约责任。

建筑公司不服此判决,提起上诉。二审法院经审理认为,当事人双方所订立的合同经过鉴证机关鉴证,发生纠纷后孟文光以仲裁条款向仲裁机关申请仲裁,经仲裁委员会调解达成协议,仲裁委员会制发了协议书。孟文光在建筑公司拒不履行协议书时,应当向人民法院申请执行,而不应当提起诉讼。因此,原审法院受理案件并予以判决没有法律根据,审理本案程序不合法。二审法院作出裁定:撤销原审判决,发回原审法院重审。

【评析】

根据《中华人民共和国仲裁法》规定,仲裁调解属于裁决书具有同等法律效力,调解书经双方当事人签收后,即发生法律效力,当事人必须自觉履行。一方当事人不履行的,另一方当事人可以依照民事诉讼法的有关规定向人民法院申请执行,但不能就同一争议向人民法院提起诉讼。本案纠纷中,孟文光依照仲裁条款向仲裁机构申请仲裁,仲裁机构已经调解解决,在建筑公司不履行调解协议的情况下,孟文光应当向人民法院申请执行,不应当提起诉讼,一审法院对本案不应受理。

(四)审判监督程序

审判监督程序,是指人民法院对已发生法律效力的判决、裁定,发现在认定事实或适用法律上确有错误，依法重新审判的一种诉讼程序。这是加强法律监督、纠正错误而设立的一种特殊程序。

提起审判监督程序有下列情形：

1)各级人民法院院长对本院已发生效力的判决、裁定，发现确有错误，认为需要再审的，应当提交审判委员会讨论决定。最高人民法院对地方各级人民法院已发生法律效力的判决、裁定，上级人民法院对下级人民法院已发生法律效力的判决、裁定，发现确有错误的，有权提审或指令下级人民法院再审。

2)最高人民检察院对各级人民法院已经发生法律效力的判决、裁定，上级人民检察院对下级人民法院已经发生法律效力的判决、裁定，发现存在下列情况之一时，应按审判监督程序提出抗诉：

(1)原判决、裁定认定事实的主要证据不足的；

(2)原判决、裁定适用法律确有错误的；

(3)人民法院违反法定程序，可能影响案件正确判决、裁定的；

(4)审判人员在审理案件时有贪污受贿、徇私舞弊、枉法裁判行为的。

地方各级人民检察院对同级人民法院已发生法律效力的判决、裁定，发现有上述情形之一，应当提请上级人民检察院按审判监督程序提出抗诉。

对人民检察院提出抗诉的案件，人民法院应当再审，并通知人民检察院派员出庭。

当事人对已发生法律效力的判决、裁定，认为有错误的，有权在判决、裁定发生法律效力后2年内向原审法院或上一级人民法院申请再审。当事人的申请符合下列情形之一者，人民法院应当再审：

1)有新的证据，足以推翻原判决、裁定的；

2)原判决、裁定认定事实的主要证据不足的；

3)原判决、裁定适用法律确有错误的；

4)法院违反法定程序，可能影响案件正确判决、裁定的；

5)审判人员在审理该案时有贪污受贿、徇私舞弊、枉法裁判的；

6)确有证据证明调解违反自愿原则或调解协议的内容违反法律的。

按审判监督程序决定再审的案件，人民法院应裁定中止原判决的执行。人民法院审理再审案件，应重新组成合议庭。

(五)督促程序

督促程序，是指法院根据债权人的请求，向债务人发出附条件的支付令，若债务人在法定期间不提出异议，该支付令即发生法律效力的程序。这是一种简便易行的保护债权人合法权益的程序。

债权人提起督促程序，请求法院发出支付令，必须符合下列条件：

(1)债权人的申请须以金钱或有价证券为标的；

(2)债权人和债务人没有其他债务纠纷；

(3)支付令能够送达债务人，债权人必须以书面形式向有管辖权的基层人民法院提出。法院自接到申请后五日内作出是否受理的决定。经审查，认为申请不成立的，应裁定驳回。

如认定该案债权债务关系明确、合法，并已到履行期限，应当在受理之日起15日内向债务人发出支付令。债务人应当在收到支付令之日起 15 日内清偿债务。如债务人在法定期限内既不履行支付令又不提出异议的,债权人可以申请法院强制执行。

如债务人在收到支付令 15 日提出书面异议的,法院应终结督促程序,支付令失效。债权人可向人民法院起诉。

(六)公示催告程序

按规定可以背书转让的票据持有人,因票据被盗、遗失或灭失,可以书面形式向法院提出公示催告申请。法院审查符合规定的,应当受理,并在 3 日内发出公告。

票据的利害人应当在公示催告期间向人民法院申报。法院收到申报应裁定终结公示催告程序,申请人或申报人可以向法院起诉。没有人申报的,人民法院应当根据申请人的申请,作出裁决,宣告票据无效,并通知支付人。自判决公告之日起,申请人有权向支付人请求支付。

(七)企业法人破产还债程序

企业法人破产还债程序,是指企业法人因严重亏损,无力清偿到期债务人向法院申请,宣告其破产,从而清偿债权债务关系的一种特殊适用于除全民所有制企业以外的各种企业法人。

申请破产,须提交法定的申请材料。法院在受案后 10 日内通知债务人和已知的债权人,并发布公告。各债权人应在法定期限内向法院申报债权。

人民法院主持召开第一次债权人会议。债务人与债权人会议达成和解协议的法院应发布公告,并中止破产程序。

经人民法院裁定宣告进入破产还债程序的企业法人,法院组织有关机关和人员成立清算组,负责破产财产的保管、清理、估价、处理和分配。

破产财产在优先拨付破产费用后,按以下顺序清偿:

(1)破产企业所欠职工工资和劳动保险费用;

(2)破产企业所欠税款;

(3)破产债权。

破产财产不能满足同一顺序清偿要求的,按比例分配。

(八)执行程序

执行是经济审判工作的最后一道程序,也是民事诉讼程序的一个重要阶段,它对保证人民法院判决、裁定的执行,维护法律的尊严,有着重要意义。

发生法律效力的判决、裁定,一方拒绝履行的,对方当事人应在法定期限内向有管辖权的人民法院申请强制执行。发生法律效力的判决、裁定,由第一审法院执行。其他法律文书由被执行人住所地或被执行的财产所在地人民法院执行。

人民法院可以采取的强制措施有:提取、扣留被申请人的储蓄存款或劳动收入;查封、扣押、冻结、变卖被申请人的财产;强制被申请人交付法律文书指定的财产;划拨企事业单位、机关、团体的银行存款等。

人民法院必须依法进行强制执行,执行时应出示证件,将执行情况制作成笔录,由在场的有关人员签名或盖章。

第二节　证据的种类保全和应用

一、概述

在工程建设中，纠纷是经常发生的。在纠纷的处理中，无论采取哪种形式，要使自己处于有利地位，都必须有足够的证据。因此，证据的收集和保全、提供和应用就十分重要。

二、证据的种类

（一）证据的概念

所谓证据，是指能够证明案件事实的一切材料。证据有三个要件：真实性、联系性和合法性。证据在调解、仲裁、诉讼案件中的事实是确定权利和承担责任的核心问题。

（二）证据的种类

1. 书证

是指以文字或数字记载的内容起证明作用的书面文书和其他载体。例如，合同文本、财务账目、借据、收据、往来信函及其确定有关权利的判决书、公证书、裁决书、法律文件、国家政策规定等。

2. 物证

是指以其存在、存放的地点、外部特征及物质的特性来证明案件事实真相的证据。例如，在购销过程中封存的样品，被损坏的机械、设备，有质量问题的产品等。

3. 证人证言

是指知道了解事实真相的人所提供的证词，或向司法机关所作的陈述。

4. 视听材料

是指能够证明案件真实情况的音像资料。例如，录音带、录像、照相，需要法院审查同意后方能有效。

5. 被告人供述和当事人陈述

包括犯罪嫌疑人、被告人向司法机关所作的承认犯罪并交代犯罪事实的陈述或否认犯罪，及其具有从轻、减轻，免除处罚的辩解、申诉。被害人、当事人就案件事实向司法机关所作的陈述。

6. 鉴定结论

是指专业人员就案件有关的情况向司法机关提供专门性的书面鉴定意见。例如，损伤鉴定、质量鉴定，痕迹鉴定等。

7. 勘验、检验笔录

是指司法人员或行政执法人员对与案件有关的现场、物品、人身进行勘察、试验、实验或检查的文字记载，其证据具有专门性。

（三）证据的特点

1. 真实性

它是指证据必须符合客观实际情况，能够用来证明事物的真实情况的材料。虚假的材料是不能用来作为证据使用的。

2. 联系性

它是指各证据之间必须能相互印证，共同证明案件事实的有关材料。一方面要求每一个证据都与整个案件事实或其中的一部分事实有密切联系，并可反映案件的真实内容；另一方要求证据之间能够相互衔接，相互印证，构成一个完整的证据体系。如甲乙双方各自所持的两个合同文本，其内容应当是一致的。否则，任何一个合同文本都不能直接作为证据使用。只有通过其他证据排除其中一个合同文本后，而另一个合同文本才能作证据使用。比如，可以通过与本合同文本有关的担保合同文本来查证。

3. 合法性

只有依据合法的形式和手段取得的材料才能作为证据使用，而采用非法手段，如刑讯逼供、欺诈等形式而取得的都视为无效的证据。

三、证据的保全

（一）证据保全的概述

证据保全，是指为了避免证据灭失或者以后难以取得证据，人民法院对诉讼证据采取的一项措施。《民事诉讼法》第60条规定，书证应当提交原件，物证应当提交原物。提交原件或者原物有困难的，可以提交复制品、照片、副本、节录本；对物证的勘验、绘图、录像的保存；对证人证言的笔记、文书、录音等措施。

人们在实际生活中，有许多证据是不易收集的；或者是自身的原因，或者是人为的原因，有些证据往往一闪即逝，不注意收集和保管好证据，尤其是建筑活动中的证据，收集起来难度更大，一旦永远失去了能取得的证据，当在真正需要证据的时候，便后悔莫及了。可见，收集和保全证据是十分重要的一项工作。

（二）证据保全的方法

人民法院通过对证据保全申请的审查，作出采取证据保全措施的决定，由此取得并保全证据，有助于人民法院准确地认定案件事实，正确地适用法律，从而作出公正的判决。

人民法院采取证据保全的方法主要有以下三种：

（1）向证人进行询问调查，记录证人证言；

（2）对文书、物品等进行录像、拍照、抄写或者用其他方法加以复制；

（3）对证据进行鉴定或者勘验。

获取的证据材料，由人民法院存卷保管。当事人在诉讼中及时地申请证据保全，有助于诉讼程序的顺利进行，有力地维护诉讼当事人的合法权益。

（三）证据保全申请

《民事诉讼法》第74条规定："在证据可能灭失或者以后难以取得的情况下，诉讼参加人可以向人民法院申请保全证据，人民法院也可以主动采取保全措施。"由此可见，证据保全申请，可在两种情况下提出，一是证据可能灭失；一是证据以后难以取得。讲得更具体一些，证据保全申请有如下几种情形：

（1）证人因疾病、重伤或年老可能死亡；

（2）证人将离境出国定居，或因某种原因将丧失思维、记忆力；

（3）物证因自然原因可能改变原始状态而失去证明力，如物证腐烂或变质；

(4)容易遭到人为等因素破坏的现场和物证,需要尽快勘查等。

四、证据的应用

(一)基本概念

1)证据的应用,是指当事人为主张自己的权利,而将已形成事实的材料,用来维护自身的合法权利。证据的运用在任何保护权利的方式中,都有可能应用到。我们现在比较全面地阐述有关诉讼中的证据运用。

2)举证责任,是指司法机关、行政机关及其当事人为证明案件事实而向人民法院提供证据的责任。法律规定,负责举证责任的人不能提供充足的证据来证明案件的事实时,其所阐述的事实法院是不认可的,当事人的权利也就不可能受到法律的保护。其具体内容有:

(1)在刑事诉讼中,检察机关负责举证责任,并负责对犯罪嫌疑人的犯罪事实提供证据。对犯罪嫌疑人的辩解,必须提出肯定或否定的证据;

(2)在民事诉讼中,《民事诉讼法》规定,主张权利人负有举证责任的规定。原告人在起诉时必须提出其权利受到侵害的足够证据;被告人在答辩时或提出反诉时也须提供自己不承担责任或对方应承担责任的证据;

(3)在行政诉讼中,作为被告人的行政机关负有举证责任。原告人必须提出具体行政行为所依据的事实及其法律文件规定的有关证据。

(二)注意事项

当事人双方在经济纠纷的诉讼中,各自提供有利于自己的证据,互相质证,因此双方之间常发生证据的矛盾。为此应注意下列事项。

1)一方当事人要设法否定他方证据的效力,使其不能作为证据的使用。这需注意以下几点:

(1)注意对方的证据的真实性,及其与本案件的关系,是否是伪证,这是首先要考虑的问题;

(2)要特别注意对方所提供的证据之间是否存在着矛盾,相互间能否印证;

(3)注意观察对方的主要证据能否证明案件的完整事实,对于其他具体证据情节间的联系,是否存在着矛盾,或有其他漏洞等;

(4)注意掌握对方所提供的证据是否通过合法手段取得的,是否具有法律效力。

2)当事人的证人证言带有一定的主观性,视听证据具有模糊性和片面性;照相证据随之电脑及科技的发展,带有一定的虚假性;鉴定结论、勘察记录存在有疏漏的情况。依据上述情况,结合具体案情,当发现自身的权利被错误的证据侵害时,可以请证人出庭作证,当庭质证,对视听证据可要求鉴别真伪,重新鉴定或重新勘验等。

3)在认定时,应将双方的证据同时对照考虑,去伪存真,要注意对方提供的对自己有利的证据,可结合到自己的证据体系中应用。

4)应特别注意与此案有关的其他案件的事实,或国家有关的政策、法规也可以作为此案的证据。例如,因甲方违约给乙方对丙方造成的违约,则丙方向乙方主张权利的诉讼文书就成为乙方向甲方索赔的证据之一。

另外,国家有关具体的法规和政策的调整,也可作为违约方的免责证据。

【案例 8-3】

因无书面证据,已还工程款法院不予认定案

上诉人某市供销合作社与被上诉人某市曙光建筑工程公司于1992年5月15日签订了《建设工程施工合同》,约定工程公司承包供销社发包的某市供销社贸易中心工程,该工程于1993年8月20日通过有关部门验收合格后,即交付供销社使用。该工程项目总造价为人民币12203635元,供销社已付给工程公司工程款9147867.52元,尚欠3055767.48元,及工程公司为供销社垫支的工程款40万元未付。1994年9月15日,供销社出具了上述尚欠款项之欠据。

另查明,供销社于1994年8月26日和9月15日两次共向工程公司还款25317.1元,该款未从总决算账上扣除。此节工程公司认可。

一审法院认为:供销社与工程公司之间债权债务关系明确,供销社长期拖欠工程公司工程款不还,应承担返还本金及利息的责任。据此判决:供销社向工程公司返还工程款3055767.48元和工程垫支款40万元;供销社偿还上述两笔款项的利息。

供销社对一审判决不服,向最高法院提起上诉称:一审判决认定事实不清,40万元工程垫支款按合同约定不应计息。1994年8月26日、9月15日、9月20日,已分别归还工程公司10000元、15000元和30000元。工程公司答辩:一审判决事实清楚,使用法律正确,应予维持。

最高法院认为:供销社所欠工程公司的工程款应按其1994年9月15日出具的欠据数额予以偿付。供销社已还的25317.1元应从欠款总数中扣除。供销社主张已归还的另外3万元欠款因不能提供充分的证据,最高法院不予认定。供销社主张按合同约定工程公司垫支的40万元不计利息,系指在工程期内不予计息,工程结算后的拖欠期间计息与合同约定不相抵触。

【评析】

本案被告供销社主张已归还的另外3万元欠款因不能提供充分证据,法院不予认定。这再一次提示我们证据在诉讼中的决定性作用,法院的判决必须以证据为根据,没有确实充分的证据就无法在诉讼中取胜。尤其对于从事建筑工程承包的当事人,在工作中注意保留和搜集证据更为重要。因为建筑工程施工时间很长,常常几年,甚至十几年的时间,有关当事人很难回忆当时的真实情节,完全要靠证据来说明,诉讼中的举证原则是"谁主张,谁举证",本案被告主张归还了3万元欠款,但不能提供充分证据,法院当然不能认定。应当指出,在诉讼中书面证据更具有证明力,口头证据则差一些。因为一方提供一些证人为你提供证言,而对方当事人则可能提出更多的证人证言。

【案例 8-4】

因证据不充分,建材生产单位在诉讼中败诉案

原告(被上诉人):盛凤英、沈水芳、沈金林、俞德池、沈秋余、顾纪龙、陈云忠、陈爱均、朱卫英

被告(上诉人):浙江省嘉善县洪溪乡福善径村水泥制品厂

被告(上诉人):沈新华

1991年6月29日,原告沈水芳之夫朱宝祖向被告沈新华购买由被告水泥制品厂生产的4m长多孔楼板18块;6月30日,原告沈水芳家建造房屋基础;7月2日,在施工过程中,突然楼面北半部中间楼板断裂,朱宝祖当场被压后因颅脑出血经医院抢救无效死亡,前来一起参加施工的原告沈金林被压,医院诊断为复合伤:多发性肋骨骨折、血胸、左趾骨折和髂骨骨折。原告俞德池亦造成左手尺桡骨骨折。此外,原告沈秋余、顾龙、陈云忠、陈爱均均有不同程度的损伤。经上海市建设工程质量检测中心对楼板抽样鉴定,确认这批型号为YKB5-40-3的预应力多孔板为不合格产品。

1991年8月,原告诉讼来院,要求二被告共同赔偿医疗费、误费等损失,并承担原告沈水芳、盛凤英、朱卫英生活救济费共人民币52425.95元。一审法院经调查审理,认为:对于楼质量问题,依照上海市建设工程质量检测中心预应力混凝土多孔板量分析报告的结论,原告沈水芳家所购置的楼板为不合格产品。本案是由于产品质量不合格而引起的损害赔偿,理应由二被告承担全部民事责任并依法赔偿损失。对于二被告提出的因原告使用楼板不当,违反建筑施工程序,造成楼板断裂以致人员伤亡,财产损失,否认产品不合格,而不愿承担民事赔偿责任的理由,依据不足,不予支持。

二被告对一审判决不服,向上海市中级人民法院提起上诉,上诉人水泥制品厂诉称:原审审理中,未通知水泥厂到庭应诉,即作出判决,严重违背《中华人民共和国民事诉讼法》的规定,故要求撤销原判。上诉人沈新华提出:自己不是产品制造者,故本案与己无关,不同意作被告。另外,二上诉人均提出:(1)该楼板售出时明确讲过要过保养期才可使用,而被上诉人在保养期内即使用。(2)被上诉人施工时违反操作规程,且冒雨施工故导致事故的发生。(3)楼板鉴定时未通知双方当事人到场,不符合民诉法的规定。据此均不同意原审判决。

二审法院认为:原审查明的事实基本正确。(1)本案是一起因产品质量不合格而引起的损害赔偿,对楼板的质量问题,现有上海建设工程质量检测中心的鉴定可予证实,应予认定。(2)关于两上诉人称的因保养期未到及冒雨施工等原因造成房屋倒塌,依据不足,上述理由不能成立。(3)至于上诉人称鉴定楼板时未通知其到场,因现行法律尚未明确规定必须双方到场,故也不能成立。(4)上诉人沈新华称其不是产品制造者,不负民事责任的理由是不成立的,因沈新华是向水泥厂购买后再卖给被上诉人的,故其是销售者,依照《民法通则》第122条之规定,因产品质量不合格造成他人财产、人身损害的,产品销售者也应承担责任。(5)对于水泥制品厂称原审未通知其到庭,鉴于吴全根是水泥厂承包厂长,是该厂的法定代表人,在原审审理中自始至终参与了庭审,享受了诉讼权利,且在实体处理上仍要落实到其本人,故对水泥制品厂诉称原审违反诉讼程序,而要求撤销原审判决的请求不予支持。

上海市中级人民法院作出如下判决:驳回上诉,维持原判。

【评析】

在本案中,两被告在一、二审中均提出了两点理由:(1)所提供的楼板是合格产品;(2)发生断裂事故是因原告未过保养期及施工不当所致。如果被告方对其提供的两点主张能够提供足够的证据，则自可免除其民事责任，但是被告方对其提出的两点主张均未举出证据证明，相反经有关部门鉴定，两被告所制造和销售的楼板质量不合格，故不能免除二被告所承担的民事责任。

本案被告之所以败诉，其重要原因在于被告抗辩的两点理由——保养期未到和原告冒雨施工，没有被法院认定。这也表明本案成功的关键在于证据的收集。如果被告在发货时能注明出厂时间和需要进行多长时间的保养之后才能使用，那将对被告有很大帮助；如果被告能认真收集事故发生时的天气状况——这并不会特别困难，审判结果也将有重大改变。

第三节　工程建设中常见纠纷的成因与防范措施

一、施工合同纠纷的成因与防范措施

（一）施工合同主体纠纷的成因与防范措施

1. 纠纷成因

(1)因承包商资质不够导致的纠纷；

(2)因无权代理与表见代理导致的纠纷；

(3)因联合体承包导致的纠纷；

(4)因“挂靠”问题而产生的纠纷。

2. 防范措施

(1)加强对建筑市场承包商资质的监管；

(2)加强对承包商资质的审查，避免与不具备相应资质的承包商订立合同；

(3)施工合同各方应当加强对授权委托书的管理，避免无权代理和表见代理的产生；

(4)联合体承包应当规范、自愿；

(5)避免“挂靠”。

（二）施工合同工程款纠纷的成因与防范措施

1. 纠纷成因

(1)承包商竞争过分激烈；

(2)“三边工程”引起的工程造价失控；

(3)从业人员法律意识薄弱；

(4)施工合同调价与索赔条款的重合；

(5)合同缺陷；

(6)双方理解分歧；

(7)工程款拖欠。

2. 防范措施

(1)签订书面合同；

(2)避免合同总价与分项工程单价之和不符；

(3)避免约定不明与理解分歧；

(4)避免合同缺项；

(5)协调合同内容冲突；

(6)预防风险；

(7)调价条款与索赔条款重合的处理。

(三)施工合同质量纠纷的成因与防范措施

1. 纠纷成因

(1)建设单位不顾实际的降低造价，缩短工期；

(2)不按建设程序运作；

(3)在设计或施工中提出违反法律、行政法规和建筑工程质量、安全标准的要求；

(4)将工程发包给没有资质的单位或者将工程任意肢解进行发包；

(5)建设单位未将施工图设计文件报县级以上人民政府建设行政主管部门或者其他有关部门审查；

(6)建设单位采购的建筑材料、建筑构配件和设备不合格或给施工单位指定厂家，明示、暗示使用不合格的材料、构配件和设备；

(7)施工单位脱离设计图纸、违反技术规范，以及在施工过程中偷工减料；

(8)施工单位未履行属于自己在施工前产品检验的强化责任；

(9)施工单位对于在质量保修期内出现的质量缺陷不履行质量保修责任；

(10)监理制度不严格。

【案例8－5】

偷工减料致工程质量低劣案

工程技术学院(以下简称发包方)为建设干部宿舍楼，于1985年2月10日与市建筑公司(以下简称承包方)签订一份建设工程承包合同。承包方按合同规定的日期竣工，验收时，发包方发现工程的2～5层所有内承重墙体裂缝较多，要求承包方修复后再验收，承包方拒绝修复，认为不影响使用。两个月之后，发包方发现这些裂缝越来越大，每一面墙都有4～5条纵横不等的裂缝，缝隙最大的1cm，最小的能透空气，从这面能看到对面的墙壁。为此，发包方提出工程不合格，质量低劣，系危险房屋，不能使用，要求承包方对内承重墙拆掉重新建筑。承包方提出，裂缝属于砖的质量问题，与施工技术无关。双方协商不成，发包方于1986年6月15日以建筑工程质量不合格为由向经济合同仲裁委员会申请仲裁。

仲裁委员会查明：本案的建设工程实行大包干的形式，发包方将建筑材料计划指标都交给承包方。承包方为节省费用，在购买机砖时，只购买了外墙和主体结构的红机砖，而对内承重墙则使用烟灰砖(系炉渣、白灰制作的砖)。烟灰砖因为干燥、吸水、伸缩性大，当内装修完毕待干后，导致裂缝出现。对此，承包方应负主要责任，发包方派出的施工技术监督人员明知道承包方使用烟灰砖叠砌内承重墙，而未加制止，也未向领导报告,任其施工,亦应负有一定责任。经委托建筑工程研究所现场勘验、鉴定,建议所有内承重墙用钢筋网加水泥沙浆修复加固后方可使用。仲裁委员会根据质量鉴定结果,依照《建设工程承包合同条例》第13条第1款的规定,经调解,双方当事人达成协议如下:承包方将第2~5层所有内承重墙均用钢筋网加水泥经砂浆加固后,再进行内装修,于1986年9月30日竣工验收。所需费用65000元,由承包方承担60000元,发包方承担5000元。竣工验收合格后,发包方将工程款10日内一次结清付给承包方。

【评析】

按照《建筑工程承包合同条例》规定,承包方应当依照双方商定的分工范围做好材料和设备的采购,严格按照施工图纸与说明书进行施工,确保工程质量,按合同规定的时间如期完工和交付,如果交付的工程不符合设计质量的,应当负责无偿修理。发包方依照约定的分工范围要求,供应材料和设备,按时办理拨款和结算,并派驻工地代表对工程进度、工程质量进行监督。承包方违反合同约定,偷工减料,造成承重墙断裂,工程质量不合格,应由承包方负责修复。

发包方派驻工地代表,对建筑材料的使用和工程质量监督不力,是有责任的、承担一定的损失也是应当的。本案的处理采纳建筑研究所的建议,用钢筋网水泥砂浆加固既减少了拆除承重墙的损失又保证了质量,维护了双方的利益。

2. 防范措施

(1)应当严格按照建筑程序进行工程建设;

(2)对造价和工期的要求应当符合客观规律;

(3)应当按照法律、行政法规和建筑工程质量、安全标准的要求进行设计和施工;

(4)标段的划分应当合理,不能随意肢解工程;

(5)施工图设计文件应当按照规定进行审查;

(6)加强建筑材料、建筑构配件和设备采购的管理;

(7)应当按照设计图纸、技术规范进行施工;

(8)严格施工前产品检验的强化责任;

(9)完善质量保修制度;

(10)严格监理制度,加强质量监督管理。

(四)施工合同分包与转包纠纷的成因与防范措施

1. 纠纷成因

(1)因资质问题而产生的纠纷;

(2)因履约范围不清而产生的纠纷;

(3)因转包而产生的纠纷;

(4)因配合与协调问题而产生的纠纷;

(5)因违约和罚款问题而产生的纠纷;

(6)因各方对分包管理不严而产生的纠纷。

【案例 8-6】

因施工现场管理、协调不善导致的纠纷案

某研究单位科研楼工程,甲方经过了解后决定直接分包给不同性质的三个公司,分别与T公司签订了土建施工合同;与S公司签订了科研设备安装合同;与D公司签订了电梯安装合同。三个合同协议中都对甲方提出了一个相同的条款,即"甲方应协调现场其他施工单位为乙方创造如垂直运输等可利用条件。"合同执行后,发生了如下事件:

(1)顶层结构楼板吊装后,T公司立刻拆除塔吊,改用卷扬机运材料做屋面及装饰,D公司原计划由甲方协调使用塔吊将电梯机房设备吊上9层楼顶的设想落空后,提出用T公司的卷扬机运送,T公司提出卷扬机吨位不足,不能运送。最后,D公司只好为机房设备的吊装重新确定方案。

(2)进入科研设备安装阶段后,S公司按照协议条款,把设备的垂直运输方案定在使用新装电梯这一条件上。设备到梯待运时,D公司提出不准使用,理由一是虽能运行,仍在调试阶段,二是没有帮其他人运送设备的义务。按合同时间专程从远方进场安装科研设备的人员只好等到电梯验收后才开始工作。

由于甲方没有协调好T、S、D三个承包单位的协作关系,他们互相之间又没有合同约束,最终引起D公司和S公司的索赔要求,理由是"甲方没有能够按协议条款为乙方创造垂直运输条件,使乙方改变方案、推迟进度、增大了开支。"

【评析】

在一些较大的工业、科研工程中,由于专业技术能力的限制,不宜由其中一个承包单位进行统一管理时,建筑单位往往分别委托几个分单位独立签订分包合同,这就很容易造成几个分包单位同在一个现场,甚至在同一工程部位施工的情况。由于各分包单位之间没有合同关系,即使甲方代表事先考虑或采取了避免干扰的措施。但实际工程中,因施工的先后顺序,场地占用,水、电使用及现场交通等方面相互干扰、影响的问题是常见的。特别是在某先导工序不能按计划进度完成时,由其他分包单位所承接的后续工序就会被迫因此而延迟进行。如果处理不当,会对整个工程产生严重后果。

2. 防范措施

(1)加强对分包商资质的管理;

(2)在分包合同中明确各自的履约范围;

(3)严格禁止转包;

(4)加强有关各方的配合与协调;

(5)避免违约和罚款;

(6)加强对分包的管理。

(五)施工合同变更和解除纠纷的成因与防范措施

1. 纠纷成因

(1)工程本身具有的不可预见性；
(2)设计与施工及不同专业设计之间的脱节；
(3)“三边工程”导致大量变更产生；
(4)大量的口头变更导致事后责任无法分清；
(5)单方解除合同。

2. 防范措施

(1)做好工程的计划性；
(2)避免设计与施工及不同专业设计之间的脱节；
(3)避免“三边工程”；
(4)规范口头变更；
(5)规范单方解除合同。

（六）施工合同竣工验收纠纷的成因与防范措施

1. 纠纷成因

(1)隐蔽工程竣工验收产生的纠纷；
(2)未经竣工验收提前使用产生的纠纷。

2. 防范措施

(1)严格按照规范和合同约定进行隐蔽工程竣工验收；
(2)避免未经竣工验收提前使用。

（七）施工合同审计纠纷的成因与防范措施

1. 纠纷成因

(1)有关各方对审计监督权的认识偏差；
(2)审计机关的独立性得不到保证；
(3)工程造价的技术性同题也是导致纠纷的原因。

案例

【案例 8 –7】

业主依审计决定扣减工程款纠纷案

1988 年 9 月，中国人民银行五峰土家族自治县支行（下称五峰支行）对其待建办公综合楼工程进行招标，万县兴华建筑工程公司（下称兴华公司）中标，双方签订了该楼建筑工程承包合同。合同签订后，双方如约履行，工程于 1989 年 12 月竣工，经验收合格交付使用。工程造价经中国人民建设银行五峰土家族自治县支行审定为 284196.94 元，双方据此结算无异。

此后不久，五峰土家族自治县审计局对五峰支行办公综合楼工程决算进行审计。审计结论认为，建设银行审定的工程造价多计 24853.61 元，应予审减。审计局作出处理决定：限期由五峰支行向兴华公司收回该多计款。

1990 年 1 月，兴华公司又承包了五峰支行的宿舍楼建筑工程。该工程完工后于 1991 年 11 月办理结算时，五峰支行以执行审计局的决定为理由，从兴华公司的宿舍楼工程款中扣除了办公楼多计工程款 24853.61 元。兴华公司认为五峰支行扣款是违约行为,据此向五峰土家族自治县人民法院起诉,要求五峰支行退回扣除的工程款。五峰支行辩称其扣除有依据,不同意兴华公司的诉讼请求。

【评析】

处理本案的关键,在于在平等主体的合同关系中,合同关系的一方主体有没有权利依据审计局的审计决定自行扣留依合同应付给对方主体的工程款。

本案兴华公司与五峰支行之间,因签订和履行建筑工程承包合同而产生平等主体之间的合同关系,双方依据合同享有权利和承担义务。五峰支行的主要义务就是依合同规定向兴华公司支付工程款;兴华公司的主要义务就是依合同规定按期交付承包的建筑工程。除此以外,双方之间都不享有合同以外的权利,也不承担合同以外的义务。现五峰支行并不是依据合同规定来扣除工程的,因此其扣留应付给兴华公司的工程款没有法律依据,是无效的,应予退回。

本案中,五峰支行认为其扣留兴华公司的工程款是以审计局的审计决定为依据,而审计局是国家审计监督机关,有权进行审计;兴华公司不同意扣款是对审计行为不服,应为行政纠纷;对于审计决定,除了本行应予执行外,兴华公司也有义务执行。五峰支行的这些理由似乎很有道理。但是,审计机关与被审计单位之间是一种审计行政法律关系,其审计监督行为只对被审计单位具有法律约束力。在本案中,被审计单位是五峰支行,不是兴华公司,因此兴华公司不是该审计行政法律关系的一方主体,故审计机关的审计决定对其不具有法律约束力。由于兴华公司不是审计对象,故不存在对审计决定不服的问题,其与审计局之间也不存在行政纠纷,其对审计决定也不存在执行义务,由于五峰支行和兴华公司之间只存在建筑工程承包合同关系,故五峰支行无权以审计决定为依据扣除应依合同付给兴华公司的工程款项。

2. 防范措施

(1)正确认识审计监督权;

(2)确保审计机关的独立性;

(3)规范审计工作。

二、建设工程物资采购合同纠纷的成因与防范措施

(一)建设工程物资采购合同质量纠纷的成因与防范措施

1. 纠纷成因

(1)合同约定不明确;

(2)检查验收不严格、不及时。

2. 防范措施

(1)合同约定应当明确;

(2)严格检查验收制度;

(3)到货后及时验收。

（二）建设工程物资采购合同数量纠纷的成因与防范措施

1. 纠纷成因

（1）合同约定不明确；

（2）检查验收不严格、不及时。

2. 防范措施

（1）合同约定应当明确；

（2）严格检查验收制度；

（3）到货后及时验收。

（三）建设工程物资采购合同履行期限、地点的纠纷的成因与防范措施

1. 纠纷成因

（1）合同约定不明确；

（2）不按合同约定履行。

2. 防范措施

（1）合同约定应当明确；

（2）严格按照合同约定履行。

（四）建设工程物资采购合同价款纠纷的成因与防范措施

1. 纠纷成因

（1）合同约定不明确；

（2）履行期间价格的变动。

2. 防范措施

（1）合同约定应当明确；

（2）按照合同法的规定处理履行期间价格的变动。

三、建设工程其他合同纠纷的成因与防范措施

（一）建设工程勘察、设计合同纠纷的成因与防范措施

1. 纠纷成因

（1）建设工程勘察、设计质量纠纷；

（2）建设工程勘察、设计期限纠纷；

（3）建设工程勘察、设计变更纠纷。

2. 防范措施

（1）严格建设工程勘察、设计的质量与期限管理；

（2）避免和减少建设工程勘察、设计变更。

（二）建设工程监理合同纠纷的成因与防范措施

1. 纠纷成因

（1）监理工作内容的纠纷；

(2)监理工作缺陷纠纷。

2. 防范措施

(1)合同约定应当明确;

(2)严格按照合同约定完成各自的职责;

(3)出现监理工作缺陷,应当按照规定补救和承担相应的责任。

四、建设工程的其他纠纷的成因与防范措施

(一)相邻关系纠纷的成因与防范措施

1. 纠纷成因

没有正确处理截水、排水、通行、通风、采光等方面的相邻关系。

2. 防范措施

做好规划,严格按照有利生产、方便生活、团结互助、公平合理的精神进行建设。

(二)环境保护纠纷的成因与防范措施

1. 纠纷成因

建设项目施工中可能对环境的影响主要体现在两个方面:一方面是对自然环境造成了破坏;另一方面是施工产生的粉尘、噪声、振动等对周围生活居住区的污染和危害。

2. 防范措施

施工单位应当严格按照国家规定的标准、规范和合同的约定进行施工。

(三)施工中的安全措施不当产生的损害赔偿纠纷的成因与防范措施

1. 纠纷成因

工程施工过程中,没有按照需要设置明显标志、采取安全措施。

2. 防范措施

在工程施工过程中,按照需要设置明显标志、采取安全措施,避免给他人造成损害。

(四)施工中搁置物、悬挂物造成损害赔偿纠纷的成因与防范措施

1. 纠纷成因

施工中搁置物、悬挂物管理不当,给他人造成人身和财产损害。

2. 防范措施

施工单位应当严格管理搁置物、悬挂物。

【案例 8-8】

案例

因相邻关系引起的建筑民事纠纷案

1991 年 4 月,南京华厦实业有限公司(以下简称"华厦公司")在毗邻新华日报社处投资建设的华荣大厦基础工程开始施工,未作护栏维护工程即进行敞开式开挖并大量抽排地下水,一个月后因施工现场附近地面下沉,施工暂时停止。经过修改施工方案,华荣大厦基础工程于同年 7 月 28 日恢复施工,进行人工开挖桩孔。同年 10 月中旬,新华日报社发现其印刷厂厂房墙壁、地面开裂,3 台德国进口的 UNIMAN4/2 卷筒

纸胶印机出现异常,报纸印刷质量明显下降,印刷机严重受损,厂房墙体受损危及人员安全。经南京市人民政府召集有关单位、专家共同研究提出补救措施予以实施后,新华日报社印刷厂地面沉降才得到控制,但对新华日报社所受损失没有涉及。"会议纪要"还明确指出了华厦公司在华荣大厦工程施工中违反有关施工规范、规程造成事故的错误。事故发生后,新华日报社还委托南京土木建筑学会、国家印刷机械质量监督检测中心和江苏省地震局等单位对事故原因进行了鉴定。鉴定认为:华荣大厦基础工程施工大量抽排地下水是造成新华日报社印刷厂厂房和印刷机受损的直接原因。1992 年 7 月 10 日,新华日报社向南京市人民政府请求解决赔偿损失问题,但一直未得到解决。因而 1994 年 6 月 30 日,新华日报社遂向江苏省高级人民法院起诉华厦公司。

【评析】

本案是因相邻关系引起的建筑民事纠纷。解决建筑民事纠纷的主要方法有四种:和解、调解、仲裁和诉讼。本案原告在请求调解未果的情况下,依法请求人民法院依照法定程序和方式解决纠纷。人民法院判决由建设单位华厦公司承担民事责任是正确的。施工单位中也应该承担相应的责任。《建筑法》第 39 条规定:"建筑施工企业应当在施工现场采取维护安全、防范危险、预防火灾等措施;有条件的,应当对施工现场实行封闭管理。施工现场对毗邻的建筑物、构筑物和特殊作业环境可能造成损害的,建筑施工企业应当采取安全防护措施。"《建设工程质量管理条例》第 32 条的规定:"施工单位对施工中出现质量问题的建设工程或者竣工验收不合格的建设工程,应当负责返修。"因此,施工单位具有采取安全防护措施和对施工质量进行返修的义务。如果施工单位在施工过程中没有履行上述义务,华厦公司有权依法向其追偿。

【案例 8-9】

施工采取安全措施不当,行人掉入排水沟致伤残赔偿纠纷案

原告:陈桂英

被告:吉林省珲春市市政管理处

1990 年,被告承担珲春市龙源街东段排水施工工程,至同年 10 月 21 日止,已挖好东西走向长 20m、宽 1m、深 3m 的排水沟。10 月 21 日下午,被告在排水沟的西端设置了红色标志灯和栏杆路障,在排水沟的东端设置了南北排列的各长 2m,直径 70cm 的水泥管四根为路障,但南侧水泥管与排水沟施工土堆之间有约 1.5m 的空隙。当晚 17 时许(此时当地已经天黑),原告骑自行车回家,由东向西经过龙源街东段排水施工工程处,骑车进入了工程东端路障南侧水泥管与土堆之间的空隙处,连人带车掉入排水沟内,后被行人救出送往医院。经珲春市医院诊断,原告骨盆双侧耻骨下肢骨折;经法医鉴定为七级伤残,原告治伤达 10 个月。原告受伤后,被告派人前往医院看望了原告,并先后为原告支付了医疗费用等 1100 元。

1991 年 7 月,原告以受伤后不能从事体力劳动和要求被告赔偿损失为理由,诉讼至珲春市人民法院,要求被告赔偿医疗费。误工工资、补助费、鉴定费、护理费、交通费等,合计 15717.01 元。被告辩称:原告虽然掉进我单位施工的排水沟内,但我方在施工中,已设置了明显的标志灯和路障,故不应承担民事责任。

【评析】

本案是建筑施工现场安全措施不当导致的损害赔偿纠纷。

《建筑法》第39条规定:"建筑施工企业应当在施工现场采取维护安全、防范危险、预防火灾等措施;有条件的,应当对施工现场实行封闭管理。施工现场对毗邻的建筑物、构筑物和特殊作业环境可能造成损害的,建筑施工企业应当采取安全防护措施。"本案主要是根据《民法通则》第125条的规定判决的。该条规定:"在公共场所、道旁或者通道上挖坑、修缮安装地下设施等,没有设置明显标志和采取安全措施造成他人损害的,施工人应当承担民事责任"。如果施工人能证明损害是由于受害人的过错或意外事件,如某人因走路看报,未注意到施工人设置的明显标志而掉入沟内;或者汽车行驶至施工路障处因意外刹车故障而坠入坑中等,施工人就能够免除自己的责任。本案中,被告在施工现场东端没有设置红色标志灯,虽采取了一定的安全防护措施,但该措施有明显的漏洞,不足以在正常情况下起到防护作用。因此,本案被告存在过错,应当承担致原告损害的全部赔偿责任。

本章小结

一旦发生建设工程纠纷,必须及时解决。解决建设工程纠纷的基本形式有和解、调解、仲裁和诉讼四种。和解与调解有着各自的特点,它们是解决建设工程纠纷的主要形式。当建设工程纠纷无法通过和解、调解方式来解决时,应当及时地通过仲裁或诉讼方式来解决。仲裁和诉讼解决建设工程纠纷,必须符合一定的条件,并要按照法律规定的相应程序进行。

证据的种类有:书证、物证、视听资料、证人证言、当事人的陈述、鉴定结论和勘验笔录等7种。对证据的基本要求有:证实性、全面性、法律性证明效力和及时性4条。因此,一旦发生纠纷注意证据的收集和保全,以便在解决纠纷时提供和应用,使纠纷得到有利于自己的及时解决,维护自身的正当权益。

建设工程纠纷主要是合同纠纷,概括起来有建设工程勘察设计合同纠纷、建设合同纠纷、建设工程施工合同纠纷、建设工程物资采购合同纠纷和建设工程其他纠纷等5种类型。各种类型的纠纷都有自己的成因,从而采取相应的防范措施。

小知识

建筑施工企业挂靠经营现象

挂靠经营问题是当前建筑业存在的比较普遍的问题之一,是一种严重的违法行为。所谓挂靠,是指单位或个人以盈利为目的,以某一施工企业的名义承揽施工任务的行为。在当前建筑市场,当事人为规避市场准入问题,借用他人建筑资质进行施工,从而在借用人与出借人之间形成了挂靠关系。

挂靠一般具有如下特点:

(1)挂靠人没有从事建筑活动的主体资格,或者虽有从事建筑活动的资格,但没有具备与建设项目的要求相适应的资质等级；

（2）被挂靠的施工企业具有与建设项目的要求相适应的资质等级证书，但缺乏承揽该工程项目的手段和能力；

（3）挂靠人向被挂靠的施工企业交纳一定数额的“管理费”，而该被挂靠的施工企业也只是以企业的名义代为签订合同及办理各项手续，收取“管理费”而不实施管理，或者所谓“管理”仅仅停留在形式上，不承担技术、质量、经济责任。

单元练习

一、思考题

1. 仲裁、诉讼两种形式各具有什么特点？
2. 简述纠纷处理的仲裁程序和诉讼程序。
3. 证据的种类有哪些？
4. 简述证据的保全和应用。
5. 建设工程纠纷的类型主要有哪几种？
6. 简述引起施工合同纠纷的情况类别。

二、综合练习题

案例

【案例1】

原告（被上诉人）：交通部烟台海上救助打捞局

被告（上诉人）：烟台市黄海拆船厂

一、一审事实认定

1990年4月23日，原告与被告在平等互利、协议一致的基础上，签订了《关于触礁轮探测施工协议》。协议规定：探测费总额为人民币167869.11元，分两期付款。第一期付款在该协议签订之日起3日内，由被告将总费用的50%汇入原告指定银行，第二期付款于探测工作结束后，双方在完工报告上签字确认之日起3日内由被告将总费用的50%汇入原告指定银行。协议签订后，被告于1990年4月28日第一期付款8万元（比规定日期迟延3日，少付款3934.56元）。原告探测结束后，提供了图纸和探测报告，双方于1990年6月4日签字认可。完工后，原告曾多次催付，但被告仍未支付余款。遂原告请法院判令被告偿付尚未付给原告的工程款余额87869.11元及延期利息，并承担原告方律师费用和诉讼费用。

原告起诉后，被告烟台市黄海拆船厂向法院提出管辖权异议申请，称：烟台救助打捞局起诉案件属被告1991年3月11日起诉中国海洋工程服务有限公司烟台分公司（即原告）赔偿被告触礁轮海损案中的一部分。该案青岛海事法院已于1991年4月8日受理，烟台打捞局在答辩中就触礁轮探测费问题提出了反诉。因此，被告认为此案不能单独审理。即使单独审理，根据《民事诉讼法》第24条“因合同纠纷提起的诉讼，由被告住所地或者合同履行地人民法院管辖”的规定，此案不应由青岛海事法院受理。

案例

青岛海事法院审查认为，原、被告所签订的关于触礁探测施工协议，是为被告所属的触礁轮进行救援前的探测。被告应支付探测费用和触礁搁浅的责任者是两回事，被告以探测费用应由触礁轮触礁的责任者承担为由拒付是没有道理的。被告所提协议是在违背其意愿的前提下签订的理由不充分，证据不足，不予采纳。该轮搁浅于担子岛北侧，作业地处于烟台港区之内，协议属于海上救助之范畴，根据最高人民法院《关于海事法院收案范围的规定》，最高法院对此案有管辖权。于1992年2月25日作出裁定：驳回被告烟台市黄海拆船厂对本案管辖权提出的异议。

二、二审事实认定及诉辩主张

一审法院判决后，被告烟台黄海拆船厂不服，向山东省高级人民法院提出上诉。二审法院经审查和调查，确认了一审法院判决认定的事实。被告诉称：触礁轮触礁搁浅是由于被上诉人烟台海上救助打捞局某工作人员玩忽职守造成的重大责任事故，被上诉人之所以要与上诉人签订探测协议，其目的是为了逃避其在接船上玩忽职守的重大责任。这种以欺骗、胁迫手段签订的所谓探测协议是无效的。探测费用纠纷案与被上诉人在接触礁轮工作中玩忽职守的刑事犯罪案是密不可分的整体，探测费用由被上诉人承担是理所当然的。请二审法院中止对探测费纠纷一案的审理。

被上诉人交通部烟台海上救助打捞局答辩称：探测协议是经过双方充分协商后自愿达成的，被上诉人已按合同规定履行了义务，并经上诉人签字认可，被上诉人不是触礁轮的所有人，没有接受过上诉人看护该船的委托，没有看护、管理触礁轮的义务。因此，上诉人关于触礁轮触礁搁浅是由被上诉人造成及该轮探测费应由被上诉人承担的说法，完全是推卸责任，是没有道理的。

三、二审判决理由和判决结果

山东省高级人民法院认为：上诉人与被上诉人所签探测施工合同符合平等互利、协商一致的法律要求，为有效合同，被上诉人按协议要求完成了对触礁轮的探测施工，并提出了测量图纸，履行了合同规定的义务。上诉人未按合同规定支付探测费用余款，属违约行为，应对本案纠纷承担全部责任。本案与触礁轮触礁搁浅的责任案，属两个不同的法律关系，两案可分别处理，互不影响。因此，上诉人要求中止审理本案的理由不充分，不符合法定条件。一审法院判决认定事实清楚，适用法律正确，应予维持。

山东省高级人民法院于1992年10月6日作出终审判决：驳回上诉，维持原判。二审案件受理费3244.24元，由上诉人承担。

【问题】

你认为这个案件审理正确吗？

【案例2】

1985年2月10日至1986年7月20日，中国某工程公司与北京某饭店（合资企业），先后签订了三个工程承包合同。合同中规定："双方在执行合同过程中所发生的一切争议应通过友好协商解决，如协商不能解决时，应提交在北京的中国国际贸易促进委员会对外经济贸易仲裁委员会进行仲裁。"1991年9月10日，某工程公司以某饭店长期拖欠工程款为由，向中国国际经济贸易仲裁委员会（前称中国国际贸易促进委员会对外经济贸易仲裁委员会)提出仲裁申请,要求某饭店支付拖欠的工程款并且支付迟延付款的利息。中国国际经济贸易仲裁委员会组成仲裁庭进行审理后,于1992年2月6日作出裁决:某饭店应于1992年10月1日前将所欠工程款,以及其他工程费用共计99.52726万美元及利息54万美元支付给某工程公司,某饭店未在仲裁裁决规定的履行期限内履行该仲裁裁决。1993年2月12日,某工程公司以某饭店未履行仲裁裁决为由,向市中级人民法院申请执行仲裁裁决。

【问题】

该案件中双方约定的仲裁条款是否有效?中国国际经济贸易仲裁委员会作出的裁决是否应该予以执行?为什么?

【案例3】

一、诉辩主张和事实认定

1978年,中国某进出口公司某分公司和某厂、某工业公司三家拟建职工住宅楼,经主管部门安排,组成“联建组”,统一起照、统一施工。建筑住宅基地系一水坑,需垫至设计标高方能进行施工。三家曾为垫坑问题进行研究,但没有文字协议。进土情况,由三家负责记录,单位清结各自应分摊的费用数额,南侧垫好后,某厂提出先施工的要求,经主管部门分公司同意后,即按施工程序开始施工。1979年4月中旬,水坑垫至设计标高后,分公司以4月12日以前的土完全垫于某厂和工业公司界内,向他们索要垫坑费163144.16元(后改为200727.2元)。某厂认为,本厂为垫坑已支付一定费用,还垫进了不少废土,按规定的设计标高相差无几,不同意承担分公司所提出的数额;工业公司也提出自己的进土量基本能达到设计标高,也不同意分担。因而,分公司起诉到某市中级人民法院。经法院调查证实:分公司实际建筑面积为8073m^2,已支付垫坑费349785.29元;某厂建筑面积为17938m^2,已支付垫坑费191359.55元;工业公司建筑面积为2691m^2,已支付垫坑费53054.86元。

二、判决理由和判决结果

法院认为:联建单位分担垫坑费的问题,目前尚无明确的计算标准和方法,三单位又无明确的协议,应比照联建单位分担其他项目之费用的惯例,按实际建筑面积分担较为合理。根据建筑总面积为28702m^2,垫坑总费用为593199.7元,每平方米为20.667元。分公司应支付166849.03元,已超支181935.26元;某公司应支付370724.65元,欠179365.10元,所垫废土因证据不足,不能认定;工业公司应支付55616.34元,欠2561.48元。经法院多次组织三方协商未达成协议。1982年7月10日判决如下:某厂给付分公司垫坑费179365元,工业公司给付分公司垫坑费2561元。

判决生效之日起,两个月内将此费用付清,逾期不付清,按未付款金额,每日加计万分之三的延付赔偿金。

【问题】

你认为这个案件审理正确吗?你如何看待该案件?

案例

【案例4】

2003年3月,甲乙双方签订施工总承包合同,由乙方负责职工宿舍楼的施工。双方在合同中约定:隐蔽工程由双方共同检查,检查费用由甲方支付。

地下室防水工程完成后,乙方通知甲方验收,甲方则答复:因为公司内部事务较多,由乙方自己检查,出具检查记录即可。20天后,甲方又聘请了专业技术人员对地下室防水工程进行了质量检查,发现没有达到合同所约定的标准,要求乙方承担检查的费用,并且进行工程返工。乙方认为合同约定检查费用由甲方支付,所以拒绝支付费用但同意工程返工。多次要求乙方付款未果,起诉到法院。

甲方法院受理案件以后,对地下室防水工程重新进行了鉴定,结论为地下室防水工程质量不符合合同约定的标准。法院判决乙方承担检查的费用。

【问题】

该案件中因隐蔽工程竣工验收而产生的纠纷违反了哪些法律规定?你认为该案件审理的正确吗?

第三篇

工程建设验收及保修阶段法规

工程验收及保修是工程项目建设程序的第四个阶段。在该阶段,工程质量验收是工程质量控制的重要环节;竣工验收是防止质量不合格工程流入社会的最后一道关口。国家对此作出了严格的法律规定。为此,本篇详细介绍工程质量验收、竣工验收及工程质量保修的具体规定,并着重介绍《建筑工程施工质量验收统一标准》、《建设工程质量管理条例》和《房屋建筑质量保修办法》中的相关内容。

第九章　工程验收及保修法规

【本章职业能力目标】

在实际工程中，具有进行工程质量控制的基本能力，并能依法进行工程质量验收和保修，确保工程顺利地投入使用，同时也具备获取相关执业资格的能力。

【知识目标】

1. 了解工程竣工验收备案管理的基本要求，我国的工程质量保修制度及其重要性；

2. 熟悉工程质量验收的基本要求、程序及质量不符合要求时的处理方法，工程竣工验收的条件；

3. 掌握工程质量保修的范围、期限及保修的实施。

本章重点：工程质量验收的条件、基本要求、程序。

本章难点：工程质量保修的范围及实施。

第一节　工程质量验收法规

一、工程质量验收概述

（一）工程质量验收的概念

工程质量验收是工程质量控制的一个重要环节。广义的质量验收包括工程质量的中间验收和竣工验收两个方面，狭义的质量验收仅指工程质量中间验收。本书取狭义说。

工程质量的中间验收，是指在施工单位自行质量检查评定的基础上，参与建设活动的有关单位共同对检验批、分项、分部、单位工程的质量进行抽样复验，根据相关标准以书面形式对工程质量达到合格与否作出确认。

（二）工程质量验收的层次

在进行质量验收时，合理划分验收层次是非常必要的，特别是不同专业工程的验收批如何确定，将直接影响到质量验收工作的科学性、经济性、实用性和可操作性。根据《建筑工程施工质量验收统一标准》（GB 50300—2001）的规定，一般将工程划分为单位工程、分部工程、分项工程、检验批等几个层次进行验收。

1. 单位工程

单位工程的划分应按下列原则确定：

（1）具备独立施工条件并能形成独立使用功能的建筑物及构筑物为一个单位工程，如一个单位中的一栋办公楼，一个工厂中的某个厂房等。

(2)规模较大的单位工程可将其能形成独立使用功能的部分划分为一个子单位工程。

(3)室外工程可根据专业类别和工程规模划分单位(子单位)工程。

2. 分部工程

分部工程的划分应按下列原则确定:

(1)分部工程的划分应按专业性质、建筑部位确定。例如,建筑工程划分为地基与基础、主体结构、建筑装饰装修、建筑屋面、建筑给水排水及采暖、建筑电气、智能建筑、通风与空调、电梯等9个分部工程。

(2)当分部工程较大或较复杂时,可按施工程序、专业系统及类别等划分为若干个子分部工程。例如,智能建筑分部工程中就包含了火灾及报警消防联动系统、安全防范系统、综合布线系统、智能化集成系统、电源与接地、环境、住宅(小区)智能化系统等子分部工程。

3. 分项工程

分项工程应按主要工种、材料、施工工艺、设备类别等进行划分。例如,混凝土结构工程中按主要工种分为模板工程、钢筋工程、混凝土工程等分项工程;按施工工艺又分为预应力、现浇结构、装配式结构等分项工程。

4. 检验批

分项工程可由一个或若干个检验批组成,检验批可根据施工及质量控制和专业验收需要按楼层、施工段、变形缝等进行划分。例如,建筑工程的地基基础分部工程中的分项工程一般划分为一个检验批;屋面分部工程中的分项工程不同楼层屋面可划分为不同的检验批;单层建筑工程中的分项工程可按变形缝等划分检验批,多层及高层建筑工程中主体分部的分项工程可按楼层或施工段划分检验批;安装工程一般按一个设计系统或组别划分为一个检验批;室外工程统一划分为一个检验批。

(三)工程质量验收的基本要求

(1)建筑工程施工质量应符合建筑工程施工质量验收统一标准和相关专业验收规范的规定;

(2)建筑工程施工应符合工程勘察、设计文件的要求;

(3)参加工程施工质量验收的各方人员应具备规定的资格;

(4)工程质量的验收应在施工单位自行检查评定的基础上进行;

(5)隐蔽工程在隐蔽前应由施工单位通知有关方进行验收,并形成验收文件;

(6)涉及结构安全的试块、试件及有关材料,应按有关规定进行见证取样检测;

(7)检验批的质量应按主控项目和一般项目验收;

(8)对涉及结构安全和使用功能的分部工程应进行抽样检测;

(9)承担见证取样检测及有关结构安全检测的单位应具有相应资质;

(10)工程的观感质量应由验收人员通过现场检查,并应共同确认。

二、工程施工质量评定的程序

(一)检验批和分项工程

检验批及分项工程应由监理工程师及建设单位项目技术负责人、组织施工单位项目专业质量(技术)负责人等进行验收。

验收前，施工单位先填好“检验批和分项工程的质量验收记录”，并由项目专业质量检验员和项目专业技术负责人分别在检验批和分项工程质量检验记录中的相关栏目签字，然后由监理工程师组织，严格按规定程序进行验收。

（二）分部工程

分部工程应由总监理工程师及建设单位项目负责人组织施工单位项目负责人和技术、质量负责人等进行验收；地基与基础、主体结构由于技术性能要求严格、技术性强，关系到整个工程的安全。因此，这些分部工程的勘察、设计单位工程项目负责人也应参加验收。

（三）单位工程

单位工程完成后，施工单位首先要依据质量标准、设计图纸等组织有关人员进行自检，并对检查结果进行评定，符合要求后向建设单位提交工程验收报告和完整的质量资料，请建设单位组织验收。

建设单位收到工程报告后，应由建设单位（项目）负责人组织施工（含分包单位）、设计、监理等单位（项目）负责人进行单位（子单位）工程验收。

由几个施工单位负责施工的单位工程，当其中的施工单位所负责的子单位工程已按设计完成，并经自行检验后，方可按规定的程序组织正式验收，办理交工手续。在整个单位工程进行全部验收时，已验收的子单位工程验收资料应作为单位工程验收的附件。

单位工程中有分包单位施工时，分包单位应对所承包的工程按相关标准检查评定，总包单位派人参加；检验合格后，分包单位应将工程的有关资料移交总包单位，待建设单位组织单位工程质量验收时，分包单位负责人应参加验收。

三、工程施工质量的评定及验收

（一）检验批的评定及验收

检验批是施工过程中条件相同并有一定数量的材料、构配件或安装项目，由于其质量基本均匀一致，因此可以作为检验的基础单位，并按批验收。检验批合格质量应符合下列规定：

（1）主控项目和一般项目的质量经抽样检验合格；

（2）具有完整的施工操作依据、质量检查记录。

检验批的合格质量主要取决于对主控项目和一般项目的检验结果。主控项目是对检验批的基本质量起决定性影响的检验项目，因此必须全部符合有关专业工程验收规范的规定。这意味着主控项目不允许有不符合要求的检验结果，即这种项目的检查具有否决权。鉴于主控项目对基本质量的决定性影响，从严要求是必须的。

（二）分项工程的评定及验收

分项工程质量验收合格应符合下列规定：

（1）分部工程所含的检验批均应符合合格质量的规定；

（2）分项工程所含的检验批的质量验收记录应完整。

分项工程的验收在检验批的基础上进行。一般情况下，两者具有相同或相近的性质，只是批量的大小不同而已。因此，将有关的检验批汇集构成分项工程。分项工程合格质量的条件比较简单，只要构成分项工程的各检验批的验收资料文件完整，并且均已验收合格，则分项工程验收合格。

（三）分部工程的评定及验收

分部（子分部）工程质量验收合格应符合下列规定：

（1）分部（子分部）工程所含工程的质量均应验收合格；

（2）质量控制资料应完整；

（3）地基与基础、主体结构和设备安装等分部工程有关安全及功能的检验和抽样检测结果应符合有关规定；

（4）观感质量验收应符合要求。

分部工程的验收应在其所含各分项工程验收的基础上进行。首先，分部工程的各分项工程必须已验收合格且相应的质量控制资料文件完整，这是验收的基本条件；此外，由于各分项工程的性质不尽相同，因此作为分部工程不能简单地组合而加以验收，尚需增加以下两类检查项目。

涉及安全和使用功能的地基基础、主体结构、有关安全及重要使用功能的安装分部工程应进行有关见证取样、送样试验或抽样检测；关于观感质量验收，这类检查往往难以定量，只能以观察、触摸或简单量测的方式进行，并由各个人的主观印象判断，检查结果并不给出“合格”或“不合格”的结论，而是综合给出质量评价，对于“差”的检查点应通过返修处理等补救。

（四）单位工程的评定及验收

单位（子单位）工程质量验收合格应符合下列规定：

（1）单位（子单位）工程所含分部（子分部）工程的质量均应验收合格；

（2）质量控制资料应完整；

（3）单位（子单位）工程所含分部工程有关安全和功能的检测资料应完整；

（4）主要功能项目的抽查结果应符合相关专业质量验收规范的规定；

（5）观感质量验收应符合要求。

单位工程质量验收是工程投入使用前的最后一次验收，也是最重要的一次验收。验收合格的条件有以上 5 个方面，除构成单位工程的各分部工程应该合格，并且有关的资料文件应完整以外，还须进行以下 3 个方面的检查：

（1）涉及安全和使用功能的分部工程应进行检验资料的复查。不仅要全面检查其完整性（不得有漏检缺项），而且对分部工程验收时补充进行的见证抽样检验报告也要复核；

（2）对主要使用功能还须进行抽查。使用功能的检查是对建筑工程和设备安装工程最终质量的综合检验，也是用户最为关心的内容。因此，在分项、分部工程验收合格的基础上，竣工验收时再做全面检查。抽查项目是在检查资料文件的基础上由参加验收的各方人员商定，并由计量、计数的抽样方法确定检查部位。检查要求按有关专业工程施工质量验收标准要求进行；

（3）还须由参加验收的各方人员共同进行观感质量检查。检查的方法、内容、结论等已在分部工程的相应部分中阐述，最后共同确定是否验收。

【案例9-1】

案例

工程质量如何组织验收

某工程位于南四环和三环之间，建筑面积43000m^2，框架结构筏板式基础，地下3层，基础埋深约为12.8m。混凝土基础工程由某专业基础施工公司组织施工，于某年8月开工建设，同年10月基础工程完工。混凝土强度等级C35，在施工过程中，发现部分试块混凝土强度达不到设计要求，但对实际强度经测试论证，能够达到设计要求。

试分析：(1)该基础工程验收该如何组织？(2)该基础工程质量验收的内容是什么？(3)对混凝土试块强度达不到设计要求的问题是否需要进行处理？为什么？

【评析】

(1)基础工程应由总监理工程师(建设单位项目负责人)组织施工单位项目负责人和技术、质量负责人、勘察、设计单位工程项目负责人和施工单位技术、质量部门负责人进行工程验收。

(2)基础工程质量合格的标准：基础工程所含分项工程质量均应合格；质量控制资料应完整；基础中有关安全及功能的检验和抽样检测结果应符合有关规定；观感质量应符合要求。

(3)该质量问题可不作处理。原因是混凝土试块强度不足是检验中发现的质量问题，经测试论证后能够达到设计要求，因此可不作处理。

四、工程质量不符合要求时的处理

一般情况下，不合格现象在检验批验收时就应发现并及时处理，否则将影响后续检验批和相关的分项工程、分部工程的验收，因此所有质量隐患必须尽快消灭在萌芽状态。

当出现非正常情况时，应按下述规定处理：

第一种情况，指在检验批验收时，其主控项目不能满足验收规范规定或一般项目超过偏差限值的子项不符合检验规定的要求时，应及时进行处理的检验批。其中，严重的缺陷应推倒重来；一般的缺陷通过翻修或更换器具、设备予以解决，应允许施工单位在采取相应的措施后重新验收。如能够符合相应的专业工程质量验收规范，则应认为该检验批合格。

第二种情况，指个别检验批发现试块强度等不满足要求等问题，难以确定是否验收时，应请具有资质的法定检测单位检测。当鉴定结果能够达到设计要求时，该检验批仍应认为通过验收。

第三种情况，如经检测鉴定达不到设计要求，但经原设计单位核算，仍能满足结构安全和使用功能的情况，该检验批可以予以验收。一般情况下，规范标准给出了满足安全和功能的最低限度要求，而设计往往在此基础上留有一些余量。不满足设计要求和符合相应规范标准的要求，两者并不矛盾。

第四种情况，更为严重的缺陷或者超过检验批的更大范围内的缺陷，可能影响结构的安全性和使用功能。若经法定检测单位检测鉴定以后认为达不到规范标准的相应要求，即不能满足最低限度的安全储备和使用功能，则必须按一定的技术方案进行加固处理，使之能保证其满足安全使用的基本要求。这样可能会造成一些永久性的缺陷，如改变结构外形尺寸、影响一些次要的使用功能等。为了避免社会财富更大的损失,在不影响安全和主要使用功能条件下可按处理技术方案和协商文件进行验收,但不能作为轻视质量而回避责任的一种出路。

第五种情况,若分部工程、单位(子单位)工程存在严重缺陷,经返修或加固处理仍不能满足安全使用要求时,严禁验收。

案例

【案例 9-2】

工程主体结构存在严重的安全隐患,验收不能通过

某县级市一乡村修建小学教学楼和教师办公住宿综合楼,乡上个别领导不按照有关基本建设程序办事,自行决定由一农村工匠承揽该工程建设。工程无地质勘察报告,无设计图纸(抄袭其他学校的图纸),原材料未经检验,施工无任何质量保证措施,无水无电,混凝土和砂浆全部人工拌和,钢筋混凝土梁、柱人工浇筑振捣,密实度和强度无法得到保证。工程投入使用后,综合楼和教学由于多处大梁和墙面发生较严重的裂缝,致使学校被迫停课。

经检查,该综合楼基础一半置于风化页岩上,一半置于回填土上(未按规定进行夯实),地基已发生严重不均匀沉降,导致墙体出现严重裂缝;教学楼大梁混凝土存在严重的空洞受力钢筋已严重锈蚀,两栋楼的砌体砂浆强度几乎为零(更有甚者个别地方砂浆中还夹着黄泥),楼梯横梁搁置长度仅 50mm,梁下砌体已出现压碎现象。经鉴定该工程主体结构存在严重的安全隐患,已失去了加固补强的意义,被有关部门强行拆除,有关责任人受到了法律的惩办。

【评析】

本案例中,工程结构存在严重的缺陷,影响了结构的安全性和使用功能,经返修或加固处理仍不能满足安全使用要求时,应严禁验收,被强行拆除,并对有关责任人进行相关的法律制裁,有关部门的做法是正确的。

第二节　工程竣工验收法规

一、工程竣工验收的概念和作用

《中华人民共和国建筑法》第 31 条规定:"交付竣工验收的建筑工程,必须符合规定的建筑工程质量标准,有完整的工程技术经济资料和经签署的工程保修书,并具备国家规定的其他竣工条件。建筑工程竣工验收合格后,方可交付使用;未经验收或者验收不合格的,不得交付使用。"

建筑工程的竣工验收,是指在建筑工程已按照设计要求完成全部施工任务,准备交付给建设单位投入使用时,由建设单位或有关主管部门依照国家关于建筑工程竣工验收制度的规定,对该项工程是否符合设计要求和工程质量标准所进行的检查、考核工作。建筑工程的竣工验收是项目建设全过程的最后一道程序,是对工程质量实施控制的一个重要环节。认真做好建筑工程的竣工验收工作,对保证建筑工程的质量具有重要意义。

【案例 9－3】

工程未经验收，不得交付使用

2005 年 2 月 24 日，甲建筑公司与乙厂就乙厂技术改造工程签订建设工程合同。合同约定：甲公司承担乙厂技术改造工程项目 56 项，负责承包各项目的土建部分；承包方式按预算定额包工包料，竣工后办理工程结算。合同签订后，甲公司按合同的约定完成该工程的各土建项目，并于 2006 年 11 月 14 日竣工。孰料，乙厂于 2006 年 9 月被丙公司兼并，由丙公司承担乙厂的全部债权债务，承接乙厂的各项工程合同、借款合同及各种协议。甲公司在工程竣工后多次催促丙公司对工程进行验收并支付所欠工程款。丙公司对此一直置之不理，既不验收已竣工工程，也不付工程款。甲公司无奈将丙公司诉至法院。法院判决丙公司对已完工的土建项目进行验收，验收合格后向甲公司支付所欠工程款。

【评析】

此案签订建设工程承包合同的是甲公司与乙厂，但乙厂在被丙公司兼并后，丙公司承担了乙厂的全部债权债务并承接了乙厂的各项工程合同，当然应当履行原甲公司与乙厂签订的建设工程承包合同，对已完工的工程项目进行验收，验收合格无质量争议的，应当按照合同规定向甲公司支付工程款，接收该工程项目，办理交接手续。根据《合同法》第 279 条规定：“建设工程竣工后，发包人应当根据施工图纸及说明书、国家颁发的施工验收规范和质量检验标准及时进行验收。验收合格的，发包人应当按照约定支付价款。并接收该建设工程。”“建设工程竣工经验收合格后，方可交付使用；未经验收或者验收不合格的，不得交付使用。”

二、工程竣工验收的条件

根据 2000 年 1 月 30 日国务院颁布的《建设工程质量管理条例》及建设部《房屋建筑工程和市政基础设施工程竣工验收暂行规定》的要求，工程竣工验收应具备下列条件：

(1) 完成工程设计和合同约定的各项内容；

(2) 施工单位在工程完工后对工程质量进行了检查，确认工程质量符合有关法律、法规和工程建设强制性标准，符合设计文件及合同要求，并提出工程竣工报告。工程竣工报告应经项目经理和施工单位有关负责人审核签字；

(3) 对于委托监理的工程项目，监理单位对工程进行了质量评估，具有完整的监理资料，并提出工程质量评估报告。工程质量评估报告应经总监理工程师和监理单位有关负责人审核签字；

(4) 勘察、设计单位对勘察、设计文件及施工过程中由设计单位签署的设计变更通知书进行了检查，并提出质量检查报告。质量检查报告应经该项目勘察、设计负责人和勘察、设计单位有关负责人审核签字；

(5) 有完整的技术档案和施工管理资料；

(6) 有工程使用的主要建筑材料、建筑构配件和设备的进场试验报告；

(7) 建设单位已按合同约定支付工程款；

(8)有施工单位签署的工程质量保修书；

(9)城乡规划行政主管部门对工程是否符合规划设计要求进行检查，并出具认可文件；

(10)有公安消防、环保等部门出具的认可文件或者准许使用文件；

(11)建设行政主管部门及其委托的工程质量监督机构等有关部门责令整改的问题全部整改完毕。

经验收合格的工程方可交付使用，不合格的工程不予验收；对遗留问题应提出具体解决意见，限期落实解决。

案例

【案例9-4】

拒绝修复工程质量缺陷的行为不当与提前使用风险自担案

2006年8月，华夏制药厂因搬迁需另建厂房，与某建筑工程公司签订了建设工程承包合同。合同约定，制药厂的全部厂房总建筑面积$5000m^2$，全部由建筑公司承建，制药厂提供建筑设计图纸，并对工程的竣工验收和结算进行了约定。合同工期为10个月。

合同签订后，双方都基本上履行了各自的责任。在竣工验收过程中，制药厂发现工程质量存在一定的问题，并提出了建议，记录在验收记录中，要求建筑公司在完善质量缺陷后，另行共同验收。工程经过维修和检修，建筑公司再次提出竣工验收，但又发现了一些在第一次验收中没有发现的问题，故再次要求建筑公司进行复修，遭到建筑公司的拒绝。为此，华夏制药厂明确表示，如果建筑公司拒绝修复工程质量缺陷，华夏制药厂将扣除建筑公司的维修保证金，并对建筑公司的不履行职责的行为可能造成的损失保留索赔的权利。建筑公司则表示，如果华夏制药厂拒付工程款的话，建筑公司将拒绝交付工程竣工验收的资料，并不向当地质量监督部门申报工程竣工验收手续。双方协商不成，争议一直持续了3个月。为了保证工程的如期投产，在万般无奈的情况下，华夏制药厂在工程未经质量监督部门验收的情况下，将制药设备搬入新厂房并开始生产。12月，建筑公司以华夏制药厂拒付工程款为由向人民法院提起诉讼，要求被告华夏制药厂给付工程款及其利息。

【评析】

原告在施工过程中，应当按照双方的约定，在自行验收的过程中，完善工程缺陷和瑕疵，达到竣工验收标准，原告没有履行维修和保修责任，应当承担一定的责任。对于被告自行维修工程所花费的金钱，应当从应给付原告的款项中加以扣除。原告没有按照合同的约定和法律的规定办理竣工验收手续，是导致工程未及时结算的主要原因。因此，被告不必支付工程款的利息。

三、工程竣工验收的程序

根据建筑部颁布的《建设项目(工程)竣工验收办法》、《工程建设监理规定》和《建设工程质量监督管理规定》及其他相关法律规范的规定，建筑工程竣工验收的具体程序如下：

1. 施工单位作竣工预验

竣工预验，是指工程项目完工后，要求监理工程师验收前，由施工单位自行组织的内部模拟验收。预验是顺利通过正式验收的可靠保证，一般也邀请监理工程师参加。

2. 施工单位提交验收申请报告

施工单位决定正式提请验收后向监理单位送交验收申请报告，监理工程师收到验收申请报告后参照工程合同要求、验收标准等进行仔细审查。

3. 根据申请报告做现场试验

监理工程师审查完验收申请报告后，若认为可以验收，则应由监理人员组成验收班子对竣工的工程项目进行初验，在初验中发现的质量问题，应及时以书面或备忘录的形式通知施工单位，并令其按有关的质量要求进行修理甚至返工。

4. 正式竣工验收

在监理工程师初验合格的基础上，应由建设单位牵头，组织设计、施工、监理单位及质量监督站、消防、环保等行政部门参加，在规定的时间内正式验收，正式的竣工验收书必须有建设单位、施工单位、监理单位等各方签字方为有效。

工程竣工验收合格后，建设单位应当及时提出工程竣工验收报告。工程竣工验收报告主要包括工程概况，建设单位执行基本建设程序情况，对工程勘察、设计、施工、监理等方面的评价，工程竣工验收时间、程序、内容和组织形式，工程竣工验收意见等内容。同时，竣工验收报告还应附有施工许可证、施工图设计文件审查意见、验收组人员签署的工程竣工验收意见、必要的质量检测和功能性试验资料、施工单位签署的工程质量保修书等文件。

四、工程竣工验收备案管理的要求

根据《建设工程质量管理条例》及《房屋建筑工程和市政基础设施工程竣工验收备案管理暂行办法》的规定，建设单位自工程竣工验收合格之日起 15 日内，应当向工程所在地的县级以上地方人民政府建设行政主管部门（以下简称备案机关）备案。

建设单位办理工程竣工验收备案应当提交下列文件：

(1)工程竣工验收备案表；

(2)工程竣工验收报告；

(3)法律、行政法规规定应当由规划、公安消防、环保等部门出具的认可文件或者准许使用文件；

(4)施工单位签署的工程质量保修书；

(5)法规、规章规定必须提供的其他文件。

备案机关收到建设单位报送的竣工验收备案文件，验证文件齐全后，应当在工程竣工验收备案表上签署文件收讫；若发现建设单位在竣工验收过程中有违反国家有关建设工程质量管理规定行为的，应当在收讫竣工验收备案文件 15 日内，责令停止使用，重新组织竣工验收；备案机关决定重新组织竣工验收并责令停止使用的工程，建设单位在备案之前已投入使用或者建设单位擅自继续使用造成使用人损失的，由建设单位依法承担赔偿责任。

建设单位在工程竣工验收合格之日起 15 日内未办理工程竣工验收备案的，备案机关责令限期改正，处 20 万元以上 30 万元以下罚款。建设单位将备案机关决定重新组织竣工验收的工程，在重新组织竣工验收前，擅自使用的，备案机关责令停止使用，处工程合同价款 2% 以上 4% 以下罚款。建设单位采用虚假证明文件办理工程竣工验收备案的，工程竣工验收无效，备案机关责令停止使用，重新组织竣工验收，处 20 万元以上 50 万元以下罚款；构成犯罪的，依法追究刑事责任。

案例

【案例 9－5】

由于未按时备案擅自改造结构应予处罚

某工程，建设单位与甲施工单位签订了施工合同。经建设单位同意，甲施工单位选择了乙施工单位作为分包单位。在合同履行中，发生了：甲施工单位向建设单位提交了工程竣工验收报告后，建设单位于 2003 年 9 月 20 日组织勘察、设计、施工、监理等单位竣工验收，工程竣工验收通过，各单位分别签署了质量合格文件。建设单位于 2004 年 3 月办理了工程竣工备案。因使用需要，建设单位于 2003 年 10 月初要求乙施工单位按其示意图在已验收合格的承重墙上开车库门洞，并于 2003 年 10 月底正式将该工程投入使用。2005 年 2 月，该工程给排水管道大量漏水，经监理单位组织检查，确认是因开车库门洞施工时破坏了承重结构所致。建设单位认为工程还在保修期，要求甲施工单位无偿修理。建设行政主管部门对责任单位进行了处罚。

根据《建设工程质量管理条例》，指出事件中建设单位做法的不妥之处；建设行政主管部门是否应该对建设单位、监理单位、甲施工单位和乙施工单位进行处罚？

【评析】

(1) 未按时限备案不妥；首先题目中的工程竣工验收程序正确，之后的备案就存在时间的问题。按照《建设工程质量管理条例》第 49 条，建设单位应自工程竣工验收合格之日起 15 日内办理竣工验收报告等相关文件的备案。

(2) 要求乙施工单位在承重墙上按示意图开车库门洞不妥；由于已经竣工验收，可以视为装修工程。在承重墙上开车库门洞属于工程设计变更，按照《建设工程质量管理条例》第 15 条，涉及建筑主体和承重结构变动的装修工程，建设单位应当在施工前委托原设计单位或具有相应资质的设计单位提出设计方案；没有设计方案的，不得施工。因此，建设单位要求乙施工单位按照示意图(不是图纸)施工的做法是错误的。

(3) 由于未按时备案，擅自在承重墙上开车库门洞，应对建设单位应予处罚。根据《建设工程质量管理条例》第 56 条，建设单位有未及时办理备案的行为的，责令改正，处 20 万以上 50 万以下的罚款。第 69 条，涉及建筑主体和承重结构变动的装修工程，没有设计方案擅自施工的，责令改正，处 50 万以上 100 万以下的罚款，房屋使用者在装修过程中擅自变动房屋建筑主体结构和承重结构的，责令改正，处 5 万以上 10 万以下的罚款。造成损失的依法承担赔偿责任。对监理单位和甲、乙施工单位不应处罚。根据《建设工程质量管理条例》第 28 条，施工单位必须按照工程设计图纸和施工技术标准施工，不得擅自修改工程设计，不得偷工减料。乙施工单位按照建设单位示意图施工的做法错误的。按照罚则第 64 条，施工单位有不按照工程设计图纸和施工技术标准施工的行为的，应责令改正，处工程合同价款 2% 以上 4% 以下的罚款，情节严重的，责令停业整顿，降低资质等级或吊销资质等级证书。

第三节　工程质量保修法规

一、工程质量保修的认识及重要性

《中华人民共和国建筑法》第62条、《建设工程质量管理条例》第39条均明确规定:"建筑工程实行质量保修制度。"

所谓质量保修制度,是指对建筑工程在交付使用后的一定期限内发现的工程质量缺陷,由施工企业承担修复责任的制度。质量缺陷,是指建筑工程的质量不符合工程建设强制性标准及合同的约定。建筑工程作为一种特殊的耐用消费品,一旦建成后将长期使用。建筑工程在建设中存在的质量问题,在工程竣工验收时被发现的,必须经修复完好后,才能作为合格工程交付使用;有些质量问题在竣工验收时未被发现,而在使用过程中的一定期限内逐渐暴露出来,施工企业应根据"质量保修制度"的要求无偿予以修复,以维护用户的利益。

二、工程质量保修的范围及期限

(一)工程质量保修的范围

1. 地基基础工程和主体结构工程

这两项工程的质量问题直接关系建筑物的安危,一般是不允许出现质量隐患的,一旦存在质量问题,也很难通过修复的方法解决。规定对这两项工程实行保修制度,实际上要求施工企业必须确保其质量。

2. 屋面防水工程

由于房屋建筑工程中的屋面漏水问题很常见,也很突出,所以法律中将此项工程单独列出。

3. 其他土建工程

指除屋面防水工程以外的其他土建工程,如地面、楼面、门窗工程等。

4. 电气管线、上下水管线的安装工程

包括电气线路、开关、电表的安装,电气照明器具的安装,给水管道、排水管道的安装等。

5. 供热、供冷系统工程

包括暖气管道及设备、中央空调设备等的安装工程。

6. 装修工程

指建筑过程中的装修,属于房屋建造活动的组成部分。

7. 其他应当保修的项目范围

(二)工程质量保修的期限

根据2000年1月30日国务院颁布的《建设工程质量管理条例》第40条和2000年6月30日建设部颁布的《房屋建筑质量保修办法》第7条的规定,下列工程的最低保修期限为:

(1)地基工程和主体结构工程,为设计文件规定的该工程的合理使用年限;

(2)屋面防水工程、有防水要求的卫生间、房间和外墙面的防渗漏为5年;

(3)电气管线、给排水管道、设备安装为2年;

(4)供热与供冷系统为2个采暖期、供冷期;

(5)装修工程为2年;

(6)其他项目的保修期限由建设单位约定。

质量保修期从工程竣工验收合格之日起计算。

案例

【案例9-6】

保修期内建筑公司应当承担无偿修理的责任

原告某房产开发公司与被告某建筑公司签订一施工合同,修建某一住宅小区。小区建成后,经验收质量合格。验收后1个月,房产开发公司发现楼房屋顶漏水,遂要求建筑公司负责无偿修理,并赔偿损失,建筑公司则以施工合同中并未规定质量保证期限,以工程已经验收合格为由,拒绝无偿修理要求。房产开发公司遂诉至法院。法院判决施工合同有效,认为合同中虽然并没有约定工程质量保证期限,但依建设部1993年11月16日发布的《建设工程质量管理办法》的规定,屋面防水工程保修期限为3年,因此本案工程交工后2个月内出现的质量问题,应由施工单位承担无偿修理并赔偿损失的责任。故判令建筑公司应当承担无偿修理的责任。

【评析】

本案争议的施工合同虽欠缺质量保证期条款,但并不影响双方当事人对施工合同主要义务的履行,故该合同有效。由于合同中没有质量保证期的约定,故应当依照法律、法规的规定或者其他规章确定工程质量保证期。法院依照《建设工程质量管理办法》的有关规定对欠缺条款进行补充,无疑是正确的。依据该办法规定;出现的质量问题属保证期内,故认定建筑公司承担无偿修理和赔偿损失责任是正确的。

三、工程质量保修的实施

建筑工程在保修期内出现质量缺陷,建设单位或者房屋建筑所有人应当向施工单位发出保修通知。如果发生涉及结构安全的质量缺陷,建设单位或者房屋建筑所有人还应立即向当地建设行政主管部门报告,并采取安全防范措施。

对于一般的质量缺陷,施工单位接到保修通知后,应当到现场核查情况,在保修书约定的时间内予以保修;对于涉及结构安全或者严重影响使用功能的紧急抢修事故,施工单位接到保修通知后,应当立即到达现场抢修;对其他涉及结构安全的无须紧急抢修的质量缺陷,应由原设计单位或者具有相应资质等级的设计单位提出保修方案,施工单位实施保修,原工程质量监督机构负责监督。

保修完成后,由建设单位或者房屋建筑所有人组织验收。涉及结构安全的,应当报告当地建设行政主管部门备案。

施工单位不按工程质量保修书约定保修的,建设单位或房屋建筑所有人可以另行委托其他单位保修,由原施工单位承担相应责任。

四、工程质量保修费用的承担

建筑工程在保修期内出现质量缺陷时,施工单位负有保修的义务。但是,保修的费用并非一定由施工单位承担,而是"由质量缺陷的责任方承担"(《房屋建筑工程质量保修办法》第13条)。所谓质量缺陷的责任,有下面三种情况:

(1)施工单位未按工程建设强制性标准和设计要求施工,造成质量缺陷的,施工单位为责任方;

(2)由于设计方面的原因造成质量缺陷的,设计单位为责任方;

(3)因建筑材料、构配件和设备质量不合格引起的质量缺陷,属于施工单位采购的或者经其验收同意的,施工单位为责任方;属于建设单位采购的,建设单位为责任方。

对于因质量缺陷造成的人身、财产损害,同样由质量缺陷的责任方承担赔偿责任。因保修不及时造成的人身、财产损害,由造成拖延的责任方承担赔偿责任。

案例

【案例9-7】

建设工程保修期限未满,不得要求返还质量保修金

2000年1月,某物业公司与某装修装饰公司签订了一份写字楼装修协议,协议约定了装修事项,装修期限,材料供应,质量标准和缺陷责任期限(保修期限)。其中约定保修期限为1年,预留保修金为20万元。合同采用1994年《建设工程施工合同文本》。

在装修过程中,双方对装修的质量存在着一定的争议,几经反复,基本上比较满意地完成了装修任务。在质量保修期内也不断地出现一些小的质量问题,装修公司虽应物业公司的要求到现场复修过,但是有一些确实属于质量瑕疵而构不成质量缺陷,是建筑业常常出现的质量通病,所以在后来的保修期内,尽管物业公司多次因质量问题要求维修,但装修公司认为这些问题实在小的无法维修,遂屡次搪塞,没有履行维修义务。

2001年7月,合同约定的工程保修期满,装修公司向物业公司索要质量保修金,遭到物业公司拒绝,理由有三:一是在质量保修期内存在的质量问题,装修公司拒绝履行维修义务;二是2000年1月签订合同时,国家已经颁布了1999年版本的《建设工程施工合同示范文本》,而装修公司却继续使用1994年版本,是对物业公司的欺诈;三是2001年1月30日国务院令第279号《建设工程质量管理条例》明确规定了装修工程保修期限为2年,保修期应当按照2年计算,而不能按照合同约定的1年计算,保修期还没满,不存在返还质量保修金的问题。于是,装修公司起诉物业公司要求返还质量保修金。法院经过审理,作出判决:双方签订的建设工程合同有效;确定本案工程保修期为2年。

【评析】

鉴于装修工程质量保修期限在合同履行过程中国家法律的变化,合同履行应当遵守法律的规定,本案中法院确定双方签订的建设工程合同有效,本案工程保修期为2年,是正确的。

本章小结

工程质量验收是工程质量控制的一个重要环节,做好质量验收工作对保证整个工程的质量至关重要。具体进行质量验收时,合理划分验收层次也是非常必要的,通常将工程划分为单位工程、分部工程、分项工程、检验批等几个层次进行验收。

建筑工程的竣工验收是项目建设全过程的最后一道程序,是对工程质量实施控制的一个重要环节。交付竣工验收的工程,必须符合规定的工程质量标准,有完整的工程技术经济资料和经签署的工程保修书,并具备国家规定的其他竣工条件。工程竣工验收合格后,方可交付使

用;未经验收或者验收不合格的,不得交付使用。

质量保修制度,是指工程在交付使用后的一定期限内发现的工程质量缺陷,由施工企业承担修复责任的制度。《建设工程质量管理条例》、《房屋建筑质量保修办法》等法规,对质量保修的范围、期限、保修的实施、保修费用的承担等方面均作出了明确规定。

小知识

节能环保实施认证纳入装饰装修行业

今后装修工程必须通过质量、环保、节能性能"三合一"的检测数据达标后,才能认定为节能环保装修工程。《中国节能环保装饰装修认证实施规则》日前发布,同时中国节能环保装饰装修认证指导中心在北京成立,这标志着我国节能环保认证首次纳入装饰装修行业。

建筑节能作为中国十大重点节能工程之一,装饰装修工程是建筑交付使用前的最后一个环节,因设计、施工控制不当极易造成工程质量、建筑节能设施和设备损坏、有害物质残留等一系列问题。据中国室内装饰协会室内环境委员会统计,中国新装修房屋60%以上存在不同程度的甲醛超标问题,每年中国由于装饰装修工程的浪费超过三百亿元。

单元练习

一、思考题

1. 建筑工程施工质量应如何进行验收?
2. 非正常情况下,建筑工程施工质量不符合要求时如何处理?
3. 什么是工程竣工验收?工程竣工验收有什么条件?如何验收?
4. 工程竣工验收备案有什么要求?
5. 国家对工程质量保修的范围和最低保修期限如何规定?
6. 各种工程质量保修费用承担责任如何划分?

二、综合练习题

案例

【案例】

某年某月某日,南通公司与齐来公司签订了一份标准产房建筑安装工程承包合同(简称合同(一)),依据该合同的约定由南通公司为齐来公司建造齐来工业城标准型厂房3号、4号两栋,总承包价为闭口价人民币8780万元。此后,双方又就相关的总工程及零星工程分别签订了《工业厂房总体工程施工合同》(简称合同(二))南通公司依据上述合同如约进行了施工。工业厂房通过建设工程质量监督站验收,南通公司与齐来公司均在上述单位工程竣工验收证明表上盖章。此后,南通公司要求齐来公司返还质量保修金,齐来公司则要求南通公司履行保修义务,更换铝合金窗及修复发现渗漏的屋顶、支付其代购的报警设备款及围墙费、水电费并承担赔偿责任等未能达成一致,遂致诉讼。

【问题】

法院应如何审理判决此事?

附录一　本书引用的法律和行政法规

[1]《中华人民共和国民法通则》1986 年 4 月 12 日公布,1987 年 1 月 1 日施行.

[2]《中华人民共和国建筑法》1997 年 11 月 1 日发布,1998 年 3 月 1 日施行.

[3]《中华人民共和国招标投标法》1999 年 8 月 30 日发布,2000 年 1 月 1 日施行.

[4]《中华人民共和国安全生产法》2002 年 6 月 29 日发布,2002 年 11 月 1 日施行.

[5]《建设工程安全生产管理条例》2003 年 11 月 24 日发布,2004 年 2 月 1 日施行.

[6]《安全生产许可证条例》2004 年 1 月 13 日颁布并实施.

[7]《建设工程质量管理条例》2000 年 1 月 30 日颁布并施行.

[8]《中华人民共和国合同法》1999 年 3 月 15 日发布,1999 年 10 月 1 日施行.

[9]《中华人民共和国民事诉讼法》1991 年 4 月 9 日发布并施行.

[10]《中华人民共和国仲裁法》1994 年 8 月 31 日发布,1995 年 9 月 1 日施行.

[11]《中华人民共和国环境保护法》1989 年 12 月 26 日发布并施行.

[12]《中华人民共和国环境影响评价法》2002 年 10 月 28 日发布,2003 年 9 月 1 日施行.

[13]《中华人民共和国水污染防治法》1984 年 5 月 11 日通过,1996 年 5 月 15 日修正.

[14]《中华人民共和国固体废物污染环境防治法》1995 年 10 月 30 日发布,1996 年 4 月 1 日施行.

[15]《中华人民共和国环境噪声污染防治法》1996 年 10 月 29 日发布,1997 年 3 月 1 日施行.

[16]《建设项目环境保护管理条例》1998 年 11 月 29 日发布并施行.

[17]《中华人民共和国消防法》1998 年 4 月 29 日通过.

[18]《中华人民共和国保险法》1995 年 6 月 30 日发布,1995 年 10 月 1 日施行.

[19]《中华人民共和国劳动法》1994 年 7 月 5 日发布,1995 年 1 月 1 日施行.

[20]《中华人民共和国劳动合同法》2007 年 6 月 29 日通过, 2008 年 1 月 1 日施行.

[21]《中华人民共和国税法》1997 年 1 月 3 日发布并实施.

附录二　部分单元练习参考答案

第二章　工程报建与相关法规

【案例 1】

规划局的做法是正确的。根据《城市规划法》第 32 条的规定，在城市规划区内新建、扩建各改建建筑物等工程设施，应当取得建设工程规划许可证。根据案情分析，本案中，上海市京剧院只取得了规划许可证（地下建筑部分），未取得规划许可证（地上建筑部分）而建设艺术家公寓地上部分的行为，违反了《城市规划法》的有关规定，城市规划管理局应当依法对其进行处罚。

【案例 2】

番禺县土地管理局的行政处罚决定是正确的。本案中，李某未经批准，非法大量占用土地修建住宅，虽经有关人员阻止，仍继续施工。《中华人民共和国土地管理法》规定："农村居民非法占用土地建住宅的，限期拆除或没收在非法占用土地上新建的房屋。""限期拆除或者没收在非法占用土地上新建的建筑物或其他设施"，根据以上规定，番禺县土地管理局对李某做出的三点行政处罚是合理的。

【案例 3】

省高级人民法院的二审判决是非常正确的，因为买卖、租赁土地是严重地违反《宪法》的行为。《中华人民共和国宪法》规定："任何组织或者个人不得侵占、买卖出租或者以其他形式非法转让土地。"《中华人民共和国土地管理法》第 2 条第 3 款也作了类似的规定，第 6 条规定一切土地归国家所有，明确了土地的国有性质。第 47 条还规定："买卖或者以其他形式非法转让土地的，没收非法所得，限期或者没收在买卖或者以非法转让的土地上新建的建筑物和其他设施，并可以对当事人处以罚款；对主管人员由其所在单位或者上级机关给予行政处分。"这是执法机关在处理这类案件的法律依据。

本案中，某国防厂转让的土地，所有权属于国家，某国防厂只有使用权，无权转让，造纸厂需要使用国有土地，应当依照法律程序申请取得。某国防厂与造纸厂通过有偿转让房屋自行转让国有土地使用权，违反《土地管理法》和《城市房地产管理法》的有关规定。对于这种违法行为，丰南县人民政府土地管理部门依法进行管理和处罚，是正确的，法院理应支持。而原审人民法院认定地产属于企业固定资产，可以自行转让。缺乏依据，应当予以撤销。同时，对违法双方给予必要的处罚，承担一定的法律责任，也是正确的。

第三章　建设工程的发包与承包法规

【案例1】

(1)资格预审的内容主要包括:

①机构与管理:公司管理机构情况;经营方式;以往履约的情况,如获得的各种奖励或处罚等;目前和过去涉及诉讼案件的情况;

②财务状况:平均年营业额或合同额;财务投标能力;流动资金;信贷能力;流动资产与负债比值;

③技术能力:现场主要管理人员的经验与胜任强度;现场专业技术人员经验与胜任强度;施工机械的适用性,来源与已使用年限;工程分包情况;

④施工经验:类似工程的施工经验;类似现场条件下的施工经验;完成类似工程中特殊工作的能力;过去完成类似工程的合同额。

(2)该项目施工招标的不当之处有:

①建设用地的征地工作尚未完成,该项目不具备招标条件;

②招标工作中,不能有歧视潜在投标人的行为,本案例中,因为估计有外省投标人,业主制作了两个标底,是一种歧视潜在投标人的行为;

③一个工程只能具有一个标底,本案例中,制作了两个标底,这是不合理的;

④业主应该在组织投标单位进行施工现场勘探之后,书面答复投标单位的提问;

⑤当招标文件有所澄清或修改时,应当在招标文件要求提交投标文件截止时间至少15日前,以书面形式通知所有招标文件收受人。本案中,投标截止日期前10日,业主书面通知各投标单位,这是不合理的。

【案例2】

本案中,甲是发包人,乙是总承包人,丙和丁是分包人。对工程质量问题,乙作为总承包人应承担责任,而丙和丁也应该依法分别向发包人甲承担责任。总承包人以不是自己勘察设计和建筑安装的理由企图不对发包人承担责任,以及分包人以与发包人没有合同关系为由不向发包人承担责任,都是没有法律依据的。所以本案判决乙和丙共同承担连带责任是正确的。

本案必须说明的是,《建筑法》第28条规定:“禁止承包单位将其承包的全部建筑工程转包给他人,禁止承包单位将其承包的全部建筑工程肢解以后以分包的名义分别转包给他人。”本案中,乙作为总承包人不自行施工,而将工程全部转包他人,虽经发包人同意,但违反法律禁止性规定,其与丙和丁所签订的两个分包合同均是无效合同。建设行政主管部门应依照《建筑法》和《建设工程质量管理条例》的有关规定,对其进行行政处罚。

【案例3】

本案中,业主的做法是合理的。

对于投标人的标书错误,业主首先应当确定标书错误是否属于“重大错误”,是否有权撤回;在已经确定了投标人有权撤回的情况下,投标人有权选择是否撤回标书;当标书错误不大,不属于"重大错误"，则投标人不能撤回标书，而应当接受业主的修正，按修正以后的价格签订和履行合同。在本案中，更正标书所涉及的金额占标书报价的比例较小，而且按大写数字改正过的标书同原来的最低价标书报价相差很小。因此，履行该合同是合理的。

第四章　建设工程合同法规与工程建设标准

【案例1】

工程学院违反了国家关于固定资产有价调拨和严格审批制度的规定，擅自以固定资产抵偿工资，严重违反财经纪律。在原施工协议中，不编制预算，估堆论块地以物抵工的做法，违反了工程预算制度和财务制度。所以该合同是无效的。

无效的合同，从自始就无效，国家不予保护。但这份工程协议是在拆除工程已经结束，因结算发生争议才起诉到人民法院的，因而对无效法律行为引起的当事人之间实际存在的经济关系，需要分别不同情况，合理解决。凡属违法行为，予以制止，如责令建筑队将已拉走的固定资产退还，工程学院违反了国家关于固定资产有价调拨和严格审批制度的规定，擅自以固定资产抵偿工资，严重违反财经纪律。在原施工协议中，不编制预算，估堆论块地以物抵工的做法，违反了工程预算制度和财务制度。对签订违法协议和造成纠纷，工程学院应负主要责任，建筑队也有一定责任。因此，工程学院在上诉中要求维持原协议是无理的，原审判决除了在工费计算上不够适当外，其他都是正确的，应予维持。原协议违法无效，法律不予保护，双方的经济纠纷仍需合理解决。既然建筑队完成了拆除工程，付出了劳动，而且对违法签订协议责任不大，就应该获得劳动报酬。

【案例2】

本案中，建兴房地产公司与九龙坡房地产公司签订的合同合法有效，双方均应依法履行。建兴房地产公司在合同签订后共支付危房改造资金47万元，应属履行了合同义务。九龙坡房地产公司认为对方未按时支付拆迁费用违约在先的主张并无事实根据。在完成了合同约定的拆迁工程后，九龙坡房地产公司向建兴房地产公司发出了解除合同的通知书，该通知书仅仅是九龙坡房地产公司解除合同的单方意思表示，该意思表示只有在建兴房地产公司承诺后才能发生解除合同的效力。但事实上，建兴房地产公司对此明确表示反对，因此，九龙坡房地产公司解除合同的通知即行失效。这也意味着原合同继续有效，在原合同仍有效的情况下，九龙坡房地产公司却与某建设工程公司签订了工程联建合同，这对于建兴房地产公司来说，当然是违反合同的违约行为。九龙坡房地产公司理应承担违约责任，因此，建兴房地产公司的主张是有理的，法院应予以支持。

【案例3】

根据《中华人民共和国合同法》和《建设工程施工合同(示范文本)》的有关规定，建设工程合同应当采取书面形式，合同变更亦应当采取书面形式。若在应急情况下，可采取口头形式，但必须事后予以书面确认。否则，在合同双方对合同变更内容有争议时，只能以书面协议的内容为准。本案例中，甲方要求临时停工，乙方亦答应，是甲、乙方的口头协议，且事后并未以书面的形式确认，所以该合同变更形式不妥，在竣工结算时双方发生了争议，对此只能以原合同规定为准。施工期间，甲方未能及时支付工程款，应对停工承担责任，故应当赔偿乙方停工1个月的实际经济损失，工期顺延1个月。工程因质量问题返工，造成逾期交付，责任在乙方，故乙方应当支付逾期交工1个月的违约金，因质量问题引起的返工费用由乙方承担。

【案例4】

本案的纠纷是因隐蔽工程的验收而产生的。

所谓隐蔽工程，是指被其他建筑物遮掩的工程，包括地基工程、钢筋工程、承重结构工程、防水工程、装修与设备工程，建筑物的地基，供水、供气、供热管线，电气管线等都属于隐蔽工程。隐蔽工程在整体工程竣工后不便于验收，而隐蔽工程的质量又至关重要，因此《合同法》专门规定了隐蔽工程的检查和验收。《合同法》第278条规定："隐蔽工程在隐蔽以前，承包人应当通知发包人检查。发包人没有及时检查的，承包人可以顺延工程日期，并有权要求赔偿停工、窝工等损失。"

根据本条的规定，隐蔽工程在隐蔽以前，承包人应当通知发包人检查。一般是在承包人自检合格以后48小时内通知发包人检查。发包人接到承包人的通知以后，应当在合同约定的时间或合理时间内，开始对隐蔽工程进行检查，检查合格后双方共同签署"隐蔽工程验收签证"及相应记录。发包人没有按期对隐蔽工程实行检查的，承包人应当催告发包人在合理期限内进行检查，并可以顺延工程日期，同时要求发包人赔偿因此造成的停工、窝工、材料和构件积压的损失。

如果承包人未通知发包人检查而自行封闭隐蔽工程的，发包人事后有权要求对已隐蔽的工程进行检查，承包人应当按照要求破坏已覆盖的工程并于检查后修复，检查的费用由承包人承担。如果承包人已经通知发包人检查而发包人未及时检查，事后发包人又要求检查的，检查费用的承担需分两种情况而定：一是对隐蔽工程检查后发现该项工程符合质量标准的，检查费用由发包人承担；二是对隐蔽工程检查后发现该工程不符合质量要求的，检查费用应当由承包人承担。

在本事件中，对于业主方不履行检查义务的行为，承包商有权停工待查，停工造成的损失应当由业主方承担。但承包商未这样做，反而自行检查，并出具检查记录交与业主方后，继续进行施工。对此，双方均有过错。

至于业主方的事后检查费用，则应视检查结果而定，如果检查结果是地下室质量未达到标准，由于这一后果是承包商的过错所致，检查费用应由承包商承担；如果检查质量符合标准，重复检查的结果是业主方未履行义务所致，则检查费用应由业主方承担。

【案例5】

在本事件中即使没有下雨，而因业主提供的地质报告有误，地下土质过差，不能用于填方，承包商也不能就另外取土填方而提出索赔要求。因为：

(1)合同规定，承包商对业主提供的水文地质资料的理解负责。而地下土质可用于填方，这是承包商对地质报告的理解，应由他自己负责。

(2)取土填方作为承包商的施工方案，也应由他自己负责。本案例的性质完全不同于由于地质条件恶劣造成基础设计方案的变化，或造成基础施工方案变化的情况。

第五章　工程勘察设计法规

【案例1】

(1)宋某以蚌埠某建筑设计院上海分院的名义设计图纸是不合法的。本案中,宋某组织无证设计人员私自安排刻制并使用应当是由市建委统一管理发放的施工图出图专用章,且以蚌埠某建筑设计院上海分院的名义设计图纸是违法的。根据勘察设计法规定:"建设工程勘察、设计企业以其他建设工程勘察、设计企业的名义承揽建设工程勘察、设计业务的,依照有关法律、行政法规责令改正,没收违法所得,处以罚款;可以责令停业整顿,降低资质等级;情节严重的,吊销资质证书。"

(2)该工程的开发单位也有过错。根据工程勘察设计法规定:"从事工程勘察、设计活动的单位,应当按照其拥有的注册资本、专业技术人员、技术装备和勘察设计业绩等条件申请资质,经审查合格,取得建设工程勘察、设计资质证书后,方可在资质等级许可的范围内从事建设工程勘察、设计活动。取得资质证书的建设工程勘察、设计企业可以从事相应的建设工程勘察、设计咨询和技术服务。"开发单位在未验明设计单位资质的情况下,将工程设计发包给事实上是个人的宋某,并将无证人员设计的施工图纸交给施工单位使用,建委对其的行政处罚是合适的。

【案例2】

(1)该案例中设计合同的主体是某厂和市设计院,施工合同的主体是某厂和市建某公司。根据案情,由于设计图纸所依据的资料不准确,使地基不均匀沉降,最终导致墙壁裂缝事故。所以,事故所涉及的是设计合同中的责权关系,而与施工合同无关,所以市建某公司没有责任。在设计合同中,提供准确的资料是委托方的义务之一,而且要对"资料的可靠性负责",所以委托方提供假地质资料是事故的根源,委托方是事故的责任者之一;市设计院按对方提供的资料设计,似乎没有过错,但是直到事故发生前设计院仍不知道资料虚假,说明在整个设计过程中,设计院并未对地质资料进行认真的审查,使假资料滥竽充数,导致事故发生,所以设计院也是责任者之一。故在此事件中,某厂作为委托方应是事故直接责任人,应负主要责任;设计院作为承接方,应负间接责任,是次要责任人。

(2)该案件中发生的诉讼费,主要应由某厂负担,市设计院也应承担一小部分。

第六章　工程建设施工准备及相关法规

【案例】

关于劳动者的劳动条件,《劳动法》第19条明确将其规定为劳动合同的必备内容之一。第32条规定:"有下列情形之一的,劳动者可以随时通知用人单位解除劳动合同……(三)用人单位未按照劳动合同约定支付劳动报酬或者提供劳动条件的"。本案当事人双方已经在劳动合同中约定了劳动条件,企业以刘某的工作性质比较特殊为由,不予提供,违反了劳动合同约定,刘某根据上述规定,可以提出解除劳动合同。在劳动合同的几项主要内容中,人们往往对合同期限、工作内容、劳动报酬等“硬件”要素比较注意,忽视劳动条件等“软件”要素。实际上,必要的劳动条件不但是劳动者身体健康的保障,也是劳动者顺利履行义务的保障。违反了《劳动法》关于劳动条件的规定和劳动合同的约定,劳动者身体健康和履行义务都失去了保障,劳动者依法提出解除劳动合同是合法的。

第七章 工程建设施工法规

【案例】

(1)质量事故的处理程序如下:

①事故发生后,应及时组织调查处理;

②根据调查结果,分析发生事故的主要原因;

③分析确定是否需要处理,若需处理,施工单位确定处理方案;

④按照处理方案对事故进行处理;

⑤检查质量事故处理是否达到预期目的,是否留有隐患;

⑥对事故处理做出明确的处理结论;

⑦提交完整的事故处理报告。

(2)监理工程师对分包单位进行资格审核确认包括以下内容:

①分包单位提交《分包单位资质报审表》,主要包括:拟分包工程的情况;分包单位基本情况;分包协议草案。

②监理工程师审查总承包单位提交的《分包单位资质报审表》。若监理工程师认为分包单位基本具备分包条件,则应进一步调查后由总监理工程师予以书面确认,否则不予确认。

③对分包单位进行调查。如果监理工程师对调查结果满意,则总监理工程师应以书面形式批准分包单位承担分包任务。

(3)针对本案例情况,监理工程师首先应指令停工,检查分包单位资质。若审查合格,允许分包单位继续施工;若审查不合格,指令施工单位令分包单位立即退场。无论分包单位资质是否合格,均应对其已施工完的200m^2 防水工程进行质量检查。

第八章 建设工程纠纷处理

【案例1】

本案是勘测施工中发生的纠纷,涉及的法律问题主要有:

(1)案件的管辖权问题

本案涉及的管辖权问题主要是案件适用民事诉讼法关于因合同纠纷提起诉讼,由被告住所地或者合同履行地人民法院管辖还是适用专属管辖的规定。所谓专属管辖,是指根据案件的性质、特征,法律明文规定某一类案件只能由某个人民法院或者某几个人民法院专门管辖,其他法院都没有管辖权。专属管辖具有排他性:

①有专属地域管辖规定的案件,不适用一般地域管辖的规定,即凡属专属管辖的案件,只能由法律规定的人民法院管辖。

②不能以协议管辖变更专属管辖。根据最高人民法院《关于海事法院收案范围》的规定，“在港区内进行的测量、勘探等纠纷案件”由海事法院受理。在本案中，原告对“壮洋轮”进行的探测，显然属于在港区内进行测量、勘探作业，因此应属专属管辖。既不能适用民事诉讼法关于合同纠纷管辖权的规定，也不能由当事人进行选择管辖。

(2)区分不同的法律关系

搁浅责任纠纷与合同纠纷是两种不同的法律关系，表现在：

①纠纷产生的原因不同。搁浅责任纠纷的原因在于有关人员行为不当发生的；而合同纠纷则是因一方当事人不履行或不正确履行合同义务引起的。

②内容不同。搁浅诉讼的目的是确定有关责任人员；而合同纠纷诉讼的目的是要求义务方履行合同义务。

③适用的实体法不同。处理搁浅责任纠纷主要适用《民法通则》或《刑法》的有关规定，而合同纠纷主要适用《经济合同法》的规定。

由于两者是不同的法律关系，因此，这两种案件既不能合并审理，也不能互为前提。法院的做法是正确的。

【案例2】

(1)所谓涉外仲裁，是指当事人一方或双方是外国公司、企业或其他经济组织之间的仲裁。而在本案中，申请仲裁的是中国某工程公司，是中国法人无疑，而被申诉人某饭店是一家合资公司，亦属于中国法人。双方争议并非产生了国际或涉外经济贸易关系，而承包合同纠纷，并不具有涉外因素。因此，双方发生争议应到国内有关仲裁委员会申请仲裁，而不是到管辖涉外经济贸易仲裁案件的中国国际经济贸易仲裁委员会申请仲裁。

根据我国《仲裁法》第71条和《民事诉讼法》第260条的规定，被申请人提出证据涉外仲裁裁决有下列情形之一的，经人民法院组成合议庭审查核实，裁定不予执行：

①当事人在合同中没有订有仲裁条款或事后没有达成书面仲裁协议的；

②被申请人没有得到指定仲裁员或进行仲裁程序的通知，或由于其他不属于被申请人负责的原因未能陈述意见的；

③仲裁庭的组成或仲裁的程序与仲裁规则不符的；

④裁决的事项不属于仲裁协议的范围或仲裁机构无权仲裁的。

很显然，本案属于上面的第四种情形即仲裁机构无权仲裁的。本案的双方当事人都是中国法人，其争议并不是产生于国际的或涉外的经济贸易中，不具有涉外因素，故中国国际经济贸易仲裁委员会对本案没有仲裁权，其所作出的裁决应被人民法院裁定不予执行。

(2)仲裁协议是双方当事人表示自愿将他们之间发生的争议提交仲裁解决的一种书面意思表示，也是仲裁机构受理仲裁案件的唯一法律依据。根据我国《仲裁法》第17条规定，仲裁协议有下列情形之一的，即为无效：

①约定的仲裁事项超出法律规定的仲裁范围的；

②无民事行为能力人或限制民事行为能力人订立的仲裁协议；

③一方采取胁迫手段，迫使对方订立仲裁协议的。

《仲裁法》第18条规定，仲裁协议对仲裁委员会或仲裁事项没有约定或约定不明确的，当事人可以补充协议；达不成补充协议的，仲裁协议无效。在本案中，当事人之间达成的仲裁条款中选择了对该争议没有管辖权的仲裁委员会，事后又没有达成补充协议，因而该仲裁条款实际上是无效的。本案仲裁裁决被人民法院裁定不予执行后，当事人可以重新达成仲裁协议向有管辖权的仲裁机构申请仲裁，或向人民法院提起诉讼。

【案例3】

这是一起建筑工程发包方之间就垫坑费用如何合理支付的纠纷。在国家对垫坑费如何分担没有明文规定计算标准和方法的情况下，采取根据建筑总面积和垫坑总费用计算出每平方米应付垫坑费的单价，然后根据各联建单位的建筑面积，算出应支付的垫坑费用，这种计算方法是公平合理的。某厂及工业公司垫坑费支付少于建筑面积应垫坑的投资，而又坚持已见，不愿赔偿分公司多垫付的垫坑费。这种损人利己的行为是与《中华人民共和国经济合同法》所规定的："平等互利、协商一致、等价有偿"的原则相悖的。本案三个企业都是经济法律关系的主体，在联建职工宿舍的经济活动中是协作关系，彼此都处于平等地位，权利义务对等，任何一方不得多享受权利而少尽义务，必须兼顾三方利益，不得损害任何一方的正当利益；若确实损害了一方或多方的经济利益，受害者有权请求赔偿损失。

【案例4】

根据我国《合同法》第278条的规定，隐蔽工程隐蔽以前，承包人应当通知发包人检查，发包人没有及时检查的，承包人可以顺延工程工期，并有权要求赔偿停工、窝工等损失。所以，隐蔽工程在隐蔽以前，发包人的义务是对工程及时检查，承包人的义务是及时通知发包人进行检查。

在本案中，乙方履行了通知义务，对于甲方不履行检查义务的行为，有权停工待查，由此造成的损失由甲方承担。但是乙方没有这样做反而进行自己检查，继续进行施工，所以双方均有过错。对于事后的复检费用，则应该根据检查结果而定，如果检查结果是不符合合同标准，则因为该后果乃乙方所致，检查费用应该由乙方承担；反之则应该由甲方承担。所以，法院的判决是正确的。

第九章　工程验收及保修法规

【案例】

法院认为，依法成立的合同受法律保护。南通公司与齐来公司新建造齐来工业厂房所签订的工程承包合同均合法有效，双方应按合同的约定履行。任何一方违反合同的约定延迟履行义务，均应按照合同承担各自的违约过错责任。齐来工业厂房已分别通过了竣工验收，对此，齐来公司未提出过异议，且已使用至今，故齐来公司坚持以其尚未发出的"实际竣工证书"作为工程实际交付使用日依据不足。双方应以竣工验收之日作为支付工程余款及起算保修日的依据。故齐来公司应按合同规定返还已到期的，扣除了南通公司未履行保修义务部分的保修金人民币12.6055万元后的保修金。鉴于南通公司对工业产房的部分铝合金窗及其屋顶未能履行保修义务，故南通公司主张齐来公司返还部分保修金没有依据。经法院审理后判决如下：

(1)齐来公司在本判决生效后6个月内向南通公司返还保修金人民币426.3945万元，并按中国人民银行同期同类固定资产贷款利率支付该款的滞纳金。

(2)南通公司应在本判决生效后6个月内按设计要求将齐来工业厂房的铝合金平开窗、电梯厅处的组合平开铝合金窗及产房的铝合金推拉窗予以拆除、更换，并修复工业产房的屋顶。

参考文献

[1] 全国一级建造师执业资格考试用书编写委员会. 建设工程法规及相关知识. 北京:中国建筑工业出版社,2007.

[2] 全国二级建造师执业资格考试用书编写委员会. 建设工程法规及相关知识. 北京:中国建筑工业出版社,2008.

[3] 建设部人事教育司、政策法规司. 建设法规教程. 北京:中国建筑工业出版社,2005.

[4] 朱宏亮等. 建设法规. 武汉:武汉工业大学出版社,2000.

[5] 黄永安等. 建设法规. 南京:东南大学出版社,2002.

[6] 崔建远等. 合同法. 北京:法律出版社,2000.

[7] 沈宗灵等. 法理学. 北京:北京大学出版社,2000.

[8] 郭明瑞等. 民法学. 北京:北京大学出版社,2001.

[9] 朱昊,刘亚臣. 建设法规. 北京:机械工业出版社, 2006.

[10] 徐占发. 建设法规与案例分析. 北京:机械工业出版社, 2007.

[11] 李永福,史伟利,张绍河. 建设法规. 北京:中国电力出版社, 2006.

[12] 金国辉. 建设法规概论与案例. 北京:清华大学出版社,北京交通大学出版社, 2006.

[13] 王锁荣,张培新. 工程建设法规. 北京:高等教育出版社, 2005.

[14] 王宗宇. 建设工程法规. 重庆:重庆大学出版社, 2006.

[15] 李辉. 建设工程法规. 上海:同济大学出版社, 2006.

[16] 顾永才. 建设法规. 武汉:华中科技大学出版社, 2007.

高职交通运输与土建类专业规划教材

出版说明

在国家关于大力发展职业教育、提高高职教育教学质量的政策和方针指引下，为推动提高我国高职交通运输与土建类专业的教育水准，全面加强高职交通土建专业教材建设，**我社以目前高职教育教学改革最新成果和全国示范性高职院校最新经验为基础，结合专业特点、行业特色，开发本版教材。**

根据《教育部关于全面提高高等职业教育教学质量的意见》(教高[2006]16号)文件精神，依托"国家示范性高职院校建设计划"的示范作用，**近二年高职教育教学改革不断向前发展**，以"校企合作"、"工学结合"为核心的人才培养模式已初步形成；以服务为宗旨，以就业为导向，以质量为核心，"深化校企合作、工学结合，提升教育质量和服务能力"已经逐步成为高职院校的教育培养理念；"在做中学、在做中教"已经成为技能型人才培养的鲜明特色。

与此相对应，高职教育中的专业建设、课程设置、教学方法，与过去相比，有了全新的要求，也有了更多更大的变革和突破。在此新形势下，教学改革也给教材建设提出了更高的要求，众多高职院校期望新型高质量教材的出现。也就是说，教学改革发展到当前阶段，在教材建设中已经迫切需要总结教改经验，适应高职新的教育形势，有所突破和创新，编写出版新型教材，以满足目前深入的人才培养目标。**本版教材正是基于此全新背景和理念开发而成，有突破、有创新、有新思路，吸收了成熟的教改经验，切合现阶段高职交通运输与土建类专业的教育需要，体现了目前本领域的最好成果和最好水平，这在今后的教材使用中您会体会到，这也是本版教材最重要的特色之一。**

再看**交通土建行业领域**，铁路、公路、城市交通建设不再条块分割，铁路施工企业早已进军公路市场，交通建设集团及其他大型企业开始涉足铁路建设，各大中城市的轨道交通建设更是众多企业齐参予，**行业融合、交叉加速**。在国家层面上，大运输部呼之欲出，大交通势在必然。那么为了更好的适应就业需要，满足各大企业的用人需求，在交通运输与土建类相关专业的人才培养上，尤其是道路桥梁工程技术、铁道工程技术、城市轨道交通工程技术三个相近专业的人才培养上，铁路、公路、城轨知识体系的整合渗透，培养能够适应企业工程建设需要的全面型高职人才，已是大势所趋，在企业用人和高职教育上，目前这已经初露端倪。而在教材建设上，这不仅必须而且可行。**本版教材，正是以此为出发点，面向大交通背景，将铁道、公路及城市轨道交通知识体系融为一体，凸显整合和渗透的一套教材。这是国内第一套有此特色的教材，这也本版教材极为重要的第二个特色。**

本版教材由同时具备铁路、公路、城市轨道交通教育培养背景的几所铁路高职院校联合开发而成，这些学校源于中铁大型施工企业的背景，师资力量雄厚，办学特色鲜明，校企合作、工学结合、双师型队伍、实践性培养模式历来都是其优势，在目前的高职教改中更是走到了前面。因此本版教材开发将极大地凸显上述两个重要特色。

本版教材除上述特点外，同时注重强化以下几个方面，以更好的满足教学需要。

· **强化实践与实训**——教材编写中注重实践性、工程性；同时邀请企业资深工程师参与编写或审稿，保证教材水准；开发新型的实训教材体系；

· **立体化教材开发**——教材配套实善，主干教材根据需要一律配备实训实习指导书、习题集、多媒体课件，同时建设网络教学资源库；

· **开发优秀多媒体课件**——我们将进行较大投入，开发集视频、动画、案例于一体的全套多媒体教材，配合教材和教学使用；

· **结合双证书制进行教材编写**——满足学生培养中的双证书要求；

· **注重教材编写创新，确保教材编写质量**——为体现教材的实践性、工程性，实现人才培养的零距离就业，本版教材更贴近工程现场，较以往教材有了较大的突破和创新。

本版教材根据编写组织，暂划分为公共课和专业课，旨在全面系统地对交通运输与土建专业课程进行规划，各教材编写中兼顾课程体系，突出课程特色。其中数学类公共课进行了简编，应用文写作、就业指导课程更加突出专业特点；专业课中根据需要大部分课程都实现了公路、铁路、城轨知识体系的整合和融合，都在教材编写中突出了实践性、工程性，有了较大的突破和创新，符合教改的思路；部分专业课更有极大的创新，包括面向岗位群教学及项目教学法的尝试，如面向试验员的《工程试验与检测》，面向资料员的《内业资料管理》，面向测量员的《工程测量及实训指导》，无论在教材设置还是编写上都是极好的尝试。总之，本版教材特色鲜明、配套完备、确保质量、兼顾现状和创新，是交通运输与土建领域相关专业院校适用、可用的好教材。

基于上述特点，本版教材适用于铁道运输类中的铁道工程技术专业、公路运输类中的道路桥梁工程技术/公路工程造价管理及有关专业、城市轨道运输类中的城市轨道交通工程技术及有关专业，以及土建类、测绘类中的地下工程与隧道工程技术/基础工程技术/工程造价/市政工程技术/工程测量技术/工程监理等专业，在交通运输大类和土建大类中相关专业的部分课程亦可选用本版教材。同时，本版教材也可作为成教、继续教育、网络教育、五年制高职教材和相关专业从业人员培训教材使用。

本版教材基于上述理念和思路，在我社和各高职院校的共同努力下，将陆续完成出版工作，随后我们将尽全力做好配套完善和维护提高工作。但限于编辑能力和院校水平，教材中必定存在不足，也请各院校在使用中给我们提出批评和指正意见，使本版教材的品质不断提高，从而打造一套高水平高品质的特色交通土建教材。

欢迎订阅和使用本版教材，我们将竭诚为您服务！

教材垂询：杜琛　010-85285927　dc@ccpress. com. cn

人民交通出版社

教材名称		出版时间
基础课程	应用数学基础	2008.7
	应用数学基础复习指导	2008.8
	土木工程实用应用文写作	2008.2
	计算机应用基础	2008.7
	高职大学生心理健康与就业指导实用教程	2008.7
专业基础课与专业课	工程测量	2008.2
	工程测量实训	2008.7
	土木工程材料	2008.7
	工程机械与施工用电	2008.7
	铁路施工组织与预算	2008.7
	道路与铁道工程试验检测技术	2008.7
	地下铁道	2008.7
	高架结构	2008.7
	工程识图与制图	2008.7
	工程识图与制图习题集	2008.7
	基础工程	2008.7
	工程地质	2008.7
	混凝土结构	2008.7
	建设法规概论与实务	2008.7
	交通土木工程概论	2008.7
	施工内业资料整理	2008.7
	桥梁工程施工技术	2008.7
	隧道施工技术	2008.7
	铁路线路施工技术	2008.7
	公路施工组织与概预算	2008.7
	工程招投标	2008.7
	安全施工技术	2008.7
	城市轨道交通工程	2008.7